THOUGHT-PROVOKING EDUCATION for TEENAGER

청소년을 생각해보는 교육

저자 고수진

창조와 지식

청소년을 생각해보는 청소년 교육

초판 1쇄 발행 2021년 01월 12일
재판 2쇄 발행 2023년 08월 15일

지은이_ 고수진
펴낸이_ 김동명
펴낸곳_ 도서출판 창조와 지식
디자인_ (주)북모아
인쇄처_ (주)북모아

출판등록번호_ 제2018-000027호
주소_ 서울특별시 강북구 덕릉로 144
전화_ 1644-1814
팩스_ 02-2275-8577

ISBN 979-11-6003-624-4(93370)

정가 15,000원

이 책은 저작권법에 따라 보호받는 저작물이므로 무단 전재와 무단 복제를 금지하며,
이 책 내용을 이용하려면 반드시 저작권자와 도서출판 창조와 지식의 서면동의를 받아야 합니다.
잘못된 책은 구입처나 본사에서 바꾸어 드립니다.

THOUGHT-PROVOKING EDUCATION for TEENAGER

청소년을
생각해보는 교육

저자 고수진

창조와 지식

차례

추천의 글
처음 글

1장. 청소년의 탄생

- 26　**1. 청소년기를 표현하는 말들**
- 26　　1) 사춘기
- 26　　2) 주변인 혹은 과도기
- 27　　3) 심리사회적 이유기
- 28　　4) 집행 유예기
- 28　　5) 질풍노도기
- 29　**2. 청소년의 시작과 끝**
- 31　**3. 사춘기 없는 낙원**
- 34　**4. 청소년에 대한 관점 변화**
- 34　　1) 고대, 불순종의 아이들
- 35　　2) 중세의 '견습생'
- 37　　3) 근대 '제2의 탄생기'
- 39　**5. 청소년의 사회적 탄생**
- 39　　1) 생애의 한 기간
- 41　　2) '학생'이라는 신분
- 43　**6. 미흡한 청소년 교육**
- 43　　1) 부족한 이해

44 ● 2) 프로그램 중심 교육

2장. 청소년 몸의 발달

48 ● **1. 급격한 신체 발달**
48 ● 1) 빠른 사춘기
49 ● 2) 전체적인 발달

51 ● **2. 거울 보는 청소년**
51 ● 1) 키 vs 체형
52 ● 2) 여드름 vs 비듬
53 ● 3) 빠른 vs 늦은 성장
53 ● 4) 이상한 나라의 엘리스

55 ● **3. 비주얼 사회의 몸 정체감**
55 ● 1) 몸 정체감 형성
56 ● 2) 비주얼 사회
57 ● 3) 육체미 숭배
58 ● 4) 하나님의 작품

59 ● **4. 스포츠 교육**
59 ● 1) 발달 스트레스 해소
60 ● 2) 기독교 스포츠 교육
61 ● 3) 청소년 스포츠클럽
62 ● 4) 사회성 함양

- 63 **5. 거룩한 춤 교육**
  - 63　1) 몸으로 찬양
  - 64　2) 유대인의 절기 춤
  - 65　3) 하나님의 성전
- 66 **6. 청소년 성(性)교육**
  - 66　1) 개방된 성
  - 67　2) 성지식 교육
  - 69　3) 젠더, 사회적 성교육
  - 73　4) 성결정권 교육

3장. 부모의 거리두기 사랑

- 80 **1. 발달적 우울함**
- 82 **2. 청소년의 분리**
  - 82　1) 분리
  - 83　2) 건강한 애착
- 86 **3. 독립 보다 자율**
  - 86　1) 독립을 꿈꾸는 청소년
  - 87　2) 유일하게 독립적인 존재
  - 88　3) 자율성 훈련
- 90 **4. 동반자적 분리**
  - 90　1) 분리되는 중

- 92 • 2) 불안한 부모
- 94 • 3) 자아경계의 확립
- 95 • **5. 하나님의 자기제한**
- 96 • **6. 거리두기 사랑**
- 97 • 1) 신체적 거리두기
- 98 • 2) 인지적 거리두기
- 99 • 3) 정서적, 사회적 거리두기
- 100 • 4) 고슴도치 사랑

4장. 친구가 좋은 청소년

- 104 • **1. 새로운 관계**
- 104 • 1) 성인 보증인
- 106 • 2) 또래 친구와 애착
- 108 • 3) 상호 호혜적 친구관계
- 109 • **2. 거울친구**
- 112 • **3. 거울 친구의 이동**
- 112 • 1) 동성 친구
- 113 • 2) 이성 친구
- 114 • 3) 집단 친구
- 116 • **4. 청소년의 사회성 발달**
- 116 • 1) 작은 사회의 경험

- 118 ● 2) 사회성 발달에 유익
- 119 ● 3) 부정적 사회성
- 124 ● **5. 회복하는 좋은 만남**
- 124 ● 1) 두 개의 거울
- 126 ● 2) 좋은 거울친구
- 127 ● 3) 우정, 코이노니아

5장. 생각하는 청소년

- 132 ● **1. 생각이 피어나는 사춘기**
- 133 ● **2. 형식적 조작기의 특성**
- 133 ● 1) 추상적 사고
- 134 ● 2) 추론 및 가설적(if) 사고
- 136 ● 3) 판단자적 사고
- 137 ● 4) 자기이론 확립
- 138 ● 5) 인지 발달에 적응
- 140 ● **3. 자기중심적 성격**
- 140 ● 1) 2nd 자아 중심성
- 141 ● 2) 개인적 우화
- 143 ● 3) 상상적 청중
- 145 ● **4. 생각을 촉진하는 질문 교육**
- 145 ● 1) 종교적 사고 가능기

147 ● 2) 강론하는 교육
148 ● 3) 왜? 궁금증
150 ● **5. 다양한 질문 유형**
150 ● 1) 자기 탐색 질문
153 ● 2) 해석 질문
154 ● 3) 의미 발견 질문
155 ● 4) 적용 질문

6장. 청소년의 흔들리는 신앙

158 ● **1. 종교교육의 필요성**
158 ● 1) 종교에 개방적인가?
159 ● 2) 청소년의 영성
160 ● 3) 신의 섭리는 거부
163 ● **2. 발달적 종교성의 출현**
163 ● 1) 시간의 확장
166 ● 2) 공간 욕구
168 ● 3) 내 인생의 의미
171 ● **3. 신앙의 사춘기**
172 ● 1) 이해하고 싶은 신앙
173 ● 2) 개인적 신앙
175 ● 3) 도마의 신앙

- 179 • **4. 청소년의 영적 성년식**
- 179 • 1) 의심에 대한 두 관점
- 181 • 2) 전능하신 하나님은 어디에?
- 184 • 3) 믿는 사람들이 왜 그럴까요?
- 186 • **5. 청소년을 위한 산파교육**
- 187 • 1) 가방 꾸리기
- 188 • 2) 고통 드러내기
- 190 • 3) 물 터뜨리기
- 191 • 4) 받을 준비
- 192 • **6. 나의 주, 나의 하나님**
- 192 • 1) 비판적 판단
- 193 • 2) 의심을 확신으로

7장. 아이덴티티

- 198 • **1. 청소년의 발달과제**
- 198 • 1) 인생의 발달단계
- 199 • 2) 청소년의 발달과제
- 202 • 3) 인간의 특권
- 203 • **2. 나는 누구인가?**
- 203 • 1) 무의식적 아이덴티티
- 206 • 2) 선택적 아이덴티티

- 207 · 3) 개별적 아이덴티티
- 209 · **3. 청소년의 아이덴티티 형성**
- 209 · 1) 이탈
- 213 · 2) 이념(ideology) 탐색
- 216 · 3) 관여(commitment)
- 219 · **4. 아이덴티티의 지위**
- 220 · 1) 아이덴티티 혼미
- 221 · 2) 아이덴티티 유실
- 222 · 3) 아이덴티티 유예
- 223 · 4) 아이덴티티 성취
- 224 · **5. 아이덴티티 형성에 유익한 종교**
- 224 · 1) 인격 형성의 도우미
- 227 · 2) 내가 누구인지 정말 알아야 할까?

8장. '위기'의 청소년 가족

- 230 · **1. 청소년의 발달적 '위기'**
- 231 · **2. 가족에게 필요한 변화**
- 231 · 1) 규범의 융통성
- 231 · 2) 자유의 허용
- 233 · 3) 개방된 우정
- 234 · 4) 확대 가족

237 ● **3. 청소년의 스트레스**

238 ● 1) 회복탄력성이란?

239 ● 2) 가족의 해체

240 ● **4. 가족 해체가 미치는 영향**

240 ● 1) 가족 해체의 상처

241 ● 2) 가족 해체의 극복

242 ● 3) 희망을 주는 대안 가족

끝 글

참고문헌

그림, 표 목록

- 표1. 사모아와 미국의 청소년 비교 33
- 표2. 생애기간의 발전 40
- 표3. 거리두기 사랑 101
- 표4. 아동기와 청소년의 친구관계 비교 108
- 표5. 절기 교육 148
- 표6. 종교적 판단 6단계 161
- 표7. 청소년의 문제와 연계된 성경 주제 189
- 표8. 프로이드와 에릭슨의 인생주기 198
- 표9. 아이덴티티의 지위유형 220

- 그림1. 홀리댄스 64
- 그림2. 성교육 3요소 67
- 그림3. 성문화 체험관 68
- 그림4. 융합 90
- 그림5. 결합 91
- 그림6. 분리 91
- 그림7. 부모의 포함단위 92
- 그림8. 경계선 형성과 침투 94
- 그림9. 현대 두 개의 거울 124
- 그림10. 바벨론 두 개의 거울 125
- 그림11. 피아제의 인지발달 단계 132
- 그림12. 질풍노도의 다양한 원인 140
- 그림13. 메주자 147
- 그림14. 스트레스 통제 질문 152
- 그림15. 관계의 맵 153
- 그림16. 청소년의 발달과제 영역 155
- 그림17. 종교적 판단 1~3단계 162
- 그림18. 청소년의 시간조망 163
- 그림19. 작은 신상 173
- 그림20. 의심에 대한 두 관점 180
- 그림21. 두루마리 토라 183
- 그림22. 산파교육의 단계 187

- 그림23. 신앙의 내면화 과정 194
- 그림24. 아이덴티티의 발달 207
- 그림25. 난민, 노숙자 사역 211
- 그림26. 아이덴티티의 형성과정 217
- 그림27. 옥스퍼드 224
- 그림28. 가족의 울타리를 넘는 청소년 236
- 그림29. 회복탄력성 ABC 모델 238

추천의 글

박상진 교수
(장로회신학대학교, 기독교교육학)

　인생의 모든 시기가 다 중요하지만 그중 가장 중요한 한 시기를 택하라고 한다면 대부분이 청소년기를 선택할 것이다. 청소년기를 어떻게 보내는지에 따라서 전혀 다른 인생이 펼쳐지게 된다. 특히 기독교교육에 있어서 청소년기는 신앙적인 자아정체감이 확립되는 시기이기 때문에 더욱 중요하다. 이 시기에 누군가의 섬김과 사랑을 통해 예수 그리스도를 만나게 될 때 평생 그리스도인으로서의 삶을 살아가게 된다. 그렇기 때문에 오늘날에도 많은 청소년 사역자들과 교사들이 청소년들을 대상으로 기독교교육을 실천하고 있다.

　그런데 안타깝게도 청소년 전문서적은 많지 않은 편이다. 특히 기독교교육학 분야에서 청소년에 초점을 맞춘 청소년교육 책은 더욱 귀하다. 고수진 박사의 〈청소년을 생각하는 청소년 교육〉은 이런 점에서 사막의 오아시스 같은 책이다. 이 책은 몇 가지 점에서 중요한 특징을 지니고 있다. 첫째는 청소년으로 시작해서 청소년으로 끝나는 청소년 전문 서적이다. 청소년과 관련된 거의 모든 주제들을 망라하고 있다. 청소년의 의미, 청소년 이해, 청소년과 부모, 친구 관계, 청소년의 자아정체감, 청소년의 신앙, 위기 청소년 문제까지 포함하고 있다. 둘째는 청소년 교육에 있어서 이론과 현장을 연결시키고 있다. 이론만 중시하는 전문서적의 경우 현장과의 연계가 약하고, 실천 사례 중심의 책은 이론의 기초가 약하기 마련인데, 이 책은 이론과 현장을 모두 포용하고 있다. 셋째, 기독교청소년교육학의 개론서라고 할 수 있다. 기독교교육학의 하위 영역을 영유아, 아동, 청소년, 청년, 성인, 노인교육의 영역으로 구분한다면, 이 책은 청소년을 위한 기독교교육학 교과서로 손색이 없는 책이다.

무엇보다 저자인 고수진 박사는 박사논문의 주제도 청소년 교육 분야이었으며, 오랜 세월 청소년 사역을 담당한 전문가이고, 장로회신학대학교에서 청소년교육 과목을 강의해 왔다. 필자 스스로 기독교청소년 교육의 이론과 현장을 넘나들면서 이론의 현장화, 현장의 이론화를 통해 이 분야에 대한 깊은 이해를 도모해왔다. 이 책은 그런 점에서 저자가 책상에서 쓴 것만이 아니라 온몸으로, 삶과 사역의 현장 속에서 집필한 것이라고 할 수 있다. 그리고 단지 청소년 교육에 관한 책이라기보다는 청소년을 사랑하며 그들과 더불어 사역했던 저자의 삶의 여정이 담겨있는 책이라고 할 수 있다. 그런 점에서 단순한 연구 서적이 아니라 저자의 고백이 담겨있으며, 청소년을 객관적으로 설명하는 것이 아니라 청소년과 나와 너의 관계 속에서 대화하는 책이라고 할 수 있다.

〈청소년을 생각하는 청소년 교육〉, 이 책은 청소년을 사랑하는 모든 사람이 읽어야 할 책이다. 특히 교회학교에서 청소년 부서를 담당하는 교역자와 교사, 미션스쿨과 기독교대안학교의 교사들, 청소년 사역을 담당하는 청소년 단체의 사역자들과 스텝들, 청소년을 자녀로 둔 부모들, 청소년 자신을 더 이해하기를 원하는 청소년들, 그리고 청소년을 더 알아가고 싶은 모든 분들에게 일독을 권한다.

처음글

어렸을 때 인상 깊게 읽었던 동화 중에 그림형제가 쓴 『피리 부는 사나이』라는 책이 있었다. 옛날 어느 마을에 쥐가 너무 많았다. 어른들은 쥐가 사라지기만 한다면 소원이 없었다. 그리고 피리 부는 사나이에게 쥐를 잡아준다면 보상하겠노라고 약속하였다. 피리 부는 사나이는 동네에 있는 쥐들을 모두 소탕하였다. 하지만 어른들은 약속을 지키지 않았다. 피리 부는 사나이는 어느 날 매혹적인 피리 소리로 아이들을 모두 불러내었다. 아이들이 사라지고 말았다…이 동화가 가장 끔찍했던 것은 어른들의 잘못으로 아이들이 모두 사라지고 말았다는 사실이다. 어른들은 약속을 지켰어야 했다. 그랬다면 이 동네는 아이들이 웃고, 뛰어노는 사랑스러운 마을이 되었을 것이다. 아이들이 모두 사라진다면, 세상은 얼마나 더 삭막해질까? '내일의 희망'을 약속하는 존재이다. 만약 아이들이 있다면 아직 세상은 희망을 가질 수 있다.

안타깝게도 아이들이 점점 사라지고, 애완견을 데리고 다니는 사람들이 늘고 있다. 세월호 사건에 이어 이태원 할로윈 사건까지, 자꾸만 젊은이들이 사라지고 있는 것이 안타깝다. 아이들이 사라지는 사회에 어떤 희망이 있을까? 우리나라 어머니들의 치맛바람, 자녀교육의 열정은 알아줄만하다. 누구도 그것을 나무랄 수 없는 이유는 우리나라에서 '인재'가 가장 큰 자원이기 때문이다. 영국에서 체류할 때 함께 공동체 생활을 하던 유럽과 남미 친구들이 한국 치킨과 BTS의 공연에 목매는 것을 보았다. 생각보다 한류열풍은 대단했다. 유럽친구들은 한국 문화를 참 좋아한다. 아시아 마켓에 가서 한국 음식을 잔뜩 사서 큰 자산을 얻은 듯, 위풍당당하게 걸어 나온다. 이런 모습을 보고, '우리나라는 사람 잘 키워서 먹고 사는 나라가 틀림없구나!' 생각하였다. 한국의 부모들은 자녀교육에 대한 남다른 열정이 있다. 그런데 그 자녀교육이 유독 힘든 시기가 있다면 아마도 청소년기가 아닐까? 청소년기는 학업과 사춘기가 맞닿아 있다. 학업과 진로가 중요해 지고 있는 시점에 아이의 사춘기가 시작된다. 한국의 인터넷 보급률은 OECD 국가 중 1위인 반면, 부모세대의 ICT(정보 통신 기술)역량은 최하위에 속하여, 부모세대와 다음세대의 소통 장애가 심각하다고 한다.[1] 사실 초등학교 고학년만 되어도 부모는 아이와 말이 잘 통하지 않는다. 부모들은 청소년의 사이버 친구가 누구인지, 커뮤니티가 무엇인지, 어떤 웹툰을 즐겨 보는지 잘 모른다. 자녀가 청소년기가 되면 부모들은 '내 아이를 이해할 수 없어요', '내 아이와 말이 통하지 않아요' 라고 하소연한다.

시대와 문화에 따라 청소년들의 모습이 조금씩 차이기 때문에 요즘 사춘기는 예전과는 다를 것이라고 막연하게 상상한다. 철학이 인간의 공통된 본성을 연구하듯, 청소년 교육도 청소년기의 공통된 특성을 연구한다. 청소년에게는 공통된 성격이 있고, 자기들만의 독특함을 선호한다. 자기들만의 문화, 패션, 게임, 놀이 등 십대의 세계를 자랑한다. 자기들만의 특별함을 추구하다 보니 본의 아니게 단절, 고립된다. 많은 이들이 청소년 교육에 관심을 갖지만, 관심은 그저 막연할 때가 많다. 왜 청소년기만 되면 소란스러운지, 왜 비슷하게 옷을 입는지, 감정의 기복이 심한지 궁금해 하면서도, 막상 알려고 하지 않는다. 청소년에 대한 이해를 갖는다면 좀 더 편하게 다가가 소통할 수 있다. 그리고 그들의 고민에 대한 진정성 있는 조언도 해줄 수 있다. 이 책을 쓰게 된 동기는 청소년들에 대한 이해를 돕고, 쉽게 접근할 수 있도록 돕고 싶은 마음이다. 청소년들을 대하는 것은 불편하다. 그래서 청소년 교육은 열정만 가지고 되는 것이 아니다. 열정만 가지고 달려든다면 "너희들 도대체 나한테 왜 이러는 거야?" 하는 불평이 튀어나올 것이다. 청소년들이 누구인가? 그들이 무엇을 추구하는가? 알아간다면 청소년 교육이 한층 더 즐거울 수 있다.

오늘날의 십대들을 '온라인을 돌아다니는 노마드족' 이라고 표현할 수 있다. 여기 저기 브라우징 하면서 삶의 의미와 흥미, 소속감과 친밀함을 줄 수 있는 것들을 찾아다닌다. 친근감과 소속감, 삶의 의미와 흥미를

---

[1] 황보라, "포스트코로나시대를 위한 교육목회 디자인 웨비나." 『교육교회7,8』 장로회신학대학교 기독교교육 연구원. (2020.7~8), 5.

줄 수 있는 관계, 공동체를 원한다. 말하자면, **청소년기는 그 어느 때보다 비 권위적, 수평적, 상호적 교육이 필요한 시기이다.** 영국 버밍햄에서 어학연수를 온 한국 청년들이 괜히 어른들을 꼰대취급하고 싫어한다고 느낀 적 있다. 서양은 동양과 달리 수평적 문화를 갖고 있다. 어른하고도 친구가 되고, 노인하고도 친구가 된다. 그렇다고 존중하는 태도가 없지 않다. 영국 사람들은 '존중'을 중요하게 여긴다. 그래서 한국인들의 존중하는 태도, 존대 말을 높이 산다. 그런데 정작 한국 청년들은 존대 말이 없는 영어의 세계에서 어떻게 상대방을 존중해야 할지 몰라 어리둥절하고, 때로는 막 대한다. 존중은 언어가 아닌 태도의 문제가 아닐까? 일류대를 다녀도 사람에 대한 존중의 태도에 구멍이 난 청년들을 보면서 그들의 청소년기가 어땠을까? 상상을 해 보았다. 청소년 교육은 단지 좋은 대학에 들어가는 것만으로는 충분하지 않다. 청소년기는 전인적으로 큰 변화가 일어나고, 그에 대한 이해와 해소, 교육이 필요한 시기이다. **필자는 이 책에서 청소년기에 경험하는 변화가 무엇인지, 청소년의 발달 스트레스에 어떻게 대처하는 것이 좋은지 서술하였다. 청소년기는 신체적, 인지적, 정서, 사회성에서 많은 변화가 일어나고 그렇기 때문에 전인적, 기독교적 교육이 필요하다. 이 책의 청소년 이해는 일반 교육과 별 다른 점이 없지만 교육적 접근은 기독교적이다.** 유럽 청년들을 보면 강한 개별성을 갖고 있다. 아마도 어려서부터 독립적으로 양육되었나 보다. 하지만 자녀가 청소년기가 되면 부모는 무력해지고 정부가 그 책임을 도맡는다. 부모의 돌봄을 너무 일찍 포기한 아이들은 다양한 사회적 문제를 낳고 있다. 어디서나 청소년은 가족, 사회의 건강상태를 체크하는 바로 미터의 역할을 한다. 사회적 문제를 가장 먼저 반영하는 연약한 새와 같다. 그렇기 때문에 청소년은 가족과 사회의 거울이다. 청소년의 울퉁불퉁한 모습을 품고자, 이 책을 집어 드는 교사와 부모들이 많았으면 좋겠다.

끝으로 도움을 주신 많은 분들께 감사하고 싶다. 청소년 교육을 강의하면서 학생들과 나누었던 토론, 이야기들이 많은 도움이 되었다. 학생들은 가감 없이 청소년기의 고민과 갈등을 털어내어 주었다. 청소년 교육 하면서 겪었던 고충, 힘든 문제들이 큰 자산이 되었다. 청소년 교육에 대한 이론과 실제 경험들, 그리고 영국에서 받았던 영어·다문화 사역, 제자 훈련, 공동체 생활이 많은 유익이 되었다. 프랑스, 영국, 독일, 스위스, 몰도바, 에콰도르, 브라질, 아르헨티나, 칠레, 과테말라 등 다른 문화권의 청소년, 청년들이 어떻게 문제들을 다루는지 볼 수 있었던 것은 큰 행복이고 축복이었다. 추천의 글을 써주신 존경하는 박상진 교수님, 오타를 수정해준 사랑하는 가족-남편 박오선, 두 아들 박민혁, 박준혁-그리고 출판을 위해 애써주신 김동명 사장님께도 감사를 드리고 싶다. 이 책을 읽는 모든 이들이 엠마오로 가던 두 제자가 부활하신 예수님의 이야기를 듣고 눈이 열리고, 귀가 열렸던 것처럼 청소년에 대하여 눈과 귀가 열리는 소중한 경험을 하게 되시기를 소망한다.

요즈음 아이들의 사춘기는 예전과 막연히 다를 것이라고 상상한다. 정말 그럴까?

청소년 교육은 청소년의 공통된 특성을 연구한다.

청소년기는 공통된 성격이 있다. 그리고 자기들만의 독특성을 추구한다.

그들만의 패션, 게임, 놀이, 소통방식 등 자기들만의 문화와 세계를 자랑한다.

많은 이들이 청소년에게 관심이 있지만, 그 관심은 그저 막연한 관심일 때가 있다.

왜 청소년만 되면 소란스러운지, 왜 비슷한 옷을 입는지, 왜 감정의 기복이 심한지

왜 어른들을 그렇게 싫어하는지 궁금해 하면서도 막상 알려고 들지 않는다.

청소년의 탄생

1장

1. 청소년기를 표현하는 말들

1) 사춘기

'청소년' 하면 사람들은 흔히 '사춘기'를 떠올린다. 많은 이들이 청소년의 사춘기를 '중2병'이라고 부른다. 중학교 2학년 때쯤, 만14세에 사춘기가 절정에 달하는 것처럼 보이기 때문이다. 사춘기를 나타내는 영어 'puberty'의 라틴어 어원 'pubertas'는 '솜털이 돋다', '성장이 폭발적으로 일어나다'라는 뜻이다.[2] 솜털이 돋아나면서 시작되는 폭발적 성장이 사춘기의 주요 특징이다. 한자로 사춘기 '思春期'는 '생각이 봄처럼 피어나는 시기'라는 뜻이다. 생각이 성숙하고 있다는 것을 의미한다. 서양의 사춘기가 솜털이 돋는 육체적 성장의 징후에 초점을 맞추었다면, 동양의 사춘기(思春期)는 '정신적 성숙' 곧 자기 생각을 형성하는 기간으로 해석하였다. 영어의 'puberty'와 한자 '思春期'의 의미를 통합해 보았을 때, 사춘기는 '신체적으로나 정신적으로 폭발적 성숙이 일어나는 기간'이다.

2) 주변인 혹은 과도기

청소년을 '주변인'이라고 한다. 주변인이란 소속집단이 애매한 혹은 소속 집단을 이동하는 사람을 말한다. 어린이로 분류되던 이가 이제 어엿한 성인으로의 이동을 준비한다. 주변인은 어린이에도 속하지 않고 성인에도 속하지 않은 변두리인 이라는 뜻이다. 사실, 오늘날 그 누구도 청소년을 주변인 또는 변두리 사람으로 생각하지는 않는다. 그만큼 청소년에 대한 사회적 이해가 공고해졌다는 뜻이다.

주변인과 비슷하게 사용되는 용어가 '과도기'이다. 과도기는 아직 확립되지 않은 기간을 말한다. 이전단계에서 다음 단계로 넘어가는 단계로

---

[2] 박아청, 『사춘기의 이해』 (서울: 교육 과학사, 2000), 65에서 재인용.

서, 불안정한 시기이다. 마치 애벌레가 나비가 되기 전에 '번데기'라는 단계를 거치는 것처럼, 청소년기는 많은 변화를 경험한다. 성인이 되기 전에 꼭 거쳐야 하는 아직 확정되지 않은 것이 많은 기간이다. 그래서 선택하고 결정할 것이 많은 청소년은 고민한다. 아직 결정된 것이 없기 때문에 가능성과 불안이 공존한다. 요즈음처럼 모든 것이 개인의 선택으로 결정되는 사회에서 청소년기는 더욱 불안하다. 선택의 가능성이 무제한 열려있기 때문이다.

3) 심리 사회적 이유기

보통 '이유기'는 '젖을 떼는 시기'를 말한다. 유아는 치아가 생기고, 위장이 튼튼해지면서 씹을 수 있는 것을 먹어야 한다. 언제까지 엄마의 젖이나 우유를 먹을 수 없다. 하지만 젖을 먹을 때, 아이는 엄마와 신체적으로 결합 되어있다. 젖을 떼면 엄마와 신체적으로 분리되어서, 스스로 이유식 또는 밥을 먹는다. 이 분리는 엄마도 아이도 쉽지가 않다. 신체적 분리는 약간의 고통을 안겨준다. 그래서 이유기에 영, 유아는 많이 보챈다. 울거나 짜증을 내고 떼를 쓰면서 엄마와 신체적으로 분리되는 것이 고통스럽다고 표현한다.

청소년기를 심리사회적 이유기라고 한다. '심리사회적 이유기'는 심리적으로나 사회적으로 젖을 떼는 것이므로, 힘들 수 있다. 청소년기 이전까지 아이는 부모에게 많이 동화되어 있다. 인지적으로나 정서적으로 부모를 따라 다닌다. 부모의 생각과 나의 생각, 부모의 감정과 나의 감정이 섞여있다. 그런데 이제, 청소년은 정서적으로 부모로 부터 분리된다. 부모의 생각에 반대한다. 부모의 감정과 나의 감정은 다르다고 말한다. 그래서 심리사회적 이유기는 부모에게도 청소년에게도 고통스럽다. 청소년들은 많이 보채고 떼쓴다. 하나의 개별적 인격체로 성숙해 가는 과정에 있고 그것이 쉽지 않다.

4) 집행 유예기

집행 유예기는 '결정 유예' 또는 '지불 유예'라는 법률 용어이다. 에릭 에릭슨(Erik H. Erikson)은 청소년기를 '집행유예기'라고 하였다. 집행 유예기는 비상사태에 직면하여 책무를 유예 또는 연기해 주는 것을 말한다.3) 성인이 만약 카드비용을 계속 연체하고 납부하지 못하면 그에 상응하는 징계를 받게 될 것이다. 만약 이것을 관용해 준다면, 그것은 '지불, 집행 유예'를 받은 것이다. 청소년기는 아직 책임의 이행을 연습하는 기간이다. 그래서 선택한 것에 대한 결과를 책임지지 못할 수 있다. 곧 청소년기는 성인의 결정과 기능을 유보할 수 있고, 이러한 유보를 사회적으로 허용 받는 기간이다. 책임지는 것을 배워나가지만, 완전하지 않기 때문에 아직은 사회적 면제가 필요하다. 사회적 책임, 의무로부터 비교적 자유로운 상태이다. 선택, 책임 그리고 기능의 시행착오가 허용된 상태에서 사회적 책무를 배워갈 수 있다. 성인이 되기 위한 삶의 방식을 습득할 수 있다.

5) 질풍노도기

질풍노도기는 스트레스, 감정의 격심함을 의미한다. '질풍노도(storm and stress)'라는 표현은 '몹시 빠르게 부는 바람과 무섭게 소용돌이치는 큰 물결'로 이상주의, 열정, 혁명 등에 관한 소설을 쓴 독일작가 괴테에게서 빌려온 것이다.4) 이것은 신체적 호르몬 변화, 심리적 긴장과 갈등, 문화적 스트레스의 압력 때문에 경험하는 스트레스의 정도를 나타낸다. 청소년기는 스트레스가 많고 감정의 변화가 극심하다. 질풍노도는 이러한 청소년기의 정서적 불안, 혼란, 요동치는 감정의 격변 등을 표현한다. 흔히 말하는 '중2병'과 비슷하다. '병적인 광기'를 가지고 있기 때문에, '병'이라는 용어를 사용한 것 아니겠는가.

---

3) 박아청, 『에릭슨의 인간이해』 (서울: 교육과학사, 2010), 193.
4) 허혜경, 김혜수, 『청년 발달 심리학』 (서울: 학지사, 2002), 27~28.

청소년기는 변화가 많고 결정된 것은 없는 기간이다. 그래서 큰 변화가 수반하는 '성장 통'을 겪을 수밖에 없다. 하지만, 아픈 만큼 성장할 수 있는 기회의 시간이며 축복의 시간이다. '사춘기'와 '갱년기'가 싸운다면 누가 이길까? 라는 질문을 많이들 한다. 사춘기와 갱년기는 둘 다 호르몬으로 인한 변화가 많은 기간이다. 사춘기는 호르몬이 늘고, 갱년기는 호르몬이 준다. 호르몬이 늘어나는 것은 성장을 의미하고 호르몬이 줄어드는 것은 퇴보를 의미한다. 사춘기의 스트레스는 비교적 건설적이지만, 갱년기의 스트레스는 그 반대이다. 갱년기에 비한다면 사춘기는 얼마나 축복된 시간인가? 꽃이 피고 있는 시간이지 않은가. 곧 청소년기는 보이는 것과 달리 축복의 시간이다.

톡!톡(Talk, Talk)!

- 청소년기를 나타내는 용어 중 가장 공감이 되는 것은?
- 오늘날 청소년기를 대변하는 신조어가 있다면?
- 어떻게 하면 청소년기를 축복의 시간으로 볼 수 있을까?

2. 청소년의 시작과 끝

청소년기는 언제쯤 시작하는가? 청소년기의 시작을 가늠하기는 그렇게 어렵지가 않다. 하지만 청소년기가 언제 끝난다고 단정하기는 쉽지 않다. 청소년기가 끝날 때가 되었는데도 여전히 계속되고 있어서 5춘기 혹은 6춘기라고 부르는 이들도 있다. 청소년기는 2차 성징이 출현하면서 시작한다. 그리고 비교적 자신에 대하여 책임질 수 있는 연령에 도달할 때쯤 끝이 난다. 사춘기의 시작은 여자 아이가 남자 아이 보다 훨씬 또렷하다. 여아는 2차 성징이 분명하게 나타나지만 남아의 경우 그렇지가 않다. 남자 아이의 수염을 그 예로 들 수도 있고 성기 발기나 사정 등을 그 표징으로 들 수도 있지만, 이러한 표징은 청소년기 이전에도 나타날 수 있다.[5] 그래서 남아의 사춘기가 시작되었다는 것을 변성기, 비듬,

얼굴에 감도는 반항의 기운으로 체크할 수 있다. 청소년기는 생물학적 변화 곧 2차 성징과 함께 시작한다. 그리고 2차 성징은 신체적 변화 뿐만 아니라 심리적 변화들을 수반한다.

청소년기를 보통 초기, 중기, 후기의 3단계로 구분한다. 청소년 초기는 보통 만11, 12세쯤 늦으면 13, 14세쯤 생물학적 변화들과 함께 시작된다. 2차 성징, 호르몬이 분비된 땀 냄새 등이 청소년기의 시작을 알린다. 초기는 변화가 명확하게 나타나고 그에 대한 정서적 변화, 감정의 기복도 심하다. 청소년 초기가 신체적 변화에 대응하는 기간이라면 중기는 만15세에서 17, 18세쯤의 나이로 아동기가 끝났다는 아쉬움을 경험한다. 청소년 특유의 '자기중심적 성격'이 출현하지만, 중기는 비교적 안정적이다.[6] 청소년 후기는 보통 청년기를 일컫는다. 우리나라에서 청년기를 만19세~35세로 정의하는데, 청소년 후기는 만18~24세쯤으로 가늠할 수 있다. 청소년 후기가 되면 자기중심성이 현저히 줄어들면서 자신과 타인에 대한 균형 있는 관점을 취하고, 자기만의 독특한 개성이 형성된다.[7]

청소년기는 대략 11, 12세쯤 2차 성징의 출현으로 시작해서 자기만의 생각, 개성, 문화를 형성할 수 있게 되면 끝이 난다. 이처럼, 내면적 성숙을 기준으로 청소년기의 끝을 판단할 수도 있지만 사회적, 문화적 징표로 가늠하기도 한다. 신분증 발급, 성년식 등 사회적 의례와 의식을 청소년기 종결의 징표로 보는 관점도 있다. 내면적 성숙과 사회적 의례, 의식 중 어느 것이 더 명확한 종결의 징후라고 단언하기는 어렵다. 우리나라는 청소년의 연령을 9~24세로 규정하지만, 청소년기 연령 구분은 국가적, 문화적, 시대적으로 다양하기 때문에 정확한 규정이 쉽지 않다.

---

5) James Loder, 유명복 옮김 『신학적 관점에서 본 인간발달』 (서울: CLC, 2006), 290.
6) 위와 같음.
7) 위와 같음.

톡!톡(Talk, Talk)!

- 나의 청소년기는 언제 시작해서 언제 끝났는가?
- 남아의 사춘기는 어떻게 시작하는가?
- 청소년의 초기, 중기, 후기의 특징은 무엇인가?
- 청소년기의 시작과 끝을 알리는 사회, 문화적 의식은 무엇인가?

3. 사춘기 없는 낙원

'나는 사춘기가 없었어요' 혹은 '우리 아이는 사춘기가 없었어요' 하는 이야기를 들어본 적 있을 것이다. 정말 누군가는 사춘기 없이 지나갈 수 있을까? 사춘기에 대한 동서양의 정의는 생각과 신체가 봄처럼 피어난다는 뜻이다. 성장이 시작된다는 말이므로, '사춘기가 없었다'는 표현은 맞지 않다. "나는 신체적으로나 정신적으로 폭발적 성장을 경험한 적이 없다"는 뜻이기 때문이다. 누군가 사춘기가 없었다고 한다면, 이는 '사춘기에 경험하는 폭풍 같은 스트레스를 주변 사람들에게 풀지 않았다'는 말이다. 곧 '비교적 원만하게 사춘기를 보냈다'는 뜻이다.

과연 사춘기적 징후는 개인별로 차이가 있을까? 개인별 차이는 물론 있다. 개인의 성품과 가정환경이 다르기 때문에 사춘기를 어떻게 통과하는가? 는 사람마다 다를 수 있다. 그리고 다들 한번쯤은 먼 옛날에도 사춘기가 있었을까? 궁금해 한다. 비슷한 궁금증을 가진 사람이 있었다.

"사춘기의 폭풍 같은 스트레스가 인류 보편적 현상인가? 아니면 문화 조건적 현상, 현대 사회의 조건적 상황이 빚어낸 결과물인가?"

문화 인류학자, 마거릿 미드(Margaret Mead, 1901~1978)가 던진 물음이다. 미드는 알려진 바와 같이 유명한 여성, 문화인류 학자이다. 그녀는 20C 미국 사회에서 청소년들의 사춘기적 반항이 유발하는 사회적 문제가 심각하다는 것을 경험하였다. 그래서 이러한 사춘기의 질풍노도가 생물학적 발달에서 오는 자연적 현상인지 아니면 현대 사회가 압력을 행사한 결과물인지 궁금하였다. 당시 지배적 이론은 **청소년들이 겪는 정서적 어려움과 반항적 태도는 신체적 발달에 따르는 자연적이고 보편적 현상**이기 때문에 시대와 문화를 막론하고 피할 수 없다는 것이다.[8] 그래서 많은 이들이 청소년기가 그저 조용하게 지나가기를 바랄 뿐이었다. 남다르게, 미드는 청소년들의 폭풍 같은 스트레스가 현대 사회의 문화적 압력 때문에 발생하는 '문화 조건적 현상'의 문제가 아닐까 짐작하였다. 그리고 그 답을 얻기 위하여 1976년, 남태평양의 '사모아' 라는 섬으로 떠났다

아직 산업화, 도시화가 진행되지 않은 남태평양 사모아 섬에서, 미드는 십대들의 모습을 관찰하였다. 그들의 모습을 미국 청소년과 비교해 보면서 『사모아의 청소년』이라는 책을 발간하였다. 이 책에서 그녀는 '사모아의 십대들을 미국의 십대들과 비교해 보았을 때 극심한 스트레스로부터 비교적 자유롭다' 는 의견을 피력 하였다. 그리고 '선택에 대한 압력으로부터 비교적 자유로운 삶'을 그 원인으로 파악하였다. 사모아에 살고 있는 십대들에게 청소년기는 중요한 선택을 하도록 강요받는 시기가 아니었다. 왜냐하면 첫째, 사모아 섬에 사는 청소년에게는 선택의 기회가 없다. 이들은 빠른 시일 안에 선택하라는 사회적 압력으로부터 자유롭다. 무엇을 선택해야 하는지가 규범화 되어 있기 때문에, 선택에 대한 정서적 갈등을 겪을 필요도 없다.[9] 두 번째로 사모아의 집단생활은 삶에 대한 가볍고 태평스러운 태도를 취하기 때문에 경쟁적 사회와 거리가 멀다.[10] 그들의 문화는 전반적으로 느긋하고 개방적이고 자유로우며 비교적 치열하지 않다. 이는 사회적 질투심, 반항심을 최소화하고 교육에서 뒤쳐진 자들도 사회적 차별을 받을 필요가 없게 한다. 그래서 미드

---

[8] Magaret Mead, 박자영 옮김, 『사모아의 청소년』 (서울: 한길사, 2008), 14.
[9] 위와 같음.
[10] 위의 책, 15.

는 청소년기 '질풍노도'가 모든 인간에게 보편적으로 나타나는 현상이 아닌 **문화적 조건의 결과**라고 주장하였다.[11] 청소년기가 반드시 스트레스와 긴장의 시기일 필요는 없으며, 어른으로 성장하는 과정이 더 자유롭고 수월할 수 있다는 것이다. 미드의 주장을 토대로 사모아와 미국의 사회생활을 비교해 보면 다음과 같다.

비교 항목	사모아	20C 미국
사회생활	집단 사회생활	개인주의 생활
교육 목적	집단생활에 융화	개인의 능력 강화
삶의 태도	태평, 개방적	긴장, 경쟁적, 단절
청소년의 생활	의무가 많지만 안전	자유롭지만 선택 불안

표1〉 사모아와 미국의 청소년 비교

미국의 십대들은 어떤 선택을 하는가에 따라서 미래가 결정된다. 곧 '선택의 압력' 속에서 살아간다. 선택에 대한 불안을 경험하고, 그 결과를 책임지지 않으면 안 된다는 부담감 속에서 청소년기를 보낸다. 경쟁을 통하여 승자를 가리고 성취를 강조하는 미국 사회의 분위기가 한층 더해져서 청소년기는 긴장감, 단절된 소외감을 경험한다.

사모아의 청소년들은 선택에 대한 사회적 압력으로부터 자유롭다. 의무가 많지만 안전하고 정서적 혼란, 번민이 많지 않다. 물론 사모아 청소년에 대한 미드의 주장은 거센 반박을 불러일으켰다. 그리고 그녀의 연구를 반박하는 후기 연구들이 쏟아져 나왔다. 미드가 말한 것처럼 사모아의 청소년기가 더 수월할 수 있다. 그렇다고 해도, 생물학적 요인들이 청소년기에 미치는 영향이 있기 때문에 단지 그것을 문화적 현상으로 치부할 수 없다. 미드가 말하고자 했던 것은 '생물학적 요인' 보다도 '선

---

11) 위와 같음.

택의 압력'이라는 사회적 분위기, 문화적 특수성이 사춘기를 폭풍 같은 스트레스(storm and stress)의 시기로 만든다는 것이다. '선택에 대한 사회적 압력이 청소년기를 질풍노도의 시기가 되게 한다'는 미드의 주장은 산업화 이전과 이후 청소년의 사회적 인식과 삶에 큰 변화가 있다는 것을 보여준다. 만약 청소년들이 근대화 이전, 전통 사회 속에서 '선택'이 아닌 주어진 신분계층과 정해진 직업을 운명으로 받아들이고 계승하는 삶을 살았다면, 극심한 사춘기적 징후는 없었을까? 하는 생각을 해본다.

톡!톡(Talk, Talk)!

- 아주 먼 옛날에는 청소년에게 질풍노도의 스트레스가 없었을까?
- 미드는 청소년기 폭풍 같은 스트레스의 원인을 어디에서 찾았는가?
- '선택하는 미래'와 '결정된 미래' 중 어느 쪽이 청소년에게 유익할까?
- 선택 때문에 청소년기가 부담스러웠던 경험이 있는가?

4. 청소년에 대한 관점 변화

1) 고대, 불순종의 아이들

옛날에도 반항하는 청소년이 있었을까? B.C 6,000년 이집트인 돌에는 "우리의 지구는 퇴보하고 있다. 아이들은 더 이상 그들의 부모에게 순종하지 않는다"[12]는 문구가 새겨져 있다고 한다. '부모에게 순종하지 않는 아이들'은 과연 누구일까? 아마도 청소년이 아닐까? 고대 철학자 플라톤은 "흥분하기 쉬운 성격, 18세 이전의 음주 금지, 논쟁을 위한 논쟁" 등에 대하여 언급한 바 있다.[13] 18세 이전에 흥분하기 쉬우며 논쟁을 좋아하는 아이들이 바로 청소년이었을 것이다. 플라톤의 제자로 알려

---

12) 권이종, 김용구, 『청소년 이해론』 (서울: 교육과학사, 2016), 13.
13) 위의 책, 284.

진 아리스토텔레스는 성장기를 유아기(0-7세), 소년기(7-14세), 청년기(14-21세)의 세 단계로 구분하였다. 이중에서 플라톤은 소년기에 대하여 '자발적 행동 능력은 있으나 선택능력은 없으므로 선택능력을 발달시켜 줄 필요가 있다'고 기술 하고 있다.14) 자발적 행동 능력은 있지만, 아직 선택능력이 미흡한 이들은 아마도 청소년이라고 할 수 있다. '청소년' 이라는 호칭은 없었지만, 청소년기의 특징이 나타나는 시기가 고대에도 있었던 것이다.

만약 마거릿 미드의 말대로 청소년기가 현대사회의 문화적 특징이라면 플라톤과 아리스토텔레스가 관찰한 '흥분하기 쉬운, 논쟁을 위한 논쟁을 좋아하는 아이들', '자발적이나 선택 능력이 없는' 아이들은 과연 누구인가? 하는 의문이 생긴다. 곧 '청소년기'에 대한 사회적 공인은 비교적 근래의 일이지만 급격한 성장이 초래하는 변화의 증상, 그에 대한 반응들은 고대부터 있어 왔다고 추측할 수 있다. 선택에 대한 사회적 압력은 없었겠지만 생물학적 변화가 초래하는 사춘기적 징후들이 있었던 것이다. 청소년을 발견한 것은 과학기술과 의술이 발달한 19~20C 이었다. 하지만 청소년기의 특징은 훨씬 이전부터 나타났다는 것을 알 수 있다. 그렇다면 청소년의 특징을 어떻게 발견하였을까? 아마도 관찰을 통한 발견이었을 것이다. 관찰은 예나 지금이나 사람, 대상을 파악하고 관심을 갖는 가장 중요한 교육 수단이다. 이처럼, 청소년의 특징 발견은 고대부터 있어왔다. 청소년기가 공식적 생애 기간으로 인정될 때 까지는 더 많은 시간이 요청되었다.

2) 중세의 '견습생'

중세(Medium Aevum)는 보통 AD 5~16C 종교개혁 이전까지로 구분한다. 서로마제국이 멸망하면서 시작되어 마틴 루터(Martin Luther)가 종교개혁을 일으키면서 마무리 되었다. 중세 시대는 교회가 국가 보

---

14) 위와 같음.

다 강력한 힘을 가지고 있었고, 교육도 교회의 책임이었다. 아동기가 공식적 생애 기간으로 인정된 것은 14C 즈음이다.[15] 성인과 구별된 아동의 의상이 생겨났고 아동에 대한 시적 표현, 묘사들이 등장했으며, 그들을 위한 공간, 수준에 맞는 아동 교육이 허용되기 시작하였다. 반면 청소년기는 아직 명확히 구분되지도 않았고 이름도 없었다. 그러면 중세시대에 청소년기에 해당하는 연령층의 아이들은 어떤 취급을 받았을까? 중세 시대에 십대 아이들은 도제 훈련을 받는 견습생, 오늘말로 하면 실습생이었다. 도제 훈련은 손으로 하는 기술을 전수하는 것으로, 10세 전후부터 부모 또는 스승의 옆에서 일거수일투족을 지켜보면서 전통기술을 배운다. 대부분의 예술가들은 이런 도제 훈련을 받았다. 우리가 잘 알고 있는 레오나르도 다빈치(Leonardo da Vinci)는 15세에 이탈리아 플로렌스의 저명한 화가이며 조각가인 베로키오(Verrocchio)의 공방에 들어가 7년 동안 도제훈련을 받은 후, 화가 조합에 가입하였고 그로부터 10년 후 약 25세쯤에 독립된 화가가 되었다.[16] 중세시대에 아동기가 인정되었고, 청소년기는 아직 그 이름을 갖지 못하였다. 노동의 자원으로서, 준비되어야 하는 미성숙한 성인기로 인식되었다.

중세 시대에 청소년은 도제훈련을 받는 훈련생이었다. 그래서 종교 지도자들은 '도제 견습생'들을 잘 훈련할 수 있도록, 그들의 충동을 제어하는 책들을 저술하였다. '소년' 교육을 위하여 저술한 책에 "이들은 변덕스럽고 오만하며, 불안정하고 친구의 태도에 민감, 비이성적, 인생의 큰 문제를 의식하지 못 한다"[17] 고 적혀있었다. 견습생은 십대 이후의 아이들을 말한다. 따라서 청소년들의 성품, 태도에 대하여 부정적으로 기술한 것을 볼 수 있다. 이들이 감정적으로도 불안정하고 민감하며, 이성에 대하여 관심을 갖고 있는 불손한 시기로 통제가 어렵다고 서술한 것이다. 엄격한 종교적 관점에서 청소년들의 모습을 서술하고 있는 것을 볼

---

15) 박아청, 『사춘기의 이해』, 20.
16) 오인탁 외, 『기독교 교육사』 (서울: 한국 기독교교육 학회, 2008), 121.
17) 권이종, 김용구, 『청소년 이해론』, 16.

수 있다. 이처럼, 중세의 청소년기는 직업교육을 받는 견습생, 미흡하고 미성숙한 어른이다. 성인으로서는 조금 모자라고, 어린이 보다는 조금 넘쳐서 다소 위험스러운 존재로 인식되고 있다. 곧 청소년은 경고와 엄격한 훈련이 필요한 '통제 불능 견습생'이었던 셈이다. 청소년에 대한 중세적 관점은 '숙련된 기술자, 성인이 되기 위하여 충동을 제어 받아야 할 미성숙한 시기'로 다소 암울한 측면이 있다.

3) 근대 '제2의 탄생기'

근대는 종교개혁(16C) 이후로부터 산업혁명(18C) 이전까지의 기간을 말한다. 아동기에 대한 발견이 14C쯤 이루어졌지만, 여전히 청소년에 대한 발견은 잠재되어 있었다. 르네상스를 거치면서 인간에 대한 평가는 낭만적이고 긍정적으로 변하였다. 근대의 대표적 교육자로 손꼽히는 장자크 루소(Jean-Jacques Rousseau)는 전통적 교육과는 반대의 입장에서 '아동과 청소년에 대한 낭만적 해석'을 불러일으켰다. 그의 대표 저서 『에밀』에는 인생 주기가 유아기, 아동기, 소년기, 청년기, 결혼 전까지의 다섯 단계로 구분되어 있다. 여기서 '소년기' 후반과 '청년기' 전반부가 청소년기에 속할 것이다. 루소는 청소년기를 '사춘기, 청년, 16세' 등으로 명명하면서 '사물에 대한 관찰력, 이성, 감성(타인을 위한 감정), 성(sex)에 대한 호기심이 싹트는 시기'라고 서술한다.[18] 청소년에 대한 루소의 견해를 살펴보면 다음과 같다.

> 이 위기의 시기는 비교적 짧기는 하지만 오랜 기간을 통해 영향을 미친다. 기질의 변화, 정신적 징조, 얼굴 모습의 현저한 변화, 외모의 발육이 성격에 드러난다. 뺨 밑에 성글고 부드럽던 털이 차츰 검고 단단해진다. 목소리도 변하고, 그는 어린이도 아니요 어른도 아니다. 그 어느 쪽의 소리도 낼 수 없다. 아직까지는 가만히 있던 그의 눈, 즉 그의 혼의 기관인 눈이 말과 표정을 갖게 된다…그는 이미 눈으로도 충분히 말을 할 수 있다는 것을 알고

---

18) Jean J. Russo, 권응호 옮김, 『에밀』 (서울: 홍신 문화사, 1996). 205, 210.

있다...자신 자신에 대한 사랑, 자기 보존의 의무, 가장 중요한 것은 자기를 지키는 것이며 또 그래야 하는 일이다....그리고 이것은 선하다[19]

청소년에 대한 루소의 관찰은 아주 세밀하고 정확하다. 청소년기를 '위기의 시기'로 명명하면서 비교적 짧지만 오랜 기간 영향을 미치는 중요한 기간으로 정의하고 있다. 그리고 청소년기의 기질, 정신, 얼굴 모습, 털, 목소리의 변화를 상세히 기술한다. 루소는 청소년의 외적 변화 외에도 '강한 자기 몰입', '자기애' 등의 성격적 특징을 교육적 관점에서 해석한다. 청소년기는 '사회적 존재'로 탄생할 수 있는 '제2의 탄생 기'라고 정의한다. 그래서 청소년의 감성은 타인에 대한 배려와 친사회성을 배울 수 있는 교육적 기회가 될 수 있다고 보았다. 그들의 잠재적 가능성을 낙관적 입장에서 발견한다. 루소의 해석은 고대의 순종적이지 않은 청소년에 대한 언급, 중세의 통제 불능 견습생으로 보던 해석과 대조를 이룬다. 중세의 '통제 불능 견습생'이 루소를 통하여 가능적, 잠재적 교육 대상으로 해석되고 있다. 고대와 중세에 비하면 근대의 청소년 해석은 상당 부분 긍정적이다. 물론 그렇다고 해서 청소년에 대한 사회적 대응이 달라졌던 것은 아니었다.

어떻게 보면 중세 시대의 청소년기에 대한 부정적 견해와 근대, 루소의 낭만적 견해는 동전의 양면과 같다. 중세가 청소년기의 위험성을 감지했다면 근대는 잠재적 가능성을 감지했다. 이는 르네상스 이후 인간에 대한 긍정적 관점, 태도의 영향을 받았을 것이다. 그렇다면 오늘날 청소년에 대한 해석은 균형 잡힌 관점을 유지하는가? 아니면 한쪽 측면만 부각시키는가? 청소년에 대한 관찰, 인식은 고대부터 있었지만 사회적으로 '청소년기'를 생애 기간으로 인정한 것은 훨씬 이후에 진행되었다. 청소년이 '교육 가능한' 잠재적 존재라는 것을 인정한 루소의 낭만적 견해가 적용되려면 더 충분한 사회적 동기와 동력이 필요했다. 치러야 할 몫

---

19) 안인희, 『서양 교육 고전의 이해』(서울: 이화여자 대학교 출판부, 1996), 253에서 재인용.

의 희생이 더 있었던 셈이다.

톡!톡(Talk, Talk)!

- 과학이 발명되기 전 청소년의 특징은 어떻게 발견되었는가?
- 청소년에 대한 고대, 중세, 근대 인식은 어떻게 다른가?
- 청소년의 위험성과 잠재성은 무엇이라고 보는가?

5. 청소년의 사회적 탄생

1) 생애의 한 기간

18C 산업 혁명으로 도시가 출현하였다. 도시화가 일어나자 농촌에서 가업을 계승하지 않고 미래를 선택할 수 있게 되었다. 부모 보다 더 나은 직업과 사회적 성공을 꿈꾸는 젊은이들이 부푼 꿈을 안고 도시로 몰려들기 시작하였다. 역사학자 죠셉 켓트(Joseph Kett)는 젊은이들이 도시로 몰려가는 현상을 교육적 측면에서 해석하였다. "산업화는 십대에게 눈에 보이는 것 그 이상의 것, 선택 가능성을 열어주었을 뿐만 아니라 부모들에게도 그들의 자녀를 평생 종사시켜야 하는 일, 가업으로부터 분리시켜서 세상 속으로 나아가도록 열망할 것을 요청하였다."[20] 젊은이들은 더 이상 전통, 가문, 가업, 신분과 계층, 종교의 대물림을 위하여 살아갈 이유가 없었다. 어린이, 청소년은 부모에게 새로운 가능성, 신분과 계층 상승의 꿈이었다. 성공적 미래를 위하여 투자해야 할 대상이 되었다.

과학기술의 발전, 교통수단의 발달, 공장의 대량 생산은 사회적 구조뿐 아니라 한 가정과 개개인의 인생 설계까지도 변화시켰다. 물론 그 이

---

20) Kenda Creasy Dean, *Almost Christian*, (New York: Oxford University Press, 2010), 134.

전에도 아동에서 성인이 되는 '과도기'는 있었지만, 청소년기가 생애 한 기간으로 인정받은 것은 산업화 덕분이었다. 더욱이 과학, 의학의 발전은 청소년에 대한 생물학적 연구를 가능하게 하였다. 청소년의 아버지라 불리는 스텐리 홀(Graville Stanley Hall)은 최초로 질문지를 고안하여 십대들을 과학적으로 연구하기 시작하였다. 그리고 연구 결과를 토대로 1904년 『청소년기(Adolescence)』라는 책을 저술하였다. 이 책에서 홀은 최초로 '청소년'이라는 명칭을 사용하였다. 홀은 청소년기를 '유전적, 생물학적 발달 계획에 따라 많은 변화를 경험하는 아동기와 성인기의 중간에 위치한 과도기(전환기)'라고 정의한다.[21] '성적 성숙으로 유발된 폭풍과 스트레스를 특징으로 한다'는 서술은 청소년의 과도한 분노와 열정의 원인이 생물학적 변화에 있다는 관점을 제안한다.[22] 홀의 청소년 연구는 그동안 관찰에만 의지해 온 청소년 연구를 과학적, 경험적 접근법으로 돌려놓은 기념비적 시도였다.[23] 그는 생물학적 연구를 통하여 청소년을 이해할 수 있는 과학적 토대를 마련해 준 최초의 사람이 되었고 '청소년 연구의 아버지'라 불리게 되었다. 이렇게 하여 청소년기는 생애 한 기간으로 인정되면서, '청소년'이라는 이름도 갖게 되었다.[24] 물론 고대로부터 청소년에 대한 발견은 있었지만 생애 기간으로 인정되는데, 시간이 더 필요했다.

```
유아 ⇨ 성인 ⇨ 노년
유아 ⇨ 아동 ⇨ 성인 ⇨ 노년
유아 ⇨ 아동 ⇨ **청소년** ⇨ 성인 ⇨ 노년
```

표2〉 생애기간의 발전

---

21) 허혜경, 김혜수, 『청년 발달 심리학』, 27~28.
22) 위와 같음.
23) 위와 같음.
24) 박아청, 『사춘기의 이해』, 25.

2) '학생'이라는 신분

십대들은 이제 어린이와 청년의 어디쯤이 아닌 '청소년'이라는 정체감을 갖게 되었다. 호칭을 가졌다고 해서 청소년을 위한 법적 보호가 당장 마련된 것은 아니다. 청소년들은 여전히 산업 사회에 필요한 노동 자원으로 준비되어야 한다고 믿었다. 전통 사회에서 청소년기는 도제의 시기이므로 각 지역 단위로 도제 교육을 위한 과정, 장소, 교사가 마련되었다. 이제 젊은이들의 노동력이 도시로 집중되면서, 대단위의 도제 교육이 필요하다는 인식을 갖게 되었다. 그 이유는 숙련된 기술을 전수 받는다는 이유로 어린이와 청소년의 노동력이 착취되는 경우가 빈번하였기 때문이다. 성인 보다 만만한 이들, 어린이와 청소년이 헐값에 장시간 중노동을 감당해야 했다. 십대들은 사회적, 법적 보호를 받지 못하는 형편이었다. 1914년 미국에서 14세 이하 아동 노동 금지법이 마련되었다. 이는 청소년에 대한 법적, 사회적 보호 장치이었다. 14세 이하 아동의 노동 금지법 출현은 청소년들을 과도한 노동으로부터 보호하고, 교육의 대상으로 보는 관점의 전환을 가져왔다. 그 결과 도시에 공립학교가 생겨나기 시작하였다. 공장 고용주의 권위는 교실에서 교사의 권위로 대체되었다. 교사는 부모, 고용주를 대신하여 특별한 양육자가 되었고 출석부 등록, 등교와 하교의 타종, 짧은 점심시간 등 학교 시간표와 규범은 전반적으로 공장의 작업 리듬에 맞추어졌다.[25] 마치 공장이 학교로 대체된 것 같은 느낌이었지만 당시 정해진 시간표라고는 공장 시간표밖에 없었다. 1880년 그리니치 천문대의 시간표가 제정되기 전까지 모든 기차, 버스, 학교의 시간표는 공장 노동자들의 출, 퇴근 시간에 맞추어졌다.[26]

대학 교육 사업이 진행되면서, 교육을 통하여 청소년들을 준비시켜야 한다는 목소리가 높아졌다. 십대들이 교육 대상이라는 인식의 전환과 고등교육 사업의 발전은 거의 비슷한 시기에 진행되었다. 이제 '청소년'이

---
25) Kenda Creasy Dean, *Almost Christian*, 134.
26) Youval N. Harari, 조현욱 옮김, 『사피엔스』 (서울: 김영사, 2016), 499.

라는 이름을 갖게 된 이들이 '학생'이라는 사회적 신분 까지 얻게 되었다. 미래를 준비하는 결정적 시기로서, 교육의 필요성을 절감한 것이다. 청소년기가 생애 한 부분이 된 것에 대하여 콜러와 리트치(Kohler & Ritche)는 "사회가 개화되고, 산업화됨에 따라 세분화된 노동과 함께 노동자들의 높은 학력 수준이 요구되었고, 아동기와 성인기를 구분하는 시기가 점차 길어진 것"이라고 말한다.[27]

그러면 우리나라의 청소년들은 언제부터 공립교육을 받기 시작하였을까? 한국에서 청소년이 주목을 받게 된 것은 서구 사회 보다 늦은 1950년대 이후의 일이다. 일제 침략과 한국 전쟁을 경험하면서 '청년 학생'을 잘 교육할 때 나라의 현실을 개혁할 수 있고 미래를 굳게 세워 나갈 수 있다는 관점이 형성 되었다. 곧 일제 침략기에 나라의 미래를 걱정하고 염려하면서, 미래의 주역으로서 청소년 교육의 중요성을 인식하게 된 것이다. 물론 '청년 학생'에 대한 진보적 해석은 서구 근대화 교육의 영향을 받은 것이다. 하지만, 한국전쟁 후 우리나라는 가난하였다. 십대들은 나라의 미래를 일으킬 노동력으로서 일해야만 했다. 그렇다고 청소년, 청년 교육의 중요성을 간과한 것은 아니다. 하지만, 나라의 경제를 일으키는 것이 우선이었다. 그래서 1990년까지 한국의 많은 청소년들이 '주경야독(晝耕夜讀)'하는 형편이었다. 낮에는 밭을 갈고 밤에는 책을 읽는 것이 아니라, 낮에는 공장에서 일하고 밤에는 야학에 나가 공부를 해야 했다. 가족과 국가의 잠재적 희망으로서, 공장 노동과 학업을 병행할 수밖에 없었다. 청소년들이 노동으로 부터 비교적 자유롭고 '학생'의 특권을 누리게 된 것은 국가의 경제적 성장, 사회와 문화적 수준의 발달과 맞물린다.

톡!톡(Talk, Talk)!

■ 스텐리 홀은 폭풍 같은 스트레스의 원인을 어떻게 규정하였는가?

---

[27] 박아청, 『사춘기의 이해』, 25에서 재인용.

- 청소년을 교육 대상으로 인식하게 된 사회적 요인은 무엇인가?
- 한국 전쟁이후 청소년 교육은 어떤 모습이었는가?

6. 미흡한 청소년 교육

1) 부족한 이해

　1980년대 한국 사회의 청소년 이해는 보잘 것 없었다. 괜히 반항적이고 문제가 많은 청소년기가 '그저 잘 지나가기를 바라는' 골치 아픈 시간으로 보았다. 19C 미국 사회의 청소년 인식도 미흡하기는 마찬가지이다. 당시 미국에서 2차 대각성 부흥운동28)이 일어나고 있었다. 많은 이들이 부흥회를 통한 회심에 몰입되어 있었고, 아이들과 청소년에게도 예외를 주지 않았다. 신앙의 과학적 교육, 학문화를 이룬 조지 알버트 코우(George Albert Coe)는 청소년에 대해서는 예외적 관점을 피력하였다. 존 듀이(John Dewey)와 함께 종교교육학회를 창립한 코우는 부흥, 회심을 교육보다 우선하는 관점을 반대하였다. 그런 그가 청소년만큼은 부흥회를 통한 '회심'이 필요한 존재라고 보았던 것이다. 청소년에 대한 그의 견해는 그의 입장과 반대되는 것이었기 때문에 놀랍다. 회심 반대 주의자이었던 코우가 '종교적 회심'이 청소년의 분노 해독제라고 주장하였다면, 그 당시 청소년에 대한 사회적 인식이 어떠했는지 가늠해 볼 수 있다. 청소년기는 하나님이 원하신다면 내버려 두고, 주변 사람들이 참고 견뎌야 하는 그런 기간이므로 '어쩔 수 없다는 식의 미온적 태도를 보였던 것이다. 청소년들을 변화시키려면 오직 놀라운 '기적', 성령의 능력이 필요하다고 주장하였다. 이러한 코우의 견해는 당시 청소년 이해와 교육이 얼마나 미흡했는지 알게 한다.

---

28) 1차 대각성 운동은 1730~1760년, 2차는 1800~1830년, 3차는 1890~1920년 일어난 것으로 추정된다. 대각성 부흥운동은 감정의 회심, 가슴의 변화를 강조하였다. 부흥회를 통하여 하나님의 놀라운 활동이 일어나고, 교육 보다는 단번에 회심하는 것이 사람을 변화시킨다고 믿었다.

청소년의 아버지라 불리는 홀도 청소년에게는 '전인적 회심'이 필요하다고 주장하였다. 그러나 홀은 전인적 회심을 "단지 하나님만을 경험하는 종교적 회심의 경험이 아닌 욕구와 본능들과 조화를 이루도록 돕는 회심"으로 정의한다.29) 청소년의 폭풍 같은 스트레스의 원인이 생물학적 변화에 있다고 증명했던 홀은 당시 유행했던 '회심'보다 폭넓은 관점으로 청소년의 전인적 회심을 정의하였다. 청소년에게 회심이 필요하다면 단지 영적, 신앙적, 종교적 개념만이 아니라 생물학적이고 심리적 측면을 포괄하는 전인적 회심이 되어야 한다고 본 것이다. 회심을 통하여 천국 가는 티켓을 얻는데 관심을 가졌던 19C '영적 대 각성 운동'에 비교한다면, '전인적 회심'에 대한 홀의 주장은 교육적 의미가 있다.

2) 프로그램 중심 교육

청소년에 대한 교육 기관과 정책 역시 미흡하기는 마찬가지이었다. 학교를 포함한 대부분의 협회, 기관들은 청소년기를 그저 골치 아픈 시간으로 보았다. 그래서 골치 아픈 시간을 무사히 통과할 수 있도록 안전하고 기분 좋은 공간과 프로그램을 제공하는 것을 최선의 청소년 교육정책으로 간주하였다. 그 결과 '청소년 교육은 프로그램' 이상의 의미를 갖지 못하였다. 물론 청소년을 위하여 안전하고 기분 좋은 공간조차 제공하지 못하는 오늘날의 현실을 본다면 그 당시 청소년 교육도 꽤 괜찮은 것 같다. 청소년 교육의 선구적 기관, YMCA(Young Men's Christian Association) 역시 교육 프로그램을 만드는 데 주력하였다. 청소년기라는 7~8년의 폭풍 같은 시간을 큰 문제없이 통과하도록 활동 프로그램을 만들고 참여를 독려하면서 시중드는 것을 최선의 교육방침으로 여겼던 것이다.30)

1970~1990년대 한국 교회 청소년 신앙 교육의 초점도 프로그램이었

---

29) Kenda Creasy Dean, *Almost Christian*, 135.
30) 위의 책, 135~137.

다. 오랫동안 청소년 교육에서 프로그램은 가장 매력 있는 교육 방안으로 대우받았다. 하지만 프로그램은 흥미로워도 인격 형성 보다는 참가인원, 효율성, 비용 등에 초점을 맞추는 특징이 있다. 청소년의 독특한 인격과 개성의 출현에 주목하지 못하고 프로그램의 효율적, 효과적 운영을 더 중요시하게 된다. 교육의 주된 목적인 '인간의 변화' 보다는 재미와 효율성에 집중하면서 교육의 인격적 특성이 침체되고 결국 군중, 상황을 통제하고 결과를 산출하는데 목적을 두는 것이다. 물론 당시 청소년 교육에서 프로그램이 주도적 역할을 한 것은 '성호르몬의 공격을 받는 청소년기는 어떻게 할 도리가 없다' 는 초창기의 생물학적 견해의 영향이다. 청소년들을 통제하면서 사회적 안정을 촉진하는데 더욱 주안점을 둔 것이다. 그러면, 오늘날 청소년 교육 수준은 어떠한가? 청소년이 누구인지, 왜 그러는지 등 교육 대상에 대한 관심, 온전한 이해가 여전히 부족하지 않은가? 교육 대상에 대한 온전한 이해가 없다면 아무리 탁월한 교육프로그램을 시행한다 해도 학습자를 변화시키기는 어려울 것이다.

톡!톡(Talk, Talk)!

- 청소년은 어떻게 사회적 인정을 받았는가?
- 청소년에 대한 이해와 교육적 수준은 어느 정도 발전하였는가?
- 프로그램 중심 교육의 장, 단점은 무엇인가?
- 청소년 프로그램이 '교육적' 이려면 어떻게 보완되어야 할까?

2장

청소년 몸의 발달

1. 급격한 신체 발달

1) 빠른 사춘기

사춘기는 빠르면 11세 늦으면 14.5세쯤 시작한다. 보통 여아는 남아보다 빨리 시작하는 편이다. 청소년기의 시작을 알리는 징후로 2차 성징, 생식기의 발달을 꼽을 수 있다. 근래 2차 성징이 빨라지고 있다. 김현림의 '아이의 사춘기'라는 시에는 "아이는 열일곱이다. 그러나 늦 생일 이므로 만으로는 아직 열다섯 인데 벌써 사춘기라니? 너무도 빨리 다가온 사춘기에 우리는 당황할 수밖에...".[31] 라는 구절이 있다. 시인은 여기서 '아이가 열다섯인데 사춘기가 온 것이 당황스럽다'고 말한다. 열다섯에 사춘기가 너무 빠르다면 오늘날 10~11세에 2차 성징이 나타나는 것은 얼마나 빠른가? 십대가 되기 무섭게 찾아온 2차 성징은 '빨라도 너무 빠른 셈' 이다. 영국에서 만난 이십대 청년이 처음 2차 성징을 만났을 때의 경험을 이야기 한 적 있다. 어머니를 일찍 잃은 그 친구는 열한 살 때 학교에서 2차 성징이 출현하였다. 너무 놀라서 친구들에게 "나는 피를 흘려, 곧 죽게 되나 봐" 외치고 다녔다. 소문을 들은 선생님이 그를 붙잡고 친절하게 설명해 주지 않았다면, 죽을병 걸린 줄 알았을 거라고 했다. 아이에게 2차 성징의 출현은 두렵고 당혹스러울 수 있다.

옛날에 비하면 요즘 아이들의 사춘기가 정말 빨라지고 있는 것일까? 정말 빨라지고 있다면 그 원인은 무엇인가? 2차 성징은 '**유전, 영양, 몸무게**' 와 밀접한 관계가 있다. 유전은 개별적 차이가 있지만 영양, 몸무게는 환경의 영향을 받는다. 현대 아이들의 영양 상태와 몸무게는 예전에 비하여 훨씬 좋다. 먹을 것이 많고 영양 상태가 충분하다. 그래서 발달적 문제가 없다면 2차 성징은 빨리 출현 할 것이다. 먹을 것이 부족했던 그 옛날과 비교한다면 빠른 사춘기는 어쩌면 당연한 일인지도 모르겠다.

---

[31] 박아청, 『사춘기의 이해』, 65에서 재인용.

2) 전체적인 발달

청소년기는 전체적인 신체 변화를 경험한다. 사람이 살면서 가장 많은 성장을 경험하는 시기가 영유아기와 청소년기 아닐까? "5~6월 하루 빛이 어디냐"는 속담은 영아기 성장 속도가 얼마나 빠른지 알려준다. 영아기 1~2개월 차이는 사실, 엄청나다. 그 만큼은 아니라도, 청소년기도 급격하고 전체적인 신체 변화를 경험한다. 다만 청소년은 그것을 인지하기 때문에 혼란스럽고 불안하다.

(1) 2차 성징

청소년의 신체발달에서 대표적인 특징은 '2차 성징'이다. 2차 성징이란 성(性)의 두 번째 징표라는 뜻이다. 1차 성의 징표인 신체적 형태는 출생 시에 이미 결정된다. 그리고 2차 성의 징표는 성호르몬 분비로 나타나는 생식기의 형태적, 기능적 성숙을 의미한다. 여아의 경우 유방, 자궁, 골반 확대, 초경이 시작되고 남아의 경우는 턱수염, 변성기, 정자의 생산 증가와 몽정이 나타난다.[32] 2차 성징의 출현은 아이와 부모 모두에게 생물학적 변화에 대한 심리적 부적응, 충동과 욕구 조절을 실패할지도 모른다는 걱정을 야기한다.

(2) 체형

청소년기는 신장(키), 골격, 체형, 체중, 근육 그리고 얼굴형 등 전체적으로 급성장이 나타난다. 평균적으로 최종 성인키의 98%(전체키의 20~25%)가 청소년기에 성장하는데 여아는 평균 23~28cm, 남아는 26~28cm 정도 자란다.[33] 남아의 급성장은 여아 보다 2년가량 늦기 때문에, 여아는 12~13세 남아는 14~16세에 급성장한다.[34] 그러므로 남자

---

32) 이복희, 유옥순, 『청소년 심리 및 상담』 (서울: 유풍출판사, 2009), 63.
33) 홍창호, "청소년의 성장과 발달" 『소아과』 46(2003. 11), 468.

아이들이 늦게 까지 큰다는 말은 어느 정도 일리가 있다. 골격이 성장하고 근육과 지방이 늘어나면서 체중이 증가한다. 체중에서 남아는 근육량이 차지하는 비중이 크다면 여아는 피하지방이 차지하는 비중이 더 많다. 청소년기에 증가하는 체중은 이상적인 성인 몸무게의 약 50% 정도이다.[35] 그 밖에도 청소년의 신체는 나름대로의 개성을 갖게 될 것이다. 아동기와 달리 자기만의 고유한 신체적 특징이 나타난다.

(3) 내부 기관

청소년의 체형뿐 아니라 내부 기관들 역시 상당히 발달한다. 뇌는 10세 이전에 95% 발달하므로 큰 변화가 없지만 위장, 심장, 간, 신장 등이 발달한다. 내부기관의 발달은 눈에 보이지 않지만, 위장의 발달은 눈치 챌 수 있다. 청소년의 왕성한 식욕이 그것을 증명하기 때문이다. 십대들이 하는 유머 중에 '청소년기 7대 죄악중 하나는 식탐'이라는 말이 있다. 요즈음 먹방 유튜브가 많은데, 십대들을 위해 만들어진 놀이가 아닐까? 그렇다고 해도 외형적 발달과 비교한다면 내부 기관의 발달은 훨씬 미약한 편이다.

(4) 발달 스트레스

신체적 급성장, 변화는 청소년 자신에게 상당한 스트레스가 될 수 있다. 호르몬 분비로 갑자기 늘어나는 비듬, 여드름, 얼굴 골격(코, 광대뼈, 턱)의 변화, 체모(털과 수염)의 증가 등 상당히 신경 쓰이는 변화들이 많다. 청소년의 몸은 '공사 중'이다. 공사 중인 몸에 적응하느라 많은 에너지를 쓰고 있다. 다른 한편, 청소년들은 지칠 줄 모르는 에너지를 갖고 있는 '에너자이저'이다. 여아들의 경우 끊이지 않는 수다와 왁자지껄한 웃음소리가 떠나지 않는다. 남아들도 뛰어다니고 부딪치면서, 산

---

34) 위와 같음.
35) 위와 같음.

만하게 에너지를 발산한다. 따라서 균형 잡힌 식단, 청결 유지, 적당한 체조와 운동은 신체발달을 촉진하는데 유익하다. 청소년기 초반의 급격한 성장은 중, 후반으로 가면서 점점 느려진다.

톡!톡(Talk, Talk)!

- 청소년의 2차 성징을 축하할만한 가족 의례를 만들어보자.
- 청소년기에 나타나는 신체 변화 중 가장 고민이 되었던 부분은?
- 위장이 발달하고 소화력이 좋은 청소년에게 가장 적합한 다이어트는?
- 발달 스트레스를 어떻게 해소하면 좋을까?

2. 거울 보는 청소년

1) 키 vs 체형

청소년은 외모에 대한 고민이 많다. 외모 신경 쓰기는 잦은 거울보기, 오랜 시간 샤워하기, 옷차림에 신경 쓰기, 유행의 민감성 등으로 나타난다. 마치 백설 공주에 나오는 왕비처럼 밤낮으로 '거울아~거울아~'를 외치면서 자기의 모습을 들여다본다. 거울보기는 청소년이 외모에 관심이 많다는 것을 나타낸다. 사실, 걱정도 많다. 남자아이들은 '신장', '키'에 대한 걱정이 많다. 키 고민은 키 높이 신발, 깔창 깔기, 다리가 길어 보이는 바지, 발뒤꿈치를 들어 주는 까치발 걸음 등으로 나타난다. 체형 변화 또한 청소년들에게 민감한 부분이다. 여아의 고민은 키보다는 체형이다. 남아는 어깨가 넓어지고 근육이 발달하는 역삼각형 체형이 된다. 하지만 여아는 유방과 골반, 둔부가 발달하면서 둥글둥글한 체형을 갖는다. 물론 체형의 변화는 성장 호르몬, 성 호르몬 분비와 밀접한 관계가 있다. 『소나기』라는 소설로 유명한 황순원 작가의 『학』[36]이라는 단편 소

---

36) 한국 전쟁에서 이념의 갈등을 갖고 있는 두 친구가 어린 시절 '학'이라는 상징을 통하여 화해하게 되는 과정을 서술하고 있는 소설이다. 이 소설에서 어린 시절의 추억

설에서 '꼬맹이'는 놀림을 받는다. 주변 남자 아이들이 꼬맹이의 둥글둥글해 지는 체형을 보면서 "꼬맹이...하늘 높은 줄 모르고 땅 넓은 줄 알아 키도 작고 뚱뚱하기만 한 꼬맹이"라고 부른다. 필자는 이 구절을 중학교 교과서에서 읽었던 것으로 기억한다. 십대 여아들의 체형은 꼬맹이처럼 하늘 높은 줄 모르고 땅 넓은 줄 알기에, 공감이 되는 대목이었다. 청소년기 남아들에게 '키'가 민감한 문제라면 여아들에게는 '동글동글' 해지는 체형이 고민이다.

2) 여드름 vs 비듬

청소년은 얼굴의 이목구비, 피부, 헤어스타일에 관해서도 신경을 많이 쓴다. 성적 호르몬, 성장 호르몬의 분비는 얼굴에 나타나는 여드름, 비듬으로 확인할 수 있다. 초기 사춘기 증상으로 흔히 나타나는 '비듬' 증가는 어깨 위로 하얗게 눈이 내리게 한다. 비듬이 갑자기 늘다 보니 고민이 되기도 하지만 어두운 빛깔의 옷을 입었을 때 지저분해 보이는 모습이 유쾌하지 않다. 얼굴 이목구비에도 변화가 나타난다. 코가 길어지거나 벌어지고 광대뼈의 출현, 턱선 발달 등 제법 성인 티가 난다. 한두 가닥 보이는 턱수염과 굵어지는 체모 등 청소년들이 감추고 싶은 변화도 있다. 사실, 마스크나 모자를 쓰거나 앞머리를 만들기, 제모 등은 신체적 변화에 어떻게 대응할지 몰라서 일단, 감추고 보겠다는 뜻이다. 그러나 '내 몸에 대체 어떠한 일이 일어나고 있는 거야?' '나는 정상적으로 성장할 수 있을까?' '내 모습이 내 맘에 들지 않으면 어떻게 하지?' 하는 신체적 고민들은 비슷한 패션, 헤어스타일을 한 십대들의 왁자지껄한 웃음소리, 소란스러운 수다, 산만한 동작 등에 파묻혀 버리는 경우가 많다.

을 곱씹으면서 등장하는 '꼬맹이'의 이야기는 남자 아이들이 보는 여자아이의 신체적 변화, 특징 등을 보여준다. 1957년 『신천지』 지에 발간한 단편소설. https://m.blog.naver.com/PostView. 2020. 10. 10. 최종검색

3) 빠른 vs 늦은 성장

청소년의 신체적 고민 중에는 남들 보다 느린 성장이 있다. 빨리 크는 것과 늦게 크는 것을 비교한다면 어느 쪽이 더 고민이 될까? 서양에서는 남녀 모두 빨리 크는 것이 유리하다고 한다. 빨리 크는 아이가 동년배들 사이에서 사회적 영향력을 발휘할 기회가 더 많기 때문이다.[37] 반면 한국에서는 여아는 빠른 성장이 불리하고 남아는 느린 성장이 불리하다. 여아가 빨리 성장하면 소녀티를 벗고 성숙한 여인의 체형이 나타나기 때문에 또래들 보다 일찍 이성교제에 노출될 확률이 높다. 반대로 느린 성장의 남아는 친구들과 주변에서 어린 아이 취급을 받게 될 수 있다. 그렇게 되면 스스로 부적절한 대우를 받는다는 생각에 사로잡히면서 열등감을 가질 수 있다. 흔히 어른들이 말하는 '늦게 크는 아이가 더 많이 큰다'는 이론은 근거가 희박하다. 빠른 성장과 늦은 성장에는 장단점이 있다. 사회적, 문화적으로 다르게 수용, 반응될 여지가 많은 것이다. 그래서 또래들과 비교했을 때 유달리 빨리 크거나 늦게 크는 것은 당사자에게 적지 않은 스트레스를 주기도 한다.

4) 이상한 나라의 엘리스

영유아는 자신이 얼마나 빠르게 성장하는지 모른다. 청소년들은 자신의 변화를 인식하면서 성장한다. 급격한 성장, 변화에 대한 청소년들의 느낌은 '갑자기 커진 이상한 나라의 엘리스'에 비유할 수 있다. 자고 일어나 보니 '커져버린' 자기 몸을 보면서, "여긴 어디? 나는 누구?"라는 물음을 갖는다.

> 이럴 수가! 오늘은 정말 별난 일만 생기네! 어제만 해도 보통 때나 다름없었는데 하룻밤 사이에 내가 달라졌나? 응, 오늘 아침에 일어났을 때 뭔가 달랐나? 기분이 좀 달랐던 것 같기도 해. 하지만 내가 정말로 변했다면, 다

---

37) 박아청, 『사춘기의 이해』, 77.

음에 해야 할 질문은, '지금의 나는 누구지?' 아, 이건 대단한 수수께끼다![38)

엘리스는 토끼를 따라 들어가서 뭔가를 마셨는데, 그 이후로 커졌다 작아졌다 하는 자신의 몸을 보면서 '내가 변했을까?' '나는 누구일까?' 하는 물음을 갖는다. 사람에 따라 변화에 민감하기도 하고 둔감하기도 하지만, 갑작스럽고 큰 변화는 사람을 불안하게 만든다. 변화가 많을 때 적응이 어렵기 때문이다. 급변하는 신체는 청소년들을 불안하게 만든다. 더욱이 청소년의 신체적 성장은 울퉁불퉁한 모습으로 나타난다. 처음부터 균형 잡힌 상태로 자라는 것이 아니므로 비대칭과 불균형이 많다. 이런 청소년들에게 타인의 시선은 달갑지 않다. 주변 어른들은 청소년에게 "많이 컸다"는 반응을 보일수도 있지만, "너, 점점 못생겨진다"는 말을 내뱉기도 한다. 청소년들이 주고받는 말 중에 "할머니가 살쪘다면 진짜 뚱뚱한 거고, 할머니가 못생겼다고 하면 진짜 못생긴 거다"라는 말이 있다. 할아버지나 할머니에게 손주는 마냥 사랑스러운 존재이다. 그래서 체중이 늘었다거나 여드름이 나도 좋게 해석해 준다. "보기 좋다, 토실토실한 게 딱 좋다" 등. 하지만 친척, 주변 어른들, 나이가 조금 많은 청년들은 청소년들의 신체적 변화를 놀림거리로 삼기도 한다. 아직 변화하는 몸에 적응중인 청소년들에게 주변 사람들의 말은 때로 상처가 된다. 청소년들은 몸이 급성장하는 것에 불안을 느끼면서 상대 성(sex)을 가진 성인들(부모, 교사 등)과의 접촉도 꺼리기 시작한다. 조그만 신체 접촉에도 신경질적으로 반응한다. 그래서 딸의 민감한 반응은 아버지의 작은 행복을 앗아갈 수도 있다. 이처럼 사춘기가 되면 이성 부모와 자녀의 관계에는 어색한 기운이 감돈다.

톡!톡(Talk, Talk)!

■ 청소년기 신체적 고민은 어떤 생활 습관으로 나타나는가?

---

38) 양윤정, 『황금빛 오후의 만남』 (서울: 열음사, 2006), 215에서 재인용.

- 청소년기 외모 고민 중 가장 공감이 되는 부분은?
- 나의 청소년기는 빠른 성장과 느린 성장 중 어느 쪽이었나?
- 청소년은 왜 못생겨지는 것일까?

3. 비주얼 사회의 몸 정체감

1) 몸 정체감 형성

청소년기는 신체 이미지를 형성한다. 신체 이미지를 다른 말로 표현한다면, 몸 정체감(body identity)이다. 몸 정체감이란 형태, 기능, 운동 능력 등에 대한 포괄적 자기 지각 혹은 종합적 개념을 말한다.[39] 몸 정체감은 자기 외모에 대한 자기의 생각과 주변 사람들의 평가를 통하여 형성된다. 아직 청소년들은 주관이 약하기 때문에 주변 사람들의 영향을 받을 수밖에 없다. 청소년의 몸 정체감은 자아개념의 기본 틀을 정한다.[40] 청소년의 몸 정체감 형성에 대하여 박아청은 다음과 같이 기술하였다.

> 사춘기는 마치 에너지의 근원이 되는 근원적인 자기와 겉껍질로서의 보여지는 자기, 그리고 이 둘 사이에서 자신을 발견하려고 하는 자기가 서로 얽힌 극의 무대이다. 자기애와 자기혐오, 자기 우월과 자기 열등, 자기 현시와 자기 은폐, 앙양(사기가 드높아짐)과 실의, 사랑과 증오, 내적 타자의 발견, 사춘기는 이와 같은 복잡하게 얽힌 자기의 샐러드(salad)이고 그 자체가 콤플렉스인 것이다.[41]

청소년은 내가 보는 나와 남이 보는 나 사이에서, 극단적 감정들을 오가면서 자기 이미지를 종합해 가기 시작한다. 그래서 무심하게 툭 던

---

39) 정미라, 정은, "청소년의 신체상에 영향을 미치는 융복합적 요인," 「융합정보논문지」 15(2017), 267.
40) 박아청, 『사춘기의 이해』 (서울: 교육과학사, 2000), 79.
41) 위의 책, 81.

진 한 마디가 생각 보다 크게 작용 할 수 있다. 갑작스런 성장으로 적응이 잘 안 된 상태에서 못생겨진다는 말을 듣는다면 자존감에 상처를 입게 될 것이다. 청소년기에 형성된 몸 정체감은 향후 오랫동안 영향을 미치기 때문이다. 더욱이 비주얼 문화가 강하고 신체 이미지가 사회계층을 형성하는 시대를 살아가는 십대들에게 더 그럴 수 있다. 오늘날 아이들의 외모에 대한 관심과 기준은 유별나게 높다. 기준이 높다보니 자기 신체에 대하여 부정적 평가를 내리는 성향도 짙다. 높게 또는 낮게 평가하는 것 보다 있는 그대로의 모습을 수용하는 것이 건강한 자아 개념 형성에 도움이 된다. 자기 몸에 대한 건전한 생각을 갖는다면, 자기를 올바로 보고 사랑하기 쉽다는 말이다.

2) 비주얼 사회

청소년들이 건강한 몸 정체감을 형성 하는 것이 조금 어려운 시대가 되었다. 왜냐하면 보여주는 것이 무엇 보다 중요한 시대가 되었기 때문이다. 보여주는 것이 중요한 현 사회를 '비주얼사회'라고 부른다. 인터넷, 스마트 폰, 소셜 네트워크가 전시문화를 만들면서, 인간의 가장 중요한 가치는 '볼만함'이 되었다.[42] 그래서 청소년들의 목표는 건강하게 자라는 것 이상이다. 자기 몸을 '건강하고 볼만한' 것으로 기획, 구성하는 것이 십대 청소년들의 목표가 되었다. 남자 십대들은 초콜릿 복근을 가지려고 운동한다. 여자 십대들은 '베이글녀'가 되려고 몸을 축소시키고 성형 수술을 한다. 간혹 여행을 간 한국 여성들이 공항에 붙잡히는 일이 있다. 여권 사진과 실제 얼굴이 다르다는 것이다. 중고등학생들은 졸업 선물로 성형 상품권을 받기 원한다. 외모를 통하여 사회적 등급이 매겨지기 때문이다. 부모들이 학교 내신과 등급을 걱정할 때 아이들은 나의 외모는 몇 등급인가? 를 가림하고 있다. 그래서 청소년들은 몸만들기 열풍에 사로잡혀 있다.

---

42) James Smith, 박세혁 옮김, 『하나님 나라를 상상하라』 (서울: IVP, 2018), 253.

3) 육체미 숭배

청소년들은 현실세계와 가상세계에 양다리를 걸치고 살아간다. 가상세계, 곧 사이버스페이스(Cyber-Space)는 소비사회가 주는 몸의 이상형을 가공해 낸다. 그리고 그것을 청소년들이 맹목적으로 추종하게 만든다. 가상세계의 이상적 몸은 비현실적이다. 운동, 다이어트 식품, 성형수술, 포토샵이 만들어 낸 결과물이다. 성형수술, 뷰티샵, 포토 프로그램이 많아지면서 청소년들은 자기 몸을 통제하는데 열심을 내고 있다. 몸매와 몸무게를 걱정하는 연령층이 점점 낮아지고, 십대 청소년들은 뷰티 산업의 제1소비자로 등극한다. 십대 청소년들이 추종하는 아이돌(Idol)의 본래 의미는 우상(偶像)이다. 아이돌의 현재 의미는 '매우 인기 있는 사람들'인데, 세계적 유명세를 떨치고 있는 한국의 아이돌은 신화적 몸의 실체로서 청소년의 우상이다. 데이비드 포스터 월리스(David Foster Wallace)는 육체와 미모에 대한 숭배를 다음과 같이 말한다.

> 사람은 누구나 무엇을 믿습니다. 우리에게 허락된 것은 무엇을 믿고 숭배하느냐에 대한 선택권일 뿐입니다. 자기 자신의 육체, 미모, 성적인 매력을 중시하는 사람은 자신이 항상 못생긴 것 같은 느낌에 사로잡힌 채 삽니다. 그래서 시간과 나이의 흔적이 보이기 시작하면 최종적으로 땅속에 묻히기도 전에 백만 번씩 죽었다 깨어납니다.[43]

많은 젊은이들이 육체와 미모, 특히 성적인 매력을 숭배한다. 그렇기 때문에 자신이 항상 못생긴 것 같은 느낌에 사로잡혀 살아갈 수 있다. 전체적으로 발달이 일어나는 청소년기는 자기 인생에서 가장 못생겨지는 시기가 아닐까? 비듬, 여드름에 광대뼈, 턱선, 듬성듬성 나는 수염, 어중간한 키 등...세상의 모든 못생김을 모아놓은 것 같은 때가 바로 청소년기이다. 이런 시기에 가장 이상적인 몸에 사로잡힌다면, 아마도 백만

---

[43] David Foster Wallace, 김재희 옮김, 『이것은 물이다』 (서울: 나무생각, 2020), 114-115.

번씩 죽을 것 같은 느낌 속에서 살아갈지도 모르겠다. 죽은 것 같은 감정에 사로잡힌 십대가 자기보다 약하고 못생겼다고 믿어지는 또래들을 괴롭히고 혐오하는 것은 어떻게 보면 당연한 순서가 아닐까? 예전에는 못생긴 친구에게 뭔가 얻을 것이 있었다. 지우개나 연필, 따뜻한 미소, 친절한 말...등.

4) 하나님의 작품

소비주의는 인간 몸을 상품, 소비 대상으로 본다. 인간의 몸으로 제품의 가치를 표현한다. 곧 제품을 위하여 인간의 아름다움을 광고한다. 인간의 몸을 동경하는 것 같지만, 사실 그것을 통하여 상품을 판매한다. 그리고 몸이 값비싼 소비품이 되려면 '성적 이미지'를 연상시킬 수 있어야 한다. 간접적으로든 직접적으로든 성(sexuality)을 연상시키는 몸은 소비적 가치, 인격적 가치를 지니는 것으로 해석된다. 피에르 테이야르 드 샤르뎅(Pierre Teihard de Chardin)은 "원시인들은 움직이는 것에는 모두 사람의 얼굴을 달아두었고...현대인은 자신이 가장 높이는 것에서 사람 모습을 빼는 경향이 있다"고 하였다.44) 어찌하여 물질적 가치를 인격적 가치 보다 높게 평가하려고 하는가? 청소년들은 몸에 대한 소비적 관점을 비판 없이 수용한다. 일명 '몸신', '몸짱', '헬창' 이라는 대중화된 표현은 인간의 몸이 숭배의 대상임을 알려준다. 아쉽게도, 아직 성장기에 있는 청소년들의 신체적 불균형과 비대칭은 숭배의 대상이 되기 어렵다. 이것은 아쉬운 진실이다. 외모로 등급을 매기는 문화는 청소년들이 독특한 자기만의 개인성을 발견하는 것을 방해 한다. 기다려 주지 않는다. 방송, SNS(Social Network Service)를 통하여 외모의 기준이 선별된다. 미디어의 영향력은 압도적이다. 아무도 강요하지 않는다. 그러나 십대들은 스스로 미디어의 강요를 받아들인다.

하나님은 여섯 째 날에 흙으로 인간을 창조하셨다. 땅의 물질인 흙으

---

44) Pierre Teihard de Chardin, 양명수 옮김, 『인간현상』 (서울: 한길사, 2011), 244.

로 만들었기 때문에 인간의 몸은 물질이다. 그런데 인간의 몸은 단지 물질이 아니다. 하나님이 '생기'를 불어넣으셨기 때문이다. 인간의 몸은 영, 정신이 깃든 몸이다. 몸은 인격의 일부이다. 그래서 몸을 보면 그 사람의 성격, 습관, 가치관, 종교 등을 알 수 있다. 음악에서는 몸을 악기라고 부른다. 몸을 통하여 소리가 공명되고, 공명된 소리가 밖으로 나간다. 인간은 몸을 잘 사용할수록 아름다운 소리를 공명할 수 있다. 인간의 몸은 그 자체로 신비롭고 아름다운 하나님의 작품이다. 아직 발달하고 있는, 공사 중인 청소년의 몸 역시 어설프지만 '하나님의 작품'이다. 미디어가 제시하는 소비적 기준에 맞지 않아도 몸은 그 자체로 가치있다. 따라서 자기 생명과 인생의 가치 속에서, 몸을 보고 해석하도록 도와줄 필요가 있다.

톡!톡(Talk, Talk)!

- 비주얼 사회라는 말에 동의하는가?
- 신체 이미지를 잘 형성하려면 어떻게 해야 할까?
- 육체미를 숭배하는 것은 어떻게 나타나는가?
- '몸짱', '헬창' 등의 용어는 어떤 가치관을 보여주는가?

4. 스포츠 교육

1) 발달 스트레스 해소

보통, 스포츠를 구기 종목과 동일시 하지만, 스포츠 'sports'의 어원 'disportsms'는 '같이 즐기기, 기분전환, 오락, 위로' 등의 뜻을 갖고 있다.45) 스포츠는 경쟁하여 이기는 운동, 여가 활동, 놀이 등을 포함한다. 근면, 검소, 노동을 미덕으로 여겨왔던 전통적인 기독교 문화는 놀이의

---

45) 김은식, "스포츠 선교를 통한 효과적인 교회성장 전략연구." 총신대학교 선교대학원 미간행 석사학위 논문. (2017, 2), 7.

의미와 가치를 축소해 온 경향이 있다.46) 대개 노동, 일, 학업과 같은 진지한 활동에서 의미를 찾을 수 있다고 생각하지만 중국어로 '재미있어'는 '有意思(유의미)', 의미가 있다는 뜻이다. 재미와 의미는 크게 다르지 않다. 재미를 느끼는 어떤 것을 할 때 사람은 자기 삶이 의미 있다고 느낄 수 있다. 신체발육이 크게 나타나는 청소년기에 스포츠는 흥미 있고, 의미가 있는 활동이다. 움직임을 통하여 자기 몸을 탐색하고, 경험하고, 느낄 수 있다. 스포츠는 사춘기 청소년의 신체발달, 발달 스트레스에 유익하다. 전체적인 신체 발달로 스트레스가 많은 청소년들에게 스포츠는 효과적인 교육이다. 중고등학생이 되면 대학입시에 집중하면서, 운동을 즐겨하지 않는다. 예체능 활동은 입시생들에게 큰 환영을 받지 못한다. 그러나 적절한 운동은 신진대사를 원활하게 하고, 청소년의 발육을 촉진하며, 2차 성징의 출현에서 오는 성호르몬의 분비와 스트레스 해소에 도움이 된다.

2) 기독교 스포츠 교육

기독교 신앙은 정신적이고 영적인 것이므로 몸과의 연계성이 없다고 생각할 수 있다. 축구 선수들이 보여주는 기도의 골 세레머니, 올림픽에서 금메달을 거머쥔 수상자의 '하나님께 영광을 돌린다'는 고백을 통해서만 스포츠와 신앙이 연계된 것처럼 생각하는 경향이 있다. 하지만 성경에는 스포츠, 경기관련 비유들이 등장한다. 신앙인의 경건 생활과 훈련을 표현할 때 절제(고전9:25), 경주자의 목표(빌3:14, 고전9:24)와 옷차림(히12:1), 경쟁력(딤전6:12, 딤후4:7), 면류관(딤후4:8) 등의 비유가 사용되었다. 이는 영적 단련만큼이나 육체의 단련도 중요하다는 것을 일깨워준다. 우리나라에서 스포츠를 통한 기독교 교육은 조선의 갑오경장(1894)을 전후로 선교사들에 의하여 시작하였다.47) 1901년 언더우드, 아펜젤러 선교사가 농구, 야구, 유도, 스케이트, 배구 등을 '황성 기독교

---

46) 주연수, "놀이과 기독교 영성형성교육." 「신학논단」 103(2021, 3), 205.
47) 김은식, "스포츠 선교를 통한 효과적인 교회성장 전략연구," 11.

청년회'(오늘날의 YMCA 전신)를 통하여 보급하였고 교회는 어린이와 청소년에게 복음을 전하는 교육, 선교 방안으로 스포츠, 레크레이션 등을 시행하였다.[48] 곧 스포츠는 오랫동안 신앙교육과 연계성이 있었다.

3) 청소년 스포츠클럽

영국(UK) 잉글랜드(England)의 버밍햄(Bermingham)에 '라이프센트럴 교회(Life Central Church)'가 있다. 이 교회에는 청소년을 위한 스포츠클럽이 있다. 클럽 이름은 '더 베이스(The Base)'이다. 스포츠를 전공한 교사들이 지역사회의 십대 아이들을 대상으로 교육하는 프로그램이다. 과도비만, 당뇨, 자폐 등 신체적·심리적·사회적 병리 증상을 가진 아이들이 참여할 수 있다. 특별히 지역사회의 최하위 계층 십대들을 우선적으로 교육하므로 정부의 재정적 지원도 받는다.

⟨더 베이스⟩

○ 공간: 소극장, 풋볼 경기장, 레크레이션을 위한 공간(마룻바닥, 소파, 테이블, 놀이도구 선반)
○ 교사: 체육 전공자, 선교 훈련을 받은 교사
○ 내용: 스포츠와 성경 메시지 연계한 다양한 스포츠
○ 목적: 발달 상태 확인, 스트레스 해소, 발육 촉진, 사회성 촉진

'더 베이스'에서는 십대들을 위한 스포츠 교육이 시행된다. 청소년들은 스포츠, 레크레이션, 영화관람에 참여할 수 있고 또 창조적으로 규칙을 만들어 놀이를 진행하기도 한다. 어떤 운동은 너무 단순한데, 예를 들면 가로로 누워져 있는 큰 기둥을 이쪽에서 저쪽으로 옮기는 활동이다. 아주 단순한 활동인데도 몸을 움직이고, 협력을 요구할 때 재미있는 놀이가 된다. 학업에서 성패와 우위를 가리는 경쟁구도는 스포츠에서 그 의

---

48) 위와 같음.

미가 사라진다. 참된 놀이를 경험하지 못할 때, 십대들은 억압자와 피억압자 놀이 곧 일진놀이에 매몰될 때가 많다. 스포츠 교육은 청소년들이 스트레스를 방출하고 자기를 맘껏 표현하는 장을 마련해 준다. 일반적으로 스포츠는 규칙이 있다. 그런데 그 규칙을 없애거나 바꾸면 새로운 놀이가 된다. 교사가 성경 메시지와 활동을 연결해서 만들어 보라고 요청하면, 청소년들은 금방 창의적인 놀이를 만든다. 이런 놀이를 통하여 청소년은 자기를 표현하고, 창의적 활동을 하며, 해방감을 경험할 수 있다.

4) 사회성 함양

스포츠는 청소년의 사회성을 높이는데 효과가 있다. 스포츠는 팀으로 진행되기 때문에, 청소년의 사회성이 잘 드러난다. 형제관계가 빈약한 요즈음 아이들은 과거에 비하면 사회성이 떨어진다. 새로운 친구와 어울리지 못하거나, 과도하게 경쟁적이고, 소통하는데 곤란을 겪는다. 교사는 청소년의 스포츠 활동을 주목하면서 대화나 훈련을 통하여 수정하도록 도울 수 있다. '규율을 지키는지?', '팀원들을 어떻게 대하는지?', '사물이나 기구를 다룰 때 공격적인지?' '자기를 표현하지 못하고 억압적인지?' 등을 관찰하면 '비 활동성', '공격성', '독단성', '반칙성' '억압성' 등의 비사회적 성향 또는 반사회적 행동을 파악할 수 있다. 세밀하게 관찰한다면 청소년의 가치, 우선순위 까지도 발견할 수 있다. 이처럼, 스포츠 교육은 청소년의 신체발육 뿐만 아니라 사회성 까지도 교정할 수 있는 기회를 제공한다. 대부분의 스포츠는 팀워크이기 때문에 타인과 만나고, 소통하는 자리를 만들어준다. 팀 활동을 하다보면 협력, 타협, 경쟁 등 사회생활에 필요한 고도의 기술을 익힐 수 있다. 스포츠는 음악, 그림과 마찬가지로 만국 공통어이다. 언어나 문화가 달라도 함께 할 수 있다. 다국적 청소년들이 함께 운동과 놀이를 하다 보면 문화적 특성이 고스란히 반영된다. 집단 문화가 강한 아시아, 남미의 청소년들은 집단의 리더가 되기 위하여 영웅적 행동을 한다. 반면 개인성이 강한 유럽의 청소년들은 개인행동을 많이 하고 팀워크를 만드는데 취약하다. 이와 같이 스포츠 교육은 청소년의 개성, 신체발달, 사회성을 개발하는 놀이이다. 에너지가 넘치지만 활동 반경이 제한된 청소년들이 스포츠 교육으로 신체발육과 사회성의 취약점을 개발할 수 있다.

톡!톡(Talk, Talk)!

- 스포츠 교육은 청소년의 발달 어떤 면에서 유익한가?
- 기독교와 스포츠는 어떤 연관성이 있나?
- 청소년의 사회성을 향상하는데 스포츠 교육은 어떤 유익을 주는가?

5. 거룩한 춤 교육

1) 몸으로 찬양

춤은 다이어트, 건강, 유머, 스포츠, 전통 문화 행사에서 빠지지 않는 문화 코드이다. 기독교에서 춤은 오랫동안 '거룩하냐 세속적이냐'의 양극단 논리로 해석되어왔다. 초대 교회는 예배의 축하 춤, 성경과 교리를 설명하는 춤, 부활 주일 원무 등을 인정하였다. 그러나 춤이 욕정을 자극하고 예의를 넘어설 위험이 있다고 보았다. B. C 1200~1500년 사이에 춤은 이교적이라는 이유로 금지되었다.[49] 하지만 성경에는 다양한 형태의 춤이 등장한다. 이스라엘 백성이 홍해를 건넌 후 미리암과 이스라엘이 춘 감사의 춤(출15:20), 전쟁의 승리를 축하한 춤(삿11:34;삼상18:6), 언약궤를 되찾고 기쁨을 표현한 다윗의 춤(삼하6:14-16), 기도 응답을 감사한 춤(시30:11), 아들을 되찾은 아버지의 기쁨의 춤(마11:17, 막6:22, 눅7:32, 15:25)이 있다. 하나님은 춤을 통하여 기쁨을 표현하도록 명령하였다(렘31:4, 13). 반대로 성경에는 반역의 춤, 세속적인 춤

---

49) 문용식, "워십 댄스와 영성." 『기독교 언어문화 논집』 국제 기독교 언어문화 연구원, 11(2008), 166~167.

도 나온다. 광야에서 금송아지를 만들 때 이스라엘 백성이 추었던 광란의 춤(출32:6), 세례 요한의 머리를 구하기전 헤로디아가 헤롯 왕 앞에서 추었던 관능적 춤이 있다. 이와 같이 춤은 성경 안에서도 거룩함과 세속성을 모두 반영한다. 춤은 하나님을 향하기도 하고 거스르기도 한다.

성경에는 육체가 갈망하고 호흡이 찬양하며, 내장이 생각하고 간이 애통하며, 뼈가 선포하고 기뻐하며 전율한다는 표현들이 나온다(시35:10; 욥4:14;렘23:9).50) 몸의 기관들 내장, 간, 뼈가 하나님을 생각하고 떨림과 호흡으로 찬양 한다. 몸의 안과 밖의 기관들이 하나님을 찬양하고 예배할 수 있다. 우리는 지성으로 하나님을 이해하고 감성으로 하나님을 느끼려고 한다. 찬양과 춤은 몸의 감각과 운동으로 하나님을 체험하는 것이다. 흔히 몸으로 배운 것은 잘 잊어버리지 않는다. 반복되는 의례와 의식이 그렇다. 춤은 몸으로 습득하는 의식처럼 하나님에 대한 경험을 체화시킨다. 체화된 것은 오랫동안 기억된다.

2) 유대인의 절기 춤

유대인들은 전통 절기에 춤을 추면서 하나님의 구원을 찬양하고, 기억하는 관습을 유지해왔다. 매년 중요한 절기, 장례식, 결혼식 날에 남성그룹, 여성 또는 혼성 그룹, 미성년 그룹이 운무를 춘다. 운무는 보통 오른쪽, 왼쪽으로 원을 그리고 돌면서 같은 자리에서 맴도는 회전의 동작이 반복되는데 여기에 손동작이 첨부 된다. 그리고 각각의 손과 발

그림1〉 홀리댄스

---

50) Celeste Snowber, 허성식 옮김, 『몸으로 드리는 기도』 (서울: IVP, 2002), 35~37.

동작에는 기쁨, 회개(통곡), 성령의 비둘기, 하나님의 임재 등의 의미가 깃들어 있다.

　기독교로 개종한 유대인 중에 춤으로 선교하는 이들도 있다. 영국에서 만난 80대 유대인 할머니, 존은 유대교 전통 춤을 기독교적으로 변형하고 전파하는 일을 하고 있었다. 이렇게 하나님을 찬양하는 춤을 홀리 댄스(Holy Dance), '거룩한 춤'이라고 부른다. '거룩한 춤'은 성령의 비둘기를 표하는 손동작, 기쁨을 방출하는 발 스텝, 회전, 각양각색의 깃발 흔들기 등으로 구성된다. 인도의 요가에는 코브라, 소, 여신의 자세 등 각각의 동작에 그 종교적 상징이 내포되어 있다. 소위 오리엔탈 댄스라고 불리는 발리댄스에도 여성의 생식, 임신, 출산의 과정이 춤동작으로 표현되어 있다. 이처럼 춤에는 어떤 메시지가 들어있다. 거룩한 댄스에는 하나님의 구원이야기, 인간의 슬픔, 기쁨, 감사, 영광 등의 이야기가 들어있다. 거룩한 춤을 추다보면 그 동작의 의미를 배우고, 그 동작과 감정이 연계되는 것을 경험할 수 있다.

3) 하나님의 성전

　터키의 전통 춤 '세마'가 끝없이 빙빙 돌며 무아지경에 빠지는 것처럼, 춤은 오래 동안 자기를 초월하여 신에게 도달하는 종교적 예술로 사용되어 왔다. 기독교에서도 춤은 하나님과 교류하는 예술의 한 분야로 사용되어 왔다. 하나님을 찬양하는 춤은 '하나님의 진선미(眞善美)'를 표현하는 예술이다. 하나님께 목적을 둔다면, 그리스도인의 춤은 거룩하다. 우리의 몸은 하나님과의 사귐이 일어나는 거룩한 성전(고전6:17)이 된다. 곧 춤은 받은 은혜를 몸으로 표현하는 감사와 찬양의 제사이자 복음의 통로가 될 수 있다. 그러나 광야 이스라엘 백성의 금송아지 춤과 헤로디아의 춤처럼 하나님을 거스르고 다른 신을 숭배할 때, 춤은 세속적인 통로로서 상당한 힘과 전파력을 갖는다.

많은 청소년들이 어떠한 몸이 되어야 한다는 소비적 기준에 속박되어 있다. 하지만 그리스도인이라면 자신의 몸 그 자체를 하나님의 호흡이 담긴 형상으로 고백하며 즐거워할 수 있다. 또, 내 몸에 속한 그 어떤 부분도 하나님의 성전(고전3:16-17) 아닌 것이 없음을 깨닫게 된다. 사춘기의 신체적 징후들은 청소년들을 혼란스럽게 만들 수 있다. 기독교적 예술, 문화적 콘텐츠(contents)는 신체발육에서 오는 스트레스를 승화시킴으로 정서를 순화시키고, 하나님을 경험하게 한다. 노래할 때 몸 전체가 악기가 되는 것처럼, 몸 전체가 찬양과 예배의 통로가 된 거룩한 춤은 찬양과 마찬가지로 하나님께 자기의 신앙을 표현하는 기도의 양식이다. 몸에 대한 긍정적 느낌, 해석, 유쾌하고 아름다운 사용을 경험하게 한다. 하나님 체험의 또 다른 길을 열어준다.

톡!톡(Talk, Talk)!

- 몸은 어떻게 하나님의 성전이 되는가?
- 유투브에서 이스라엘의 전통 댄스를 찾아보자.
- 춤은 어떻게 예배, 신앙 교육의 통로가 될 수 있는가?

6. 청소년 성(性)교육

1) 개방된 성

청소년의 신체적 발달에서 가장 새로운 것은 2차 성징이다. 2차 성징은 성적 능력이 출현하는 것이다. 성적 능력의 출현은 인류 존속이라는 위대한 소명을 갖는 것이다. 성은 아름답지만 위험하고 고결하지만 천박할 수 있다. 그래서 성의 양면성을 모두 알아야 한다. 청소년기는 성호르몬이 분비되면서 성기, 생식기, 가슴, 체모 등이 발달한다. 난생처음 성적 욕구의 과잉 현상을 경험한다. 그러므로 "성적인 욕구를 어떻게 분출, 해소, 통제할 것인가?"는 청소년기의 중요한 고민 가운데 하나이다. 한국사회에서 청소년 성교육은 오랫동안 보호적 입장을 취해왔다. 성에 대한 보호적 관점이 강력하게 작용하다 보니, 성은 그저 '정상과 비정상'으로 구분되고, 실효성 있는 성교육을 찾기가 어렵게 되었다. 하지만 청소년들은 굳이 교육을 받지 않아도 스마트 폰, SNS를 통하여 쉽게 성지식을 접할 수 있다.

소비사회는 놀라울 만큼 성에 대하여 개방적인 환경을 만들어왔다. 그 결과, 청년들은 성에 대한 개방적 태도를 갖고 있다. 성 교육이 성 문화에 뒤처지고 있는 셈이다. 성교육이 필요한 연령은 10~24세쯤이다. 요즘은 초등학교부터 성교육이 시작되다 보니, 아이들은 놀이를 하다가 손만 스쳐도 "나의 소중한 몸을 만지지 마!" 하고 서로 놀리곤 한다. 바람직한 성지식은 단기간의 강의 보다는 주변 어른들을 통하여 장기간 학습되는 것이다. 그러므로 가족을 포함한 주변 어른들이 먼저 성에 대한 올바른 인식, 표현, 실천의 삶을 사는 것이 요청된다. 청소년 성교육은 성지식, 젠더(사회적 성), 성결정권이라는 3요소를 포함한다.

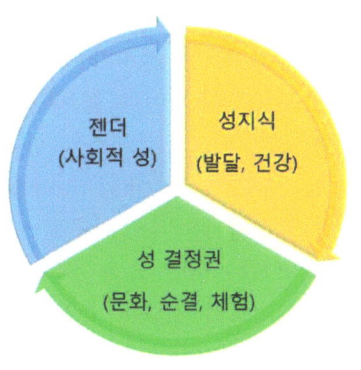

그림2〉 성교육 3요소

2) 성지식 교육

우리나라 성교육 중 가장 많은 형태가 성지식 교육이다. 성지식은 생물학적 성의 발달에 대한 교육이다. 사춘기가 시작되면 성적 호기심이 증가한다. 성에 대한 호기심은 간혹 친구들의 소문, 웹툰, 동영상으로 충족되고 그래서 왜곡, 확대, 수축될 가능성이 있다. 성을 놀이로 생각하는 시대에 바른 성지식을 갖는 것은 무엇보다 중요하다. 올바른 성지식은 청소년기 몸의 변화에 잘 적응하면서 건강한 몸 정체감을 형성하도록 돕는다. 성지식 교육은 성에 대한 왜곡된 이해를 수정하고 성적 혼란, 갈등, 모방 행동, 비행 행동을 예방한다.

그러면 이제 막 사춘기가 온 아이들에게 어떤 성지식이 필요할까? 생식기의 건강한 발달, 성호르몬의 작용, 몽정, 월경, 성교, 피임, 임신, 출산, 유산, 아이 양육 등에 대한 지식이다. 학교의 성교육은 주로 강의식으로 진행되는 경우가 많은데, 가정에서 반드시 보완되어야 한다. 교사와 부모의 관점이 다를 수 있기 때문이다. 개방적인 성문화를 가진 나라들은 일찍부터 성교육을 한다. 독일은 초등학교 때부터 놀이와 퀴즈대회, 만화, 토론, 역할 놀이를 통하여 성에 대한 질문쪽지, 성에 대한 감정 표현을 배운다. 교구를 사용하는 체험 형 성교육에는 바나나에 콘돔을 입히는 피임 교육, 육아 시뮬레이션 교육 등이 있다. 육아 시뮬레이션은 성교의 결과는 출산이라는 것을 간접 경험을 통하여 알게 한다. 우리나라에서 2007년부터 여성 가족부 지원으로 운영하는 〈청소년 성문화 센터〉의 'SAY(Sexuality About the Youth)프로그램'은 아동, 청소년의 특성에 맞게 다양한 매체를 활용한 체험현장 중심 성교육이다.[51] 성문화체험관은 자궁방 탐험, 섹슈얼리티, 바디이미지, 임신과 출산, 성

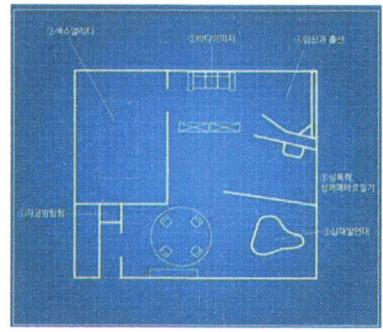

그림3〉 성문화 체험관

---

51) 황정임 외4인, 『청소년 성문화센터 운영 실태와 발전방안』, (서울: 여성가족연구원, 2017), 12.

폭력 및 성매매 바로알기, 십대 발언대, 역할극으로 구성되어 있다.

사실, '어떤 내용으로 성교육 하는가?' 도 중요하지만, '누가 성교육을 하는가?'가 보다 중요하다. 영국은 어린이 보호법이 워낙 엄격해서 허락 없이 어린이 사진을 찍거나 SNS에 게재할 수 없다. 어린아이를 보고 사랑스럽다고 허그(Hug)를 할 수는 있지만, 지나친 허그는 자제해야 한다. 만약 아무도 없는 곳에서 아이를 허그하거나, 화장실을 데리고 간다면 오해의 소지가 있다. 아이가 성추행을 당했다고 주장했을 때, 그것을 증명할 방법이 없으면 곤란해지기 때문이다. 그래서 성교육은 이성 보다는 동성 부모나 교사가 진행하고, 감독관이나 일일교사가 동참하는 것이 바람직하다.

3) 젠더, 사회적 성교육

사회적 성을 젠더(gender)라고 한다. 젠더는 특정 사회에서 남성과 여성에게 적합하다고 믿는 태도, 가치, 행동 양식으로 학습해 가는 것이다. 청소년 젠더 교육은 어떻게 구성될 수 있을까? 성가치관, 성정체감, 이성교제 교육으로 구성할 수 있다.

(1) 성 가치관 교육

성 가치관 교육은 자신과 타인의 생물학적 성에 대한 존중 교육이다. 1차 성징은 이미 결정된 부분이다. 물론 남성도 여성도 아닌 간성인(Intersex)도 존재한다. 간성인은 태어날 때 남녀 성기를 완전히 혹은 부분적으로 갖고 태어나는 반음 양자를 말한다.[52] 간성인으로 태어나면 청소년기를 지나면서 스스로 한쪽 성을 선택할 수 있는 기회를 주고, 외과적인 수술을 통하여 한쪽 성으로 귀결시킨다. 요즈음은 성전환 수술을

---

52) 한국여성연구소, 『젠더와 사회』(서울: 동녘, 2019), 65: Jack O. Balswick & Judith K. Balswick, 홍병룡 옮김, 『진정한 성』(서울: IVP, 2002), 21.

한 트랜스 젠더를 또 하나의 성으로 보기도 한다. 성가치관 교육은 다른 말로 표현하면 양성평등교육이라고 할 수 있다. 양성평등은 이성에 대한 올바른 관점, 해석을 요구 한다. 남성과 여성은 하나님 형상(창1:27) 대로 지음 받았다. 만약 어떤 성이 더 우월하거나 열등하다고 느낀다면 그것은 문화적 차원일 뿐 진리가 아니다. 근래 출현한 여성 혐오의 인셀(incel), 남성 혐오의 팸셀(femcel) 운동은 성 가치관 교육의 필요성을 알게 한다. 자기 성에 대한 불만은 이성에 대한 폄하로 나아갈 수 있다.

(2) 성정체감 교육

청소년, 청년들은 게임, 채팅, SNS에서 성바꾸기 놀이를 한다. 남성인데 여성의 아이콘을 사용해 여성의 자아를 구성하거나, 반대로 여성인데 남성의 아이콘을 사용해 남성의 자아를 구성한다. 성바꾸기를 하는 이유는 이성의 사생활을 엿보는 것, 허물없이 이성과 대화하는 것을 즐기기 때문이다. 성바꾸기는 사이버 공간에서 자신의 아이디, 아이콘, 대화체, 억양, 대화의 소재 등을 이성의 것으로 전환하는 것이다. 사이버 공간에서 성 전환을 시도할 때 보통 전형적인 남성 혹은 여성에 대한 사회적 기대를 토대로 한다. 이것은 청소년들이 남성의 어떠함, 여성의 어떠함에 대하여 대충 알고 있다는 뜻이다. 전형적으로 남성성은 용기, 강인함, 경쟁심, 힘, 통제력, 지배력, 공격성 등으로 여성성은 온유함, 표현력, 감수성, 민감함, 순응성 등으로 표현되어 왔다.[53] 청소년기는 성에 대한 고정관념, 편견, 전형적인 사회적 기대에 민감하다.

성정체감이란 한 사람이 자신을 성적 존재로서 어떻게 평가하는가? 하는 성적 자아개념이다.[54] 오늘날 성정체감은 주로 외모에 편중하는 경향이 있는 것 같다. 성품이나 어떤 행동 보다는 '외모로 풍기는 신체 이미지'에 집중한다. 하지만, 남성 혹은 여성의 매력을 평가하는 기준은

---

53) Jack O. Balswick & Judith K. Balswick, 『진정한 성』, 21.
54) 위와 같음.

개인별, 가족별, 문화 별로 다양할 수 있다. 어떤 가정은 강인하고 지배적인 남성을 선호하지만, 다른 가정에서는 섬김과 친절한 태도를 가진 남성이야 말로 매력적이라고 여긴다. 서양에서는 여성의 풍만한 가슴을 매력 포인트로 보기 때문에 많은 여성들이 가슴을 드러낸다. 반대로 동양의 여성들은 상체 보다는 하체의 각선미를 자랑함으로서 여성적 매력을 드러내려는 경향이 있다. 몰도바(Moldova) 친구가 한국 여성의 숏팬츠나 미니스커트를 곱지 않은 시선으로 바라보면서, 브라질 여성의 반쯤 드러난 가슴에 관대한 것을 보면서 놀란 경험이 있다. 남성과 여성의 매력 발산 포인트가 문화별로 다른 것이다. 따라서 성정체감 교육은 청소년이 생각하는 남성 혹은 여성다움의 기준, 본인의 매력 정도를 가늠하고, 그것이 자아상에 미치는 영향을 점검한다. 성역할, 남성성 혹은 여성성에 대한 편견, 고정관념을 분별하면서 건강한 성정체감을 형성을 지지한다.

(3) 이성교제 교육

청소년의 이성교제는 자기를 찾아가는 과정이다. 동성이든 이성이든, 자기와 비슷한 그래서 마치 거울을 보는 것처럼 내면이 흡사한 친구와 사귀면서 자기 정체감을 형성해 간다. 이질성, 다른 면 보다 비슷한 면이 많은 친구와 교제할 가능성이 크다. 그렇다고 청소년의 이성교제가 안전하다고 볼 수는 없다. 성욕구, 성충동이 있는 청소년의 이성교제는 우정이면서 또 애정이 될 수 있기 때문이다. 이성교제는 이성친구와의 우정에 머물 수도 있지만 우정 이상의 데이트적 요소를 갖기도 한다. 청소년의 이성교제는 짝사랑을 넘어서는 단계를 말한다. 짝사랑은 이성에 대한 호기심, 관심, 이상적인 로맨스에 대한 상상에 그치는 경우가 많다. 이성과 교류하면서 청소년은 이상적 로맨스의 실패를 경험하고, 사랑에 대한 상상과 현실이 다르다는 것을 알게 된다. 남녀 간의 생각과 감정, 표현의 차이를 알게 되고, 서로 다른 두 사람이 어떻게 친밀감을 형성하는지 배우면서 성취감을 경험한다. 물론 성호르몬과 성욕구, 성충동을 적절히 자제하고 다루는 법도 배울 수 있다. 건전한 이성교제는 관계형성, 의사소통, 갈등해결을 배우면서 인격적인 성숙의 길로 안내한다. 독일의 성교육은 이성교제 할 때 주의해야 할 행동이 포함되어 있다.

> 바람피우기, 거짓말, 무심함, 자기말만 하기, 약속 안 지키기, 관계를 독점하려고 다른 관계를 제한시키기, 상대에게 책임 돌리기, 변명하지 않기, 존중이 없는 태도, 욕설, 다른 이성을 계속 쳐다보기, 공격적인 태도 등이 이성교제에서 상대방에게 상처를 줄 수 있고 모욕감을 줄 수 있다.[55]

건전한 이성교제를 교육한다는 것은 '어떻게 하면 참된 사랑을 할 수 있는지' 배워가는 것이다. 우리나라 부모들이 염려하는 것은 '사랑을 배우지 못할까봐?'가 아니라, '어쩌다 성적인 관계로 발전하면 어떻게 하나'이다. 이성교제의 위험에만 초점을 두기 보다는 긍정적 측면과 위험성의 양 측면을 다 고려할 필요가 있다. 건전한 이성교제를 위해서는 우선, 청소년의 심리적 상태를 체크해야 한다. 첫째 청소년의 자존감을 체크한다. 자존감이 낮을수록 성적인 교제로 치우칠 확률이 높다. 다음으로 이성 친구에 대한 감정이 우정, 애착, 사랑 중 어디에 속하는지 분별하게 한다. 애착은 서로 안정감을 얻는 관계를 말한다. 보통 부모나 가족으로부터 충분한 지지를 받지 못하는 청소년들이 이성교제를 통하여 안정감 또는 정서적 지지를 얻으려고 한다. 그래서 낮은 자존감의 보상 또는 우정이나 애착을 사랑으로 착각하기 쉽다. 이성교제를 할 때 기본 욕구를 먼저 파악하면, 쉽게 성적 교류로 넘어가지 않고 건건한 교제를 할 수 있다. 자기의 감정을 인지시킴으로 충동적 성행위를 예방한다. 이성친구와의 관계에서 '친밀감', '의사소통'이 우선이 되고 관계를 통하여 참된 사랑을 배워가야 한다. 에리히 프롬(Erich From)이 말했듯이 사랑은 배워가야 하는 기술이기 때문이다.

---

[55] 도기숙, "성적 수치심의 담론."『헤세연구』, 29(2013. 6), 244.

4) 성결정권 교육

성에 대한 태도를 세대별로 구분하면 '성을 언급하지 않는 세대', '성을 토론하는 세대', '성을 경험하는 세대' 라고 한다. 오늘날의 청소년들은 어떤 세대인가? 여전히 유교적 사고가 많은 한국 사회에서 조부모세대는 성에 대하여 침묵할 수밖에 없었다. 성은 음지에 있었다. 부모세대는 성을 토론하지만, 성에 대한 비밀이 많았다. 젊은이들은 성을 즐기지만, 결혼하지는 않는다. 성결정권 교육은 청소년들이 성에 대한 자신의 권리를 인식하고 지키게 하는 교육이다.

(1) 디지털 미디어 읽기

현대 사회는 성에 대한 욕구, 문화를 창출하고 소비하게 만드는 섹슈얼리티 사회라고 해도 과언이 아니다. 성소비문화는 우선 몸의 소비적 가치에 대하여 이야기한다. 나의 몸은 소비적 가치가 있는가? 남아는 초콜릿 복근을 가지고 있는가? 여아는 S라인의 '베이글녀'인가? 에 따라 몸의 소비적 가치가 결정된다. 또한 성적 쾌락을 우선시 하는 에로티시즘이 몸의 가치, 등급을 매기는 최우선 기준으로 작용한다. 이러한 메시지를 전달하는 것은 당연히 미디어이다. SNS, 게임 채팅의 아이콘, 데이트 앱 등은 몸, 육체에 대한 전시문화를 만들고 있다. 성적인 매력을 연상시키는 육체가 일종의 예찬, 동경의 대상이 되고 몸은 소비윤리를 이끄는 신화가 되고 있다.[56] 그 결과 청소년들은 아직 미성숙한 몸을 섹시한 컨셉으로 만들려는 인공적 노력을 하고 있다. 이런 성소비 문화는 성에 대한 올바른 태도를 방해한다. 그러므로 분별이 필요하다.

가톨릭에서 시행하는 성 교육 중에는 대중문화와 미디어의 성에 대한 암묵적 메시지를 해체시키는 디지털 미디어 읽기(Literacy)가 있다. 성을 상품화 시키는 광고 및 미디어의 거짓 메시지 일곱 가지를 폭로한다.

---

56) Chris Shilling, 임인숙 옮김, 『몸의 사회학』 (서울: 나남, 2011), 133.

① 성에는 즐거움과 로맨스만 있다.
② 성에서 생명과 책임에 대한 메시지를 배제시킨다.
③ 성교가 아닌 임신과 낙태가 문제인 것으로 해석한다.
④ 성을 절제가 아닌 소비적 차원에서 다룬다.
⑤ 성적 절제는 억압이고 성적 자유는 해방이라고 한다.
⑥ 인간을 하나님의 영이 없는 그저 육체적, 생물학적 존재로 해석한다.
⑦ 부적절한 성교가 가져다 줄 수치심에 대하여 침묵한다.[57]

성에 대한 미디어의 거짓말을 폭로 하는 이유는 미디어와 피임 산업, 뷰티 산업의 연결이 그만큼 심각하기 때문이다. 대중문화가 강조하는 성에 대한 잘못된 연결고리, 〈성-섹스-쾌락-낙태〉를 깨고 기독교적 생명과 책임의 가치를 일깨우는 것이다. 십대 아이들은 콘돔을 지갑에 넣고 다니면 돈을 번다는 웹툰을 본다. 성소비문화는 아이들의 문화 속으로 들어와 있다. 어른들은 성에 대한 언급을 기피하지만 청소년들에게 성은 너무나 친근한 주제이다. 따라서 청소년이 자율적으로 성소비문화를 읽고 분별하는 교육이 개발, 시행되어야 한다.

(2) 혼전순결

성소비문화 속에서 혼전순결을 강력하게 주장하는 이들도 있다. 오래 전, 정조를 지키기 위한 '정조대(chastity)'라는 기구가 개발, 사용되었다. 혼전순결 속옷의 개발도 정조대와 비슷한 개념이지만 강압적이지는 않다. 속옷에 '진정한 사랑을 기다린다(true love waits)', '아빠가 보고 있어요', '사랑한다면 기다려주세요' 같은 문구가 새겨져 있다. 순결을 서약하는 은반지, 순결 성경 유포 등을 통하여 미국, 호주, 독일 등에서 순결 운동이 진행되고 있다. 혼전 순결 운동은 '육체의 결합은 영

---

57) http://pds.catholic.or.kr/pdsm/bbs_view.asp?num=8&id=158304&menu=4826. 2018. 9. 18.

적 결합을 의미한다'는 성경적, 기독교적 가치관을 표방한다. 조기 성관계를 통하여 질병이 쉽게 전이, 확산되는 것도 혼전순결을 강조하는 이유이다. 한국에서도 1994년부터 십대선교회(YFC)에서 '순결서약운동'이 시작되면서 순결 배지, 순결카드, 순결서약 교재 등이 배포되었다.[58] 안타깝게도 부모들이 청소년기 자녀 보다 '순결 운동'에 무관심하다는 것은 학업 위주의 자녀교육의 병폐를 보여준다. 혼전 순결 교육은 두 번째 기회를 허용한다. 이미 순결을 지키지 못했다 해도, 다시 시작할 수 있다. 모세는 하나님이 시내 산에서 주신 첫 번째 돌판을 깨뜨렸다(출 32:19).[59] 산을 내려왔을 때 그의 백성들이 하나님에 대한 신앙을 잃어버리고 금송아지를 예배하는 모습에 분노하였기 때문이다. 모세는 하나님의 십계명이 담긴 돌판을 깨뜨리는 어마한 죄를 지었다. 하지만 하나님은 그런 모세에게 두 번째 돌판을 주셨다(출34:1, 6).[60] 순결교육은 자기 성에 대한 주도권 인식, 상대 성(sex)에 대한 존중, 사랑과 성적 교류의 선택 기준, 성을 욕구 충족 도구가 아닌 관계성으로 바라보는 교육, 용서를 교육 내용으로 한다. 그리고 성욕구 분출 교육도 포함되어야 한다. 청소년기는 성호르몬이 분비되면서 충동적으로 성을 분출하거나 해소할 가능성이 있다. 따라서 적절하게 성을 분출시킬 수 있는 성 대처 행동에 대한 안내도 필요하겠다. 성은 스트레스 혹은 공격성의 분출이 되어서는 안 되며, 또래집단 압력으로 자신을 과시하는 행동이 되어서도 안 된다. 성욕을 건전하게 분출 혹은 해소할 수 있는 방법들을 소개하면서 순결의 개인적 혹은 사회적 의미를 모색할 필요가 있다.

(3) 성적권리 교육

---

[58] 오모세, "혼전순결서약운동에 대한 기독교적 제안." 평택대학교신학대학교 미간행석사학위논문, 2014, 29.
[59] 진에 가까이 이르러 그 송아지와 그 춤추는 것들을 보고 크게 노하여 손에서 그 판들을 산 아래로 던져 깨뜨리니라
[60] 1. 여호와께서 모세에게 이르시되 너는 돌판 둘을 처음 것과 같이 다듬어 만들라 네가 깨뜨린 처음 판에 있던 말을 내가 그 판에 쓰리니…6. 여호와께서 그의 앞으로 지나시며 선포하시되 여호와로라 여호와로라 자비롭고 은혜롭고 노하기를 더디 하고 인자와 진실이 많은 하나님이라

청소년기는 성적 권리를 보호받을 필요가 있다. 성적 권리는 성행위의 여부, 성행위의 대상, 성행위의 방법을 스스로 결정할 권리를 말한다.[61] 자기가 원하지 않는 성행위에 대하여 거부할 수 있는 권리가 있다는 것을 알게 한다. 성적으로 미성숙한 어린아이, 청소년을 대상으로 한 데이트 성폭행, 권력형 성범죄를 예방할 수 있다. 영국의 청소년은 14세 부터 성적인 권리를 가지고 있다. 길거리에서 임신한 십대들을 보는 것은 흔하다. 십대 임산부를 위한 속옷도 마트에 마련되어 있다. 독일도 청소년의 성적 결정권이 성적 자유의 허용, 인간의 기본적인 권리로 인정한다. 성적 권리 교육은 주체적 성교를 통하여 자기를 실현하게 하는데 초점이 있다. 그렇다고, 순결을 중요시 하는 종교·문화적 입장을 터부시하지는 않는다. 우리나라는 청소년의 이성교제를 터부시하지 않지만 성적 교류는 터부시한다. 청소년의 성적 교류는 '일탈'로 간주된다. 그러므로 성적 권리 교육은 자기실현적 입장 보다는 성적 한계에 대한 분명한 인식, 표현, 주장을 가르치는 교육이다. 즉 성적인 욕구를 통제하고, 조절하고, 표현하고, 선택하고 결정하는 능력을 배우게 한다. 1970년부터 네덜란드에서 시작된 "No means No" 캠페인은 어떤 상황에서도 상대방이 싫다고 하면 싫다고 받아들이도록 하는 '성적 자기 결정권' 교육이다. 흔히 '싫다고 했는데 좋다!'고 받아들이지 않도록 성적인 의사소통을 확실하게 가르친다.

지금까지, 성교육은 성폭력과 임신을 예방하는 보호적, 피상적 수준에 머물러 있었다. 사회적 성 곧 젠더 교육-성가치관, 성역할과 정체감, 건전한 이성교제-그리고 성적 결정권에 대한 교육은 여전히 미흡한 부분이다. 청소년의 성을 보호하는 것은 좋지만, 성교육을 입시교육 보다 가치 없는 것으로 여긴다면 이는 바람직하지 않다. 청소년의 발달에 맞는 다양한 성교육의 접근이 요청된다. 성에 대한 '진정성' 있는 태도로 성결

---

61) 소은영, "헌법상 성적 자기 결정권의 의미에 관한 재검토." 「이화젠더법학」 11(2019. 12), 45

정권을 갖도록 교육해야 할 것이다.

톡!톡(Talk, Talk)!

- 성교육의 3요소 중 가장 소홀히 다루는 영역은 무엇인가?
- 성지식, 젠더, 성 결정권 교육의 좋은 사례를 소개해 보자.
- 내 주변의 청소년은 어떤 성적 고민을 갖고 있는가?
- 이성교제에서 더 배워야 할 것이 있다면 무엇일까?

3장

부모의 거리두기 사랑

1. 발달적 우울함

　아들이 고등학교 다닐 때 자주 조퇴한 적이 있었다. 아들은 언제나 '합당한 이유'를 댔다. 사실 표면적 이유 뒤에 다른 이유가 있었다. 부모가 바쁘거나 무심해서 지나쳤을 수 있지만, 우울함을 다른 방식으로 표출했기 때문에 모를 수 있다. 아이들은 보통 '슬프다, 우울하다, 낙심이 된다, 비참하다'와 같이 감정을 세부적으로 표현하지 못한다. 아이의 우울함은 짜증이나 신경질, 문제 행동으로 나타기 쉽다. 이처럼 어린이와 청소년의 우울함은 다른 얼굴을 쓰고 나타나기 때문에 '가면 쓴 우울증'이라고 부른다.[62] 청소년의 우울함은 신경질, 게임 중독, 거짓말, 등교 거부, 잦은 조퇴, 잔병치레, 일진놀이 등의 유사비행으로 나타난다. 그래서 부모는 자녀를 잘 관찰하면서 양육해야 한다. 행동이나 얼굴 표정을 유심히 살펴보면서, 아이의 상태를 체크하는 것은 부모나 교사에게 꼭 필요한 태도이다.

　청소년을 우울하게 만드는 첫 번째 요인은 정상적 발달이다. 외부적으로 큰 사건이 없어도 정상적인 발달이 가져다주는 우울함이 있다. 발달적 우울함이란? 정상적인 발달이 초래하는 우울함이다. 곧 정상인이라면 경험할 수 있는 우울함이므로 병적 우울과는 구별할 필요가 있다. 어린 시절을 포기하고 떠나보내면서 느끼는 상실감은 청소년을 우울하게 만든다. 온 세상이 '나'를 위하여 만들어졌고, '나'를 중심으로 돌아간다고 믿었던 아동기의 자기중심적 세계(ego-centric world)가 무너지면서 청소년은 상실감을 경험한다.[63] 독일의 문호, 헤르만 헤세(Hermann Karl Hesse)는 『수레바퀴 아래서』에서 어린 시절을 떠나보내는 소년의 슬픔을 이렇게 표현하였다.

　"푸른 강물을 바라보며 그는 우울한 상념에 사로잡혔다. 생각하면 아름

---

62) 신민섭, 한수정, 『영화 속의 청소년』 (서울: 서울대학교출판부, 2006), 19.
63) 권이종, 김용구, 『청소년 이해론』, 297~298.

답고 제 마음대로 뛰놀던 어린 시절의 기쁨은 먼 옛날 일이 되어버렸다."64)

제 멋대로 뛰놀던 어린 시절을 떠나보내는 소년은 아름다운 시절이 아득히 멀어지는 것을 슬퍼한다. 이것은 우울한 상념이다. 그저 현재에 집중하는 놀이적 존재의 모습을 상실하는 것이 아쉽다. 어린 시절의 낭만과 상상적 유희를 포기 못하고 어른들의 세계에 적응하기를 거부하는 심리적 상태를 '피터팬 증후군'이라고 부른다. 천진했던 어린 시절을 이제 잃어버렸고 떠나보내야 한다는 아릿한 슬픔은 청소년을 고독하게 만든다.

청소년을 우울하게 만드는 또 다른 이유는 부모로부터 분리되는 외로움, 소외감이다. 이제 독립적인 성인으로 가는 갈림길에 서있다. 청소년기가 되면 부모와 인지적, 정서적으로 분리된다. 몸의 분리는 오래 전에 이루어졌지만, 여전히 부모 의존적이었던 아이는 이제 스스로 생각하고 느끼는 존재로 살아야 한다. 그래서 청소년은 외롭고, 고독하다. 아마도 에덴동산에서 쫓겨난 아담과 하와의 모습이 그렇지 않았을까? '에덴'은 기쁨이라는 뜻이다. 에덴에서 최초의 인류는 하나님과 동행하고, 친밀하게 교제하는 기쁨을 누렸다. 에덴에서 쫓겨나는 인류는 고독하고 비참하다. 화가들이 에덴에서 쫓겨나는 아담과 하와의 절규를 생생하게 그려낼 수 있었던 것은, 그 소외감을 원초적으로 느낄 수 있기 때문이 아닐까? 청소년은 이제 스스로 책임지는 삶을 살아가는 법을 배워야 한다. 이것은 발달 그 자체가 가져다주는 정상적 우울감이다. 하지만, 청소년도 아동만큼이나, 자기의 감정을 다루고 표현하는데 서툴다. 그래서 우울함은 공격적 행동으로 표출된다.

특별한 사건이 없어도, 청소년기는 아동기를 떠나보내는 상실감, 부모로부터 분리되어 독립된 개체가 되는 고독감을 가지고 있다. 상실감이

---

64) Hermann Hesse, 송영택 옮김 『수레바퀴 아래서』 (서울: 문예출판사, 2004), 14.

과거, 아동기를 보내는 감정이라면 고독감은 미래를 준비하는 현재의 상태이고, 불안은 미래를 보는 청소년의 감정이다. 과거와 현재와 미래를 경험한다는 것은 아이가 그만큼 성숙하고 있다는 증거이다.

톡!톡(Talk, Talk)!

- '가면 쓴 우울증' 이란 무엇인가?
- 청소년을 우울하게 만드는 두 가지 요인에 동의하는가?
- 청소년의 가면 쓴 우울증을 발견하려면 어떻게 해야 할까?

2. 청소년의 분리

1) 분리

기독교 변증가, C.S 루이스가 자녀 때문에 근심에 빠진 부모에게 이런 편지를 썼다고 한다.

"산에서 10마일쯤 떨어져 있을 때만 그 산이 푸르게 보이는 것처럼 가정은 그 사정을 잘 모를 때만 평범해 보이는 것 같습니다"[65]

아이에게 사춘기가 찾아오는 순간, 가족은 더 이상 평안하지 않다. 비교적 문안하게 사춘기를 지나가는 아이들도 많고, 미루어두었다가 청년이 된 후 폭발시키는 아이들도 있고, 또 부모 몰래 사춘기를 하는 아이들도 꽤 많다. 누군가 그랬다. 사춘기는 알게 하느냐 모르게 하느냐의 차이일 뿐이라고. 청소년기가 되면 아이는 불규칙한 시계의 진자 운동을 하듯이 부모와 '떨어졌다 붙었다'를 반복한다. 부모와 친구들 사이에서 왔다 갔다 하면서 변덕을 부린다. 그렇게 하는 이유는 부모로부터의 분리를 시도하기 때문이다. 분리란 무엇인가?

---

65) Eugene Peterson, 『거북한 십대, 거룩한 십대』 (서울: 홍성사, 2009), 13 재인용.

청소년이 신체적, 정서적, 인지적으로 부모로 부터 이탈하는 것이다.

분리는 유아가 걸음마를 배울 때 첫 번째로 나타난다. 두 번째 분리는 청소년기에 발생한다. 유아기의 분리가 '신체적 분리'라면 청소년기의 분리는 '인지적, 정서적, 사회적' 분리이다. 자기만의 생각, 감정, 사회적 관계를 형성하기 시작한다. 이렇게 분리가 시작될 때, 자기만의 경계선을 형성하기 때문에 부모와 충돌할 수 있다. 분리는 청소년을 불안하게 만든다. 부모로부터 분리되면서, 하나의 인격체로서 '나'라는 개인의 경계선을 형성하기 시작한다. 전인적 측면에서 자기만의 경계선을 탐색하고 개성을 형성해 간다. 사람은 누구나 자기만의 경계선을 가지고 있다. 이 경계선은 어려서부터 형성되는 것이지만, 청소년기에 그 형태를 갖추게 된다. 그래서 청소년은 부모와의 애착과 분리 사이에서 불규칙한 진자 운동을 반복한다. 용돈이나 어떤 도움이 필요할 때 부모에게 의지하고 살갑게 굴지만, 부모가 간섭하는 것 같을 때 '내 알아서 할게요. 간섭하지 마세요!' 하고 선을 긋는다. 그래서 부모는 괴롭다. '이랬다 저랬다' 하는 청소년기 자녀에게 필요한 것은 고슴도치 사랑이다. 너무 멀면 추울 것이고, 너무 가까우면 가시에 찔려서 아플 것이다.

2) 건강한 애착

청소년이 독립적 인격체로 성숙하는 과정에서 '분리 혹은 분화'는 꼭 필요한 과정이다. 만약 부모와의 애착이 건강하다면, 청소년의 분리는 좀 더 원만하게 진행될 것이다. 곧 건강한 애착은 건강한 분리의 근간이다. 애착(attachment)[66]은 생후 15~30개월 사이에 주 양육자와 형성

---

66) 애착 이론을 발견한, 존 보울비(John Bowlby)는 어린 시절 엄마 보다 유모와 함께 지내는 시간이 많았다. 어느 날 정든 유모가 갑자기 떠나버리는 아픈 경험을 한다. 친밀함을 느꼈던 유모와의 분리는 다른 사람들과의 친근한 관계 형성을 방해하였다. 후에 의사가 된 보울비는 병원에서 부모와 떨어져서 생활하는 걸음마기 아이들을 관찰하면서, 신체적으로 건강한 유아들이 사람에 대하여 냉담하고 사회적으로 위축되어

하는 육체적·정서적 친밀감을 말한다. 양육자와 애정과 근접성을 유지하면서 애착이 형성된다.67) 양육자는 부모 또는 조부모가 될 수 있다. 요즘 애착인형도 많이 나와 있지만 인간의 애착 대상은 주로 '양육자'이다. 건강한 애착이 형성되면 정서적 안정감을 갖고 사물, 세계, 다른 사람과의 관계를 탐색한다. 부모와 안전하게 애착이 형성된 청소년이라면 안정적이고 자유롭게 타인과 사회, 세계를 탐색해 갈 수 있다. 분리 과정이 원만하게 진행될 수 있다는 말이다. 안정적인 애착관계는 청소년이 부모와 분리될 때 경험하는 소외감, 발달적 우울함을 완화시켜 준다. 그리고 다른 사람들과의 관계 형성을 지지하고 새로운 환경에 잘 적응하게 한다. 애착은 자신과 타인에 대한 관점, 태도를 기준으로 네 가지 유형으로 분류된다. 안전, 저항, 회피, 해체 혹은 혼란 애착이 있다.68)

(1) 안전 애착

안전 애착은 가장 바람직한 유형이다. 부모와 안정적으로 애착이 형성된다. 이들은 자신과 타인 모두에게 긍정적인 태도를 취한다. 주변의 충성스러운 지지가 있다면 원활하고 적극적인 탐색이 가능하다. 내면의 소리는 "나는 사랑하고 사랑받을 것이다" 이다.

(2) 저항 애착

저항 애착은 자기에게 부정적이고 타인에게도 부정적이다. 이들은 타인에게 열정 또는 무관심, 둔감 등 극단적 태도를 보인다. 애착을 형성하려고 많은 노력을 하지만 부모의 비 일관적 양육태도로 실망한 상태이다. 정서적 편안함을 얻으려고 노력하면서도 그럴 수 없다고 단정해 버린다. 그리고 그 원인이 자신에게 있다고 확신한다. 경계심이 많아서 새

있으며, 신체적으로도 이상한 징후를 보이는 것을 발견하였다.
67) David R. Schaffer, 송길연, 이지연 옮김, 『사회성격 발달』 (서울: CENGACE Learning, 2011), 181.
68) 위의 책, 193.

로운 대상과 세계에 대한 탐색이 잘 일어나지 않는다. 내면의 소리는 "나는 아무리 애써도 사랑받을 수 없을 것이다" 이다.

(3) 회피 애착

회피 애착은 자기에게 긍정적이고 타인에게 부정적이다. 자녀에게 둔감한 부모에게서 양육 받았을 확률이 높다. 자녀가 원하지 않는데도 끊임없이 잔소리하고 평균 이상의 자극을 제공한다면 자녀는 애착 형성을 포기한다. 이들은 타인과의 관계에서 참을성이 부족하고 무시하거나 회피하는 성향이 있다. 내면의 소리는 "사랑을 받으려고 하지 않는 편이 좋겠다" 이다.

(4) 해체·혼란 애착

해체, 혼란 애착은 자기에게도 부정적이고 타인에게도 부정적이다. 이들은 부모 때문에 놀랐거나, 신체적으로 학대받은 경우에 해당한다. 사람들의 접근을 회피할 뿐 아니라 누군가의 관심을 받게 되었을 때 심한 혼란을 경험할 것이다. 따라서 타인에 대하여 저항하거나 회피하는 태도를 취한다. 내면의 소리는 "사랑은 나를 두렵고 혼란스럽게 만들뿐이다" 이다.

안전 애착은 넓은 사회를 탐색할 수 있는 안전기지로서 사회적 힘을 부여한다. 반대로 부모와 애착이 불안했다면 청소년의 분화도 불안해질 것이다. 부모와의 안정적인 애착은 청소년들이 또래 친구들과의 공고한 유대 관계를 형성하는 기초가 된다. 하지만 애착의 유형은 어느 정도 다음 세대에 전이되는 것으로 나타난다. 부모가 불안정 애착을 갖고 있다면 적어도 3세대 정도 전수될 수 있다는 것이다. 애착의 건강성은 분리 과정에서 드러난다. 안전 애착을 형성한 청소년은 자기만의 고유한 인격체가 되고, 개성을 형성해 가는 '분리' 과정을 좀 더 안정적으로 경험할 수 있다. 청소년의 분리 과정에서 '반항', '대들기', '말대꾸' 등은 어느 정도 나타날 수 있다. 이러한 모습이 반드시 불안한 애착을 표출하는 것은 아니다.

톡!톡(Talk, Talk)!

- 나의 애착은 위의 네 가지 유형 중 어디에 해당하는가?
- 양육자와 애착 형성이 원만하지 못했다면 그 이유는 무엇인가?
- 청소년에게 안전 애착이 주는 유익은 무엇인가?
- 불안한 애착을 회복할 방안이 있는가?

3. 독립 보다 자율

1) 독립을 꿈꾸는 청소년

청소년은 과연 독립할 수 있을까? 자녀의 '독립'에 대한 부모의 입장은 문화 마다 차이가 있다. 영국의 부모들은 자녀가 만 19세가 되면 집을 떠나 독립하는 것을 당연하게 생각한다. 그 대신 부모들은 오랫동안 외롭고, 젊은이들을 보면 무척 좋아라 한다. 자녀를 빨리 독립시키면, 일찍이 외롭고 또 오랫동안 외롭다.

영아기~ 아동기까지는 부모에게 의존적이다. 하지만 청소년기가 되면 분리되고 싶어 한다. 이 분리를 보통 '독립', '나 혼자 산다'로 표현한다. 과연 인간은 독립적 존재인가? 청소년, 청년기가 되면 부모로부터 독립하는 듯 보이지만, 사실 다른 의존 대상을 찾고 있다. 애착 대상이 '또래 친구, 이성 친구, 다른 권위자'로 이동하는 것이다.

부모 의존 ⇨ 분리 ⇨ 동성, 이성 친구 상호의존 ⇨ 배우자와 상호의존

이처럼, 분리되는 것처럼 보이지만 또 다시 누군가를 의지하고 함께 살아가는 것이 인간의 삶이다. 따라서 출생에서 시작된 인간의 여정은 **의지, 분리, 또 다시 의존**이다. 다만 성인이 되면서 일방적 의존은 상호 의존으로 바뀐다. 의존을 통하여 상호적으로 욕구를 충족시키는 관계를 찾아간다. 청소년이 되면 독립에의 의지를 갖는다. 다른 사람과의 관계에서 의존적이기 보다는 독립적인 존재가 되고 싶어 한다. 알고 보면 사람에게 의지하는 것이 나을지도 모르겠다. 사람에게 의지하지 않을 때, 사람은 약물, 알코올, 돈, 권력 등을 의지하기 때문이다. 인간은 관계 의존적이지 않을 때 사물 의존적, 중독적인 존재로 살아가는 것 아닐까?

2) 유일하게 독립적인 존재

출애굽의 영적 지도자 모세는 광야에서 목자로 양을 치다가 불타는 떨기나무를 본다. 타지 않는 떨기나무가 신기한 모세는 호렙산으로 가고 그곳에서 하나님의 '부르심'을 듣는다. 호렙산에서 하나님이 모세를 이스라엘을 애굽에서 구하여 낼 '영적 지도자'로 부르실 때 모세는 선뜻 대답하지 않는다. 그리고 하나님의 이름이 무엇인지 묻는다.

> 모세가 하나님께 아뢰되 내가 이스라엘 자손에게 가서 이르기를 너희의 조상의 하나님이 나를 너희에게 보내셨다 하면 그들이 내게 묻기를 그의 이름이 무엇이냐 하리니 내가 무엇이라고 그들에게 말하리이까 하나님이 모세에게 이르되 **나는 스스로 있는 자니라** 또 이르시되 너는 이스라엘 자손에게 이같이 이르기를 **스스로 있는 자가** 나를 너희에게 보내셨다 하라 (출 3:13-14).

모세는 애굽의 노예로 살고 있는 이스라엘에게 하나님을 어떻게 소개하면 좋겠습니까? 묻는다. 하나님은 모세에게 "…**나는 스스로 있는 자이니라**…너는 이스라엘 자손에게 이같이 이르기를 **스스로 있는 자가** 나를 너희에게 보내셨다 하라(출13:14)"고 대답하신다. 곧 하나님은 '나는 스스로 있는 자'라고 자신을 소개하신다. 여기서 '스스로 있는 자' 라는 이름의 의미는 무엇인가? "시공간적 제한을 받지 않고 어떤 존재나 원인으로 부터 지배당하지 않는 유일하게 독립적인 존재" 라는 뜻이다.[69] 어떤 관계나 상황으로 부터 영향을 받지 않고, 어떤 힘으로부터 지배당하지 않으며 독립적으로 존재할 수 있는 유일한 존재는 바로 '창조자' 하나님이다. 사람은 관계와 상황에 의존적이고 영향을 받는 존재로 살아간다. 곧 자존성, 독립성을 강조하는 '스스로 있는 자'라는 존칭은 오직 하나님만 사용할 수 있는 이름이다. 인간은 타인과 사회에 의지하는 사회적 존재이고 하나님, 신에게 의지하는 종교적 존재이다.

3) 자율성 훈련

우리나라의 젊은이들은 어른을 존중하고 존대하도록 배웠다. 어떤 어른들은 길거리에서 싸울 때 "내 나이가 몇인 줄 알아? 자식 같은 게 어디~!!!" 하고 소리친다. 그만큼 이 나라, 아시아문화권에서 나이는 벼슬이다. 나이 때문에 눌려 살던 청년들이 이 문화권을 벗어나면 어떤 태도를 보일까? 다른 나라에서도 어른들을 존중하고, 책임감 있는 태도로 살아갈까? 우리나라는 많은 자녀를 유학 보내는 부자 나라로 알려져 있다. 영국 버밍햄에 있을 때 사회복지 기관을 방문했는데, 그곳의 스텝들이 "버밍햄에 한국 유학생 천지" 라고 할 때, 조금 부끄러운 생각이 들었다. 한국 청년들이 다른 문화권에서도 건강한 모습으로 살아가면 좋겠다. 독일 철학자, 피터 비에리(Peter Bieri)는 자유의 행사보다 더 중요한 것은 자율의 행사라고 주장한다.

> 자율성은 사회적 규범 없음, 자기 이익만 추구함으로 타인에 대한 배려 없음, 감정에 이리저리 튕겨나가는 고무공이 되는 것을 뜻하지 않는다. [70]

---

69) 제자원 기획편집, 『옥스퍼드 원어성경 대전: 출애굽기』 (서울: 제자원, 2013), 165.
70) Peter Bieri, 문항심 옮김, 『자기 결정』 (서울: 은행나무, 2015), 24.

과연 독립을 외치는 청년들이 참된 자율을 행사하고 있는가? 자율은 지독한 개인주의, 나르시즘과는 다른 것이다. 사회적 규범 안에서 스스로 자신을 통제하고, 건강하게 자유를 누릴 수 있으려면 참된 자율의 행사를 배워야 한다. 청소년의 자율성 훈련으로 스스로 선택하여 결정하기, 성찰하기, 재평가하기의 3단계를 제안한다.

선택하고 결정하는 단계: 스스로 선택하여 결정하고 직접 체험한다. 여기서 자기 가능성과 한계를 알 수 있다. 자기에 대한 온전한 이해가 있어야, 스스로 선택하고 결정하는 삶이 가능하다. 참된 자율은 자기 가능성과 한계를 정확히 가늠하는 것부터 시작한다.

성찰의 단계: 성찰이란 자신이 했던 경험을 평가하는 과정을 말한다. 자기가 경험한 것에서 가장 좋은 것은 무엇이었는지, 가장 나쁜 일은 무엇이었는지 왜 그렇게 느꼈는지 스스로 평가하는 시간이 필요하다. 성찰의 과정을 통하여 자기가 어떤 사람이고, 무엇을 선호하는지, 개선할 부분은 무엇인지 알아가게 된다.

재평가의 단계: 다른 사람들과의 대화를 통하여 경험을 재평가하는 과정이 필요하다. 어떤 경험에 대하여 자기기만은 없는지, 기억의 오류가 없는지 알려면 다른 사람의 이야기도 들어야 한다. 재평가의 과정을 통하여 자기 생각에 대한 확신과 수정이 가능하다.

이처럼, 청소년의 자율성은 선택, 성찰, 재평가의 3단계 훈련이 필요하다. 자율성이 생략된 무제한적 자유와 가능성의 발견은 무모한 자유를 부를 수 있다. 자율성 추구가 단지 금기를 깨는 데서 느끼는 카타르시스의 경험에 머문다면 그것은 '방종'이 될 것이다. 청소년의 독립은 부모와 기성세대를 부정하는 데서 출발하지만, 거기에 머물러서는 안 된다. '자율'의 참된 의미를 탐색할 때 청소년기는 제2의 창조 시간이 될 수 있다.

톡!톡(Talk, Talk)!

- 자율에 대한 청소년들의 욕망은 어떻게 표출되는가?
- 자율에 대한 자신의 견해를 한 문장으로 정의해 보자
- 청소년의 자율에 대한 동서양의 평가는 다르다. 우리 가족은 어떤 입장인가?
- 독립을 외치는 청소년기 자녀를 대하는 부모의 지혜로운 태도는 무엇일까?

4. 동반자적 분리

1) 분리되는 중

 청소년과 부모의 분리는 훨씬 그 이전부터 진행된다. 부모와 자녀의 관계는 연령에 따라 변화한다. 부모와 자녀의 관계는 '**융합 ⇒ 결합 ⇒ 분리**' 의 순서로 진행된다.

 유아기 부모와 자녀의 관계는 '융합'이다. '융합'은 자녀의 개인적 경계가 아직 형성되지 않은 것이다. 아이는 부모에게 포함되어 있다. 그래서 영, 유아기의 자녀와 부모는 신체, 인지, 정서적으로 융합상태이다. 유아가 걸음마를 배우면서 신체적 분리가 점차 진행된다.

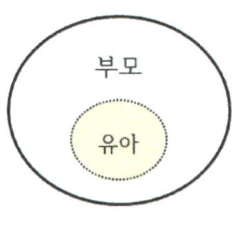

그림4〉 융합

 아동기 부모와 자녀의 관계는 '결합'이다. 아동은 신체적으로 이미 부모와 분리되었다. 자기 스스로 걷고, 뛰고, 놀고, 학교에도 갈 수 있다. 하지만 생각이나 감정이 분리된 것은 아니다. 아이의 생각과 정서는 아직 부모와 결합되어 있다. 부모가 슬프면 자기도 슬프다. 부모의 영향을

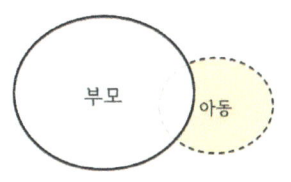

많이 받는다. 그러니 자녀의 생각을 좋게 형성하고 싶다면, 부모는 먼저 공부하고 배워야 한다. 자녀의 감정을 좋게 형성하고 싶다면, 부모는 먼저 자신의 감정을 성찰하고 다듬어야 한다.

그림5> 결합

청소년기 자녀와 부모의 관계는 '분리' 이다. 청소년은 부모와 마찬가지로 하나의 독립된 개체, 인격체가 되면서 자기만의 감정, 생각을 표현하기 시작한다. 그런데 이 자기만의 감정, 생각을 표현하려고 '아니, 아닌데', 혹은 '뭐라나?, 잔소리하지 마세요!' 같은 거친 표현을 사용한다. 거친 표현은 다소 불편하지만, 청소년기 자녀는 자기 삶과 인격을 책임지는 어른이 되려고 하는 것이다. 그래서 분리는 울퉁불퉁하며, 서로에게 생채기를 입힐 수 있다.

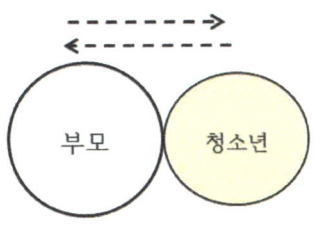

그림6> 분리

그러면 분리되는 청소년기 자녀를 어떻게 대하면 좋을까? 부모는 안정된 애착관계를 유지하면서도 자녀의 자율성 추구를 허용할 수 있어야 한다. 청소년의 분리는 부모에게도 분리를 요청한다. 부모도 자녀와 이전에 맺던 관계의 방식 '결합'으로부터 떠나야 한다. 이를 '동반 개인화'[71]라 부른다. 곧 청소년기 자녀가 자율적인 어른이 되려면 부모도 아이를 어느 정도 풀어주고, 놓아주어야 한다. 부모도 자녀로부터 자유로워져야 한다. 여기서 부모의 수용성, 정서적 성숙함이 요청된다. 부모는 청소년기 자녀가 도움을 요청할 만큼의 거리를 두고 자녀의 불안한 분리를 인내심을 가지고 지켜볼 수 있어야 한다.

---

71) Herbert Anderson, Kenneth R. Mitchell, 강정욱, 김형준 옮김, 『떠나는 자녀 보내는 부모』 (서울: 죠이 선교회, 2011), 121.

2) 불안한 부모

청소년기는 애착과 분리 사이에서 갈등하는 시기이다. 아이가 자율적인 인격체가 되어가고, 자기만의 개성을 만들어 간다면 이것은 부모에게 축복이다. 많은 어머니들이 아이를 키우면서 '얘가 사람 구실하면서 살 수 있을까?' 고민한다. 그 '사람 구실' 하는 사람이 되어가는 것이 바로 청소년기의 모습이다. 부모에게 이 시간은 왜 그렇게 어려울까? 자녀의 분리를 지켜보는 부모의 태도는 동서양에 차이가 있다. 일본의 어머니들은 아마애(amae), 곧 어머니에 대한 전적인 의존을 더 강조하고 자녀가 분리되는 것은 덜 강조한다.72) '아마애'를 강조하는 것은 아마도 개인보다 집단, 공동체를 강조하는 일본 사회에 잘 적응하도록 돕기 위함이다. 반면 서구 사회는 부모에게 의지하는 것 보다는 자율적으로 자신을 분리하는 것을 더 지지한다.

그림7〉 부모의 포함단위73)

그러면 우리나라의 부모들은 어떠한가? 문은희는 우리나라의 부모와 자녀 관계를 '포함' 관계라고 보고 있다. '포함관계'란 아시아, 특히 한국의 어머니가 자신의 경계선 안에 남편, 자녀, 가족 등 중요한 사람들을

---

72) 위의 책, 197.
73) 문은희, 『한국 여성의 심리구조』 (서울: 도서출판 니, 2011), 13.

모두 포함 시키는 것을 말한다. 그림7은 자녀를 대하는 동서양의 차이를 비교한 것이다.

A는 서구 사회의 어머니이다. 어머니는 자녀를 독립된 개체로 인식한다. 그래서 자녀에게 무슨 일이 발생했을 때 자녀의 표정과 상태를 살피면서 어떻게 대처할지 고민한다. 자녀의 문제를 자녀의 문제로 인식하는 것이다.

B는 동양의 어머니이다. 어머니는 자녀를 독립된 개체가 아닌 자신의 인격 단위에 포함시킨다. 그래서 자녀에게 문제가 발생했을 때 그것을 '자기 일'로 받아들인다. 아이와 함께 혹은 아이보다 더 놀라면서, 어떤 문제가 발생하였을 때 그것을 전적으로 자기의 탓이라고 여긴다.

동서양의 부모는 자녀를 대하는 태도가 다르다. 하지만 태도가 다르다고, 마음도 다른 것은 아니다. 더 각별하고 지극해 보이든 그렇지 않든, 자녀를 생각하는 마음은 비슷하다. 이렇게 자녀를 대하는 태도가 다른 이유는 개인주의 사회인가 집단주의 사회인가? 이다. 서양 사회의 행동 단위는 개인이다. 반면, 동양사회는 중요한 사람들을 포함시키는 집단적 행동단위를 가지고 있다. 곧 한국의 부모들은 자녀를 포함시키기 때문에 청소년기가 되면서 갑자기 '독립'을 선포하는 자녀의 행동이 납득하기 어렵다. 부모는 은연중에 자녀를 자신의 연장, 피조물로 보는 경향이 있다. 그러나 청소년기에 자녀는 자신이 부모의 연장이 아니라는 것을 증명하려든다. 부모는 배신감을 느끼고, 자녀는 답답함을 느낀다. 사춘기가 오면서 부모와 반대로 가려고 하고, '좀 내버려 두라!'고 소리치면서, 문 닫고 방문 안으로 들어가 버리면 부모는 당황스럽기 그지없다. 청소년기 문제는 서구 사회도 마찬가지이다. 영국은 이혼율도 높지만, 미혼모의 발생 비율도 우리 보다 훨씬 높다. 그래서 부모는 아이를 독립이라는 이유로 방치하고, 아이는 국가가 책임지는 게 맞다고 생각하는지 모르겠다. 청소년기 부모와 자녀의 관계는 방치, 갈등, 협상 등 다양한 형태로 나타날 수 있다. 청소년기는 인성을 잘 형성하는 창조적, 생산적 시간이다. 그러므로 왜 이런 일들이 발생하는지 또 어떻게 조절하고 적응해야 하는지, 자녀에 대하여 새롭게 배워가는 시간이다.

3) 자아 경계의 확립

사람마다 자기만의 경계선이 있다. 이를 '자아 경계'(ego-boundary) 라고 한다. 자아 경계는 타인과 구분되는 자신만의 몸과 물질, 생각, 감정이나 욕구, 가치관과 신념 등으로 구성되는 마음의 사유지이다.[74]

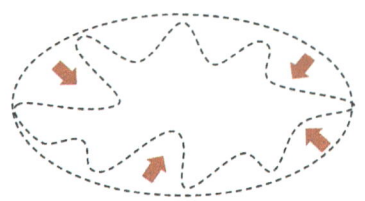

그림8〉 경계선 형성과 침투

청소년기는 '자아 경계'를 확립하기 시작한다. 그런데 이때 부모가 자녀의 경계를 침투한다면, 자녀의 경계선은 쪼그라들기 시작한다. 자아 경계가 허약하면 자아의 힘, 자기 정체감이 약해지면서 자기를 존중하는 감각이 부족해서 타자로부터 침범을 당할 수 있다.[75] 버지니아 울프 (Adeline Virginia Woolf)는 『자기만의 방』에서 여성에게는 자기만의 방과 울타리가 필요하다고 하였다. 청소년에게는 자기만의 방과 울타리가 필요하다. 부모가 자녀의 울타리를 존중하지 않고 계속 자기 욕구를 충족시키는 대상으로 여긴다면, 아이는 허약한 자아 경계의 소유자가 된다. 자기를 존중하기 보다는 다른 사람의 인정을 받는 것을 더 중요하게 생각한다. 곧 다른 사람 특히 권력자들의 지배에 따라 조종되는 취약한

---

74) https://www.hani.co.kr/arti/well/well_friend/1064258.html 2023. 7. 1. 최근 인용
75) 위와 같음.

인격의 소유자로 성장하는 것이다.

"밴연(banyan) 나무 아래에서는 아무것도 자라지 않는다!"는 속담이 있다. 밴연 나무는 높이 치솟고 가지를 넓게 뻗는다. 그래서 햇살이 그 두꺼운 잎사귀를 뚫고 밴연 나무 아래의 작은 묘목들에게 비치지 못한다.76) 밴연 나무처럼, 부모의 존재감이 너무 크면 그 그늘에 가려 자녀는 본연의 모습을 찾아 성장하기 어렵다. 만약 부모가 자기중심성이 강하다면 자녀는 자기를 존중하는 힘이 부족하고 경계선이 취약해 진다. 청소년기부터는 자기 자신의 경계를 형성하고, 세계를 충분히 탐색할 기회를 필요로 한다. 그러니 부모는 안정적이고 통제 가능했던 자녀의 아동기에 대한 추억을 뒤로 던져야 한다. 자녀에게 '자율성'을 양도해야 한다. 용기를 북돋고, 보상을 주면서 삶의 길목에서 만나는 장애물과 실패를 잘 이겨내도록, 지원과 격려를 아끼지 말아야 한다. 자녀가 잘 감당할 수 있다는 믿음을 심어줄 때, 자녀는 정서적으로 건강한 성인이 된다.

5. 하나님의 자기제한

부모의 성장이 멈추는 시간에 자녀의 청소년기가 시작된다. 청소년기 자녀가 급격한 내외적 발달과 변화를 겪고 있을 때, 부모는 조그만 변화도 불편스러운 중년이 된다. 그래서 자녀의 사춘기는 부모로 하여금 멈추지 말고 계속 성숙의 길을 가라는 메시지를 준다. 청소년기 자녀를 키우는 부모가 배워야 할 하나님의 속성 가운데 하나는 '하나님의 침춤이'이다. 침춤((zimzum)은 '물러남'이라는 뜻이다. 창조주 하나님이 언제 물러나셨을까?

성 어거스틴(St. Augustinus) 이후 기독교 신학은 창조주 하나님이

---

76) Ted Engstorm, Paul Cedar, 이득선 옮김, 『긍휼의 리더십』 (서울: 쉐키나, 2011), 13.

자기 바깥에 세계를 창조했다고 해석해 왔다. 그러면 하나님에게 안과 밖의 세계가 있을 수 있는가? 하나님 밖에 공간, 세계가 있었을까? 온통 하나님으로 가득한 세계에서, 피조 세계를 만들기 위해서는 무소부재 하신 하나님이 자기를 제한하는 길 밖에 없다. 하나님은 온통 자기 자신으로 가득 차 있던 세상에서 자신의 영역을 내어줌으로 세상을 창조하셨다. 유대교의 '카발라' 이론은 하나님이 피조세계를 창조하기 위해서 자기의 것을 내어주는 '창조적 자기제한'이 없었다면 신비적인 원초의 공간이 생겨날 수 없었다고 주장한다. 하나님의 겸손한 자기 단념과 제한이 먼저 있은 후 세계가 창조되었다는 것이다. 위르겐 몰트만(Jurgen Moltman)은 "만물은 창조자의 자기 단념의 사랑으로부터 영광스럽게 등장하였다"[77)]는 단테의 문장을 인용하면서 창조는 무한한 능력이 아닌 침춤-물러나심-이라는 사랑의 결단으로 가능했다고 기술 한다.

자녀의 사춘기는 제2의 창조과정이다. 사춘기가 시작되면서, 자녀는 자기 인생의 주도성을 갖고 싶어 한다. 이제, 부모에게는 자기 위축과 제한, 물러남이 요청된다. 부모는 조금씩 삶의 선택과 주체성을 자녀에게 양도해야 한다. 청소년기 자녀가 '시공간'을 획득하려면 부모는 자기가 계산하는 '시공간'의 개념을 단념해야 한다. 부모의 '침춤', 창조를 위한 자기 제한이 요청된다. 물론 이것은 쉽지 않다. 자녀가 청소년기가 되면, 부모는 자기가 늙어가고 있다는 것을 발견한다. '늙음, 죽음'을 자연의 순리로 받아들이기 보다는 저항하고, 마지막 열정을 불사르고 싶은 욕구를 느낀다. 자기를 확장하려고 다른 사람을 통제하기 시작한다. 목소리가 커지고, 잔소리가 많아진다. 점점 꼰대가 되어간다. 부모가 자녀에게 과도히 충돌, 돌진한다면 갈등은 당연한 것이다. 지혜로운 기다림과 침묵을 연습할 시간이다.

6. 거리두기 사랑

---

77) Jürgen Moltmann, 김균진 옮김, 『창조 안에 계신 하나님』 (서울: 대한 기독교서회, 2017), 140.

청소년은 독립을 추구하면서 의존과 자율 사이에서 변덕스러운 태도를 취하는데 이때 부모들이 통제와 방임의 양극단으로 치닫는 경우가 많다.[78] 청소년의 분리가 방해를 받으면 수치심이 생긴다. 부모는 적절한 거리두기의 훈련을 계속하지 않으면 안 된다. 부모가 거리를 두지 않으면 청소년은 경계선을 세우기 어렵고, 자율성이 방해받으면서 자기 존재에 대한 회의감, 곧 수치심을 갖는다. 곧 자녀의 청소년기는 이전까지와는 다른 사랑의 방식, '거리두기 사랑'이 요청된다. 청소년기 자녀와 거리를 두는 것은 애정이 없거나 무관심해서가 아니라, 관심을 조절하여 다른 방식으로 표현하는 것이다. 부모의 거리두기에는 신체적, 인지적, 심리 사회적 거리두기가 있다.

1) 신체적 거리두기

2차 성징이 출현하면서 청소년은 부모와 같은 자기만의 공간을 원하고, 부모와 신체 접촉을 꺼린다. 신체적 거리두기는 이것을 존중하면서, 공간적 거리두기를 허용하는 것이다. 울퉁불퉁 자라고 있어서 스스로 적응이 덜 된 신체를 부모가 보거나 터치하면 부담스럽다. 남자 청소년들은 에너지가 많아서 힘 조절이 잘 되지 않는다. 에너지가 넘치기 때문에 그냥 가만히 서있는 것도 어렵다. 어느 정도 거리를 확보하지 않는다면 얻어맞을지도 모른다. 넘치는 에너지로 활발하게 움직이다가 자기 반경 안에 들어온 사람을 얼른 보지 못하고 툭툭 치는 것이다.

2차 성징이 나타나는 딸과 아빠의 신경전도 만만치가 않다. 사랑스럽던 딸은 아버지의 신체 접촉에 민감하게 반응하고 심한 거부감을 표현한다. 아버지는 민망하다. 사춘기 딸이 성적인 민감성을 갖게 되면서 아버지 안에서 '남성'의 특성을 발견한다. 그래서 성숙해 가는 자녀의 신체적

---

78) 고수진, "청소년 혐오발언을 예방하는 가족의인화 교육"『기독교교육 논총』V. 52. (2017. 12), 299.

모습을 보호하고 존중하는 딸에 대한 아빠의 신체적 거리두기, 아들에 대한 엄마의 신체적 거리두기가 요청된다. '나도 적응되지 않은 나의 몸'에 누군가가 손을 댄다면 더욱 민감해 질 것이다. 이제 신체적 경계선이 생기고 있어서 공간적 거리두기로 존중해 주는 것이다.

2) 인지적 거리두기

인지적 거리두기는 서툴게 나타나는 청소년의 생각과 주장을 들어주는 것이다. 이제 막 자기 생각이 형성되기 시작하면서 청소년은 부모의 생각보다 자기 생각이 우선되기 시작한다. 어렸을 때는 부모의 말을 따르던 아이가 이제는 자기 생각을 주장하기 시작한다. 가장 이상적인 것을 구별하고, 옳고 그름을 판단할 능력이 생긴다. 하지만 자기 생각의 주장은 울퉁불퉁한 말대꾸로 표출된다. 사실, 청소년기 자녀와 말다툼하는 것은 마치 술 취한 사람과 대화를 하는 것과 비슷하다. 말을 섞을 수록 꼬이게 된다. 그럼에도 부모는 이때 자녀의 생각 만들기를 도울 수 있다. 말하기 보다는 듣기를 선택하고, 자녀의 툴툴거리는 말 속에서 마음을 살피는 세심한 주의가 요청된다. 크고 작은 소동과 말다툼 속에서 자녀도 성장하고 부모도 성숙해 가는 길을 찾아야 한다.

가족에게 중요한 일이 생겼을 때, 쉬쉬 감추기 보다는 의사결정에 동참시키고, 자녀들의 생각을 존중하는 태도를 취할 수 있다. 그렇게 할 때 청소년기 자녀의 인지적 능력은 더욱 발달한다. 사소한 문제부터 사회적 이슈 까지 청소년기 자녀의 견해를 묻고, 듣고 대화하려는 노력이 필요하다. 마틴 부버(Martin Bubber)는 "대화로의 초대는 일정한 거리 밖에 있는 사람에게서 오기 때문에, 극단적 융합을 추구한다면 대화의 양극성이 파괴될 수밖에 없다"[79] 고 하였다. 일정한 거리감은 부모와 자녀가 인격체로서 대화할 수 있게 만든다. 생각의 거리두기는 확실한 답

---

79) Ruel Howe, 김관석 옮김, 『대화의 기적』 (서울: 대한 기독교교육협회, 2004), 91~92.

을 주기 보다는 '들어주기'를 요청한다. 스콧 펙(Scott Peck)은 듣는 것에 대하여 다음과 같이 표현하였다.

> 사랑의 행위가 요구하는 주요한 형태는 관심이며, 관심을 실천할 수 있는 가장 평범하고 중요한 방법은 들어주는 것이다. 우리는 듣는데 막대한 시간을 사용하지만 대부분의 시간을 낭비한다. 왜냐하면 대체로 우리는 잘 듣지 못하기 때문이다…잘 듣는다는 것은 쉬운 일이 아니며 관심의 훈련이고 힘든 일이다.[80]

듣는 것은 전적인 관심을 요구하기에 모든 감각을 사용해서 들을 때 가장 잘 들을 수 있다. 특히 청소년기 자녀의 말은 진심으로 귀 기울여 들어야 한다. 진실로 듣고자 한다면 말로써 전달되지 못한 메시지, 숨겨진 것을 듣기 위해 마음을 기울여야 한다.[81] 청소년이 '권위자', 부모와 교사에게 반항할 때 그것은 '나의 목소리 곧 권위(authority)'를 갖겠다는 뜻이다. 청소년이 자기의 권위를 형성하려면 그동안 권위자로서 목소리를 높여온 부모가 목소리를 낮추고 들어야 한다. 경청은 상대방에게 시간과 관심을 나누어주겠다는 마음의 표현, 가장 좋은 선물이다.[82] 상대방이 허락해 주지 않는다면 누구의 이야기도 들을 수 없다. 자녀가 허락하지 않으면 부모는 자녀의 이야기를 들을 기회조차 갖지 못한다.

3) 정서적, 사회적 거리두기

청소년기에는 정서적, 사회적 거리두기가 모두 필요하다. 정서적 거리두기는 자녀가 부모와 다른 감정을 느낄 수 있다는 것을 받아들이는 것이다. 청소년은 일부러 '반대' 표현을 한다. 정서적으로 부모와 분리되고 있다는 것을 보여주려고 한다. '나는 부모와 다른 사람'이라는 것을 강

---

[80] Rich Van Pelt, 오성춘, 오규훈 옮김, 『사춘기 청소년들의 위기상담』 (서울: 한국장로교 출판사, 1995), 51~52에서 재인용.
[81] 위의 책, 52.
[82] 위의 책, 54~55.

조하기 위하여, 청소년들은 부모와 정반대적 감정을 나타내고, 이것은 부모를 서운하게 하거나 울화통이 치미게 만든다. 이런 반항의 표시가 못마땅해서 부모가 자녀에게 동감을 원한다면, 오히려 감정적 마찰이 생길 것이다.

사회적 거리두기도 필요하다. 청소년기가 되면 이제 부모가 아닌 다른 대상과의 일체감을 보이고 싶어 한다. 그리고 그 대상은 유명 스타, 또래 친구, 이성 친구, 교사, 학교 서클의 선배 등이 될 수 있다. 부모의 입장에서 자녀가 친구와 더 오랜 시간을 지내고 비밀을 공유하는 것을 보면 질투가 난다. 그래서 귀가 시간, 용돈 사용, 불복종, 형제관계, 청결, 정리정돈, 집안 일 등 사소한 문제로 시비를 걸어 다툼을 일으키기도 한다. 자녀와의 일체감이 사라진 것에 대한 공허함은 모든 갈등의 원인이 된다. 하지만, 사회적 거리두기는 자녀의 사회적 관계들-또래, 다른 권위자, 팬클럽 등-을 허용하고, 관계의 영역을 인정해 주는 것이다.

사회적 거리두기에는 가족의 규범, 역할에 대한 조정도 포함된다. 가족은 청소년에게 가장 기본적인 사회이다. 따라서 청소년기 자녀는 가족에서 용인되고 수용되는 경험을 필요로 한다. 청소년기 자녀가 반항할 때 '반항아'로 취급한다면 자녀는 사회에 대한 불신을 경험하게 된다. 반항을 자율성의 요청으로 읽고, 융통성 있게 귀가 시간, 용돈 사용, 집안 일에 대한 규율을 조정할 필요가 있다. 가족에게 문제가 발생했을 때 그것을 알리고, 문제 해결에 동참시키는 민주적 의사소통 과정도 청소년의 사회성을 성숙시킨다. 자율적으로 조정, 통제할 수 있는 능력을 갖게 하고, 가족의 구성원으로서 자신의 위치를 파악할 수 있는 기회를 제공하는 것이다.

4) 고슴도치 사랑

청소년기 자녀는 꼭 고슴도치 같이 뾰족한 가시가 돋아 있다. 그래서 가까이 가면 찔리고 멀어지면 춥고 서운하다. 자녀가 청소년기 되면 고슴도치 사랑을 해야 한다. 청소년기 자녀를 둔 부모의 권위적 사랑은 '고슴도치처럼 적절한 거리를 조율하는 사랑' 이다. '거리두기 사랑'은 자녀가 부모의 연장이 아닌 하나의 독특한 인격체로 성장하도록 돕는다.

말하기	⇨	들어주기
재촉하기	⇨	기다려주기
알려주기	⇨	알아주기
몸으로 품기	⇨	마음, 말로 품기

표3〉 거리두기 사랑

19세 소녀의 사춘기를 그린 영화 〈레이디 버드(Lady Bird)〉는 새로운 존재가 되고 싶은 십대 소녀의 '이름 바꾸기'가 들어있다. 십대 소녀 크리스티안은 부모님이 지어준 이름 '크리스티안' 이 아닌 새로운 이름 '레이디 버드(My name is lady-bird)' 로 불러달라고 부탁한다. '이름 바꾸기'에는 나만의 독특한 존재감을 갖고 싶다는 소망이 들어있다. 크리스티안은 엄마의 잔소리가 더 이상 듣기 싫어서 차에서 뛰어내리는 괴상한 행동을 보인다. 자기 마을에서 좀 떨어진 대학에 가기 원하는 크리스티안과 가까운 대학에 가기를 원하는 엄마. 엄마의 기대와 딸의 소원은 늘 충돌한다.

딸(크리스티안): 나는 엄마가 나를 좋아했기를 바라요.
엄마: 물론 나는 너를 사랑해.
딸(크리스티안): 엄마가 나를 사랑한다는 정도는 나도 알아요,
그런데 나를 좋아하느냐고요?

사실 크리스티안은 엄마가 자기를 좋아하는지 궁금하다. 엄마가 딸을 당연히 사랑하겠지만, 내가 사랑스러운지? 보기 좋은지? 잘 가고 있는지? 부모의 확인이 필요하다. 반대로, 부모는 늘 걱정이 많다. 자녀의 모습이 원만해 보이지 않아서, 가는 길이 순탄하지 않은 것 같아서. 그러나 청소년도 자기가 부모 마음에 들지 않을까봐 걱정이다. 고슴도치도

자기 자식은 예쁘다고 하지 않은가? 부모는 자기의 복사본이나 개선된 모델로 자녀를 만들 수 없다하더라도, 자녀를 기뻐하고 축복할 수 있어야 한다. 자기만의 독특한 개성을 형성하는 청소년기 자녀의 낯선 모습을 지켜보면서, '얘는 누구 닮았지?'를 속으로 무수히 반복하게 될 수도 있다. 그럴 때 마다, 부모는 자녀가 새롭게 창조되고 있고, 이 시간이 지나면 더 좋아질 것을 확신해야 한다.

톡!톡(Talk, Talk)!

- 하나님의 창조적 자기제한에 대한 나의 생각은 무엇인가?
- 하나님의 자기 제한이 부모에게 주는 통찰(insight)은 무엇인가?
- 신체적, 인지적, 심리사회적 거리두기 중 가장 어려운 것은 무엇일까?
- 고슴도치 사랑이 어렵다면, 왜 그러한가?

4장

친구가 좋은 청소년

1. 새로운 관계

청소년은 가족이라는 좁은 울타리를 터치고 나간다. 밖에서 새로운 관계, 사회적 관계를 스스로 만들어가기 시작한다. 그래서 청소년기의 관계는 파괴적으로 보이지만, 창조적이다. 집에서는 별로 말이 없지만, 집밖을 나가면 수다스럽고, 활동적일 수 있다.

1) 성인보증인

청소년기는 부모나 가족 같은 특정 관계로부터 에너지를 회수하여 새로운 관계에 재투자한다.[83] 부모에 대한 의존성, 친밀감이 새로운 권위자에게 이동한다. 새로운 권위자를 다른 말로 하면 성인 보증인(adult guarantor)이다. 성인보증인은 대개 부모는 아니지만, 청소년들과 연령대가 가깝고, 그들의 세계에 참여할 수 있으면서 진정한 성인의 모습을 보증해주는 사람이다.[84] 성인 보증인은 인격 형성의 도우미라고 할 수 있다. 청소년의 권위에 대한 불신을 신뢰로 바꾸고 앞으로 어디에, 무엇에, 누구에게 충성할지 탐색, 결정하도록 돕는 역할을 한다. 부모, 가족의 권위가 절대적이던 아동기와 달리, 청소년기는 새로운 권위자를 탐색하기 시작한다.

성인보증인은 청소년에게 다양한 권위를 탐색하고 경험할 수 있게 한다. 학교 또는 교회의 교사, 목회자, 청년 혹은 친척-삼촌이나 이모-등이 그 역할을 할 수 있다. 물론, 성인 보증인은 믿을만한 사람이어야 한다. 이들은 부모와 다른 권위를 보여주고, 그들의 학습과 일에 대한 새로운 프레임을 제시한다. 성인보증인과의 관계는 부모와의 관계 보다 덜 개인적이다. 덜 개인적인 관계 속에서 리더십, 학습, 일에 대한 다른 관

---

[83] 박아청, 『청소년과 아이덴티티』, 240.
[84] James Loder, 유명복 옮김, 『신학적 관점에서 본 인간발달』(서울: CLC, 2006), 299.

점을 습득할 수 있다. 이제껏 보아온 부모의 방식이 아닌 다른 방식으로 문제를 해결해 가는 모습을 볼 수 있다. 성인 보증인이 부모를 배척하지 않는다면, 청소년에게 자기 확신과 존중을 증가시킬 수 있는 기회를 제공한다. 그러나 새로운 근심, 인종, 종교, 성에 대한 편견과 고정관념을 주입하는 위협적 측면도 있다.85)

종종, 청소년들은 성인 보증인에게 부모에 대한 불만을 털어놓기도 한다. 필자도 청소년 사역을 하면서, 부모에 대한 불평을 많이 들었다. 부모들은 이것을 당연히 탐탁지 않게 생각한다. 로마를 왕정체제로 전환하려고 했던 가이우스 율리우스 카이사르(Gaius Julius Caesar)의 암살자들 중, 그의 양아들 브루투스(Marcus Junius Brutus)가 있었다. 카이사르는 죽어가면서 암살을 공모한 양아들에게 "브루투스, 너마저!(et tu Brute)"라는 마지막 말을 내뱉었다고 한다. 카이사르의 마지막 말은 친구나 가족 같이 믿었던 사람의 배신을 암시하는 말이 되었다. 가룟 유다가 예수님을 팔아넘기면서 바쳤던 '배신의 키스', '브루투스 너마저!'는 어떻게 보면 모든 부모들이 마실 배신의 쓴잔이다. 청소년은 이성이 발달하면서 부모가 그렇게 이상적이지 않다는 것을 알게 된다. 그래서 기대에 못 미치는 부모의 언행, 삶, 양육태도를 비판한다. 바람직한 것은 아니지만, 그럴 수 있다. 비를 맞아야 소나기가 지나가듯, 그렇게 부모의 마음을 얼룩을 남기고 지나간다. 어떻게 보면 자녀의 '청출어람'86)은 부모의 무덤 위에 피는 꽃이 아닐까? 다른 성인에게 청소년이 부모나 가족에 대한 불평을 한다면, 부모 입장에서 배신감을 느낄 수 있다. 그럼에도, 성인보증인과 협력할 때 부모는 청소년기 자녀 양육에 유익한 도움을 얻을 수 있다.

---

85) F. Barton Evans III, *Harry Stack Sullivan: Interpersonal theory and psychotherapy-Makers of Modern Psychotherapy*, (Loutredge: london and New York, 2006), 108.
86) 쪽에서 나온 빛이 쪽 보다 더 푸르다. 부모 보다 나은 자녀, 교사 보다 나은 학생의 능력을 의미.

2) 또래친구와 애착

청소년기는 부모와의 관계가 소원해지지만, '친밀감'은 증가한다. 왜냐하면 또래 친구와의 '친밀감'이 증가하기 때문이다. 청소년기에 친구는 부모만큼 중요한 역할을 한다. 부모와 서서히 분리되면서 친구가 대리적 애착 대상이 되기 때문이다. 곧 부모와 소원해 지는 것에 대한 보상을 친구로부터 받는다. 부모와 또래 친구 중 어느 쪽이 영향력이 큰가? 묻는다면, 답하기 어렵다. 비교할 수 없기 때문이다. 부모와 친구는 서로 다른 영향력을 행사한다. 부모와 또래 친구 중 누가 더 영향을 미치는지 비교해 본 실험이 있었다.

(1) 원숭이 실험

해리 하로우(Harry Harrow)는 어미 원숭이와 지낸 새끼 원숭이들과 또래와 지낸 새끼 원숭이들을 비교 관찰하였다. 어느 쪽이 더 사회성 발달에 유익한가? 비교하려는 것이었다. 어미원숭이와 지낸 원숭이들은 또래 원숭이들을 보면 피하는 경향이 있었지만, 비교적 안정적인 모습을 보였다. 또래와 지낸 원숭이들은 서로 강한 애착을 보였다. 하지만, 작은 스트레스와 좌절에도 쉽게 동요되는 불안정한 모습을 보였다.

1951년 안나 프로이드(Anna Freud)와 소피아 단(Sophie Dann)은 나치 수용소에서, 출산직후 사형된 부모의 아이들을 관찰, 연구하였다. 3세 아동 6명은 최소한의 돌봄을 받으면서 자기들끼리만 양육되었다. 이들은 서로에게 강한 애착과 친사회성을 보였다. 하지만 서로 떨어질 때는 심하게 흥분하는 행동을 함으로 불안을 표출하였다. 그로부터 35년 후, 중년 성인이 된 이들을 추적 관찰하였다. 그 결과, 6명의 아이들은 모두 유능하고 생산적 삶을 살았던 것으로 나타났다.[87] 원숭이 실험과 나치 수용소에서 살아남은 아이들의 사례는 부모와 또래친구가 둘 다 애

---

87) F. Barton Evans III, *Harry Stack Sullivan: Interpersonal theory and psychotherapy-Makers of Modern Psychotherapy*, 108.

착 대상이 될 수 있다는 것을 보여준다.

(2) 애착관계의 연장

부모와 또래 친구는 청소년의 사회성 형성에 다른 면에서 기여한다. 부모는 친구 보다 심리적 안정감을 제공한다. 하지만 또래친구는 부모보다 유능하고 적응적인 사회적 행동패턴을 발달시키도록 돕는다. 부모와 자녀의 관계는 보통 일방적이고 수직적 교류에 속한다. 그래서 소통이 제한적일 수밖에 없다. 하지만 또래 친구들과의 관계는 평등하기 때문에 상호 작용에 제한을 그다지 받지 않는다.[88] 또래와의 수평적 관계는 정교한 사회적 기술을 시도해 볼 수 있게 한다.[89] 또래와의 관계에서 나타나는 새롭고, 중요한 패턴을 설리반은 '사회적 조절의 경험'이라고 하였다. 또래와의 관계는 청소년기의 정교한 사회성 발달에 유익하다. 대개, 또래관계가 사회성 발달에 얼마나 중요한지에 대한 부모의 인식은 낮다. 반대로 위험한 친구를 만나면 어떻게 하나? 하는 부모의 걱정은 높다. 그 결과, 청소년의 또래 친구 관계를 존중받기는 쉽지 않다. 하지만 부모의 두려움 때문에 또래 관계를 방해한다면, 이는 청소년기의 '사회성 발달'을 저지하는 것이다. 가족 외의 다른 이들에 대한 고정관념, 편견을 형성 하거나 사회적 고립을 선택하게 만들 수도 있다. 엄밀히 본다면 **또래와의 친밀감은 어린 시절 부모와의 애착(attachment) 관계의 연장이다. 부모와 애착관계가 불안정했다면 다른 사람과의 친밀한 관계를 맺기 어렵다.** 부모와의 애착관계가 건강하다면 친구와 원만하게 친밀감을 형성할 수 있다. 비행청소년은 부모로 부터 받지 못했던 친밀감을 '유사 가족 형태'의 비행 청소년 집단에서 받기를 갈망한다. 그들의 관계가 가족 보다 더 끈끈하다고 하여 그것을 건강한 친밀감이라고 보기 어렵다. 안전한 친밀감은 어느 한쪽에 함몰, 융합되는 관계가 아니다. 만나고 헤어지는 것, 가까워지고 멀어지는 것, 함께 있지만 따로 있

---

88) 위와 같음.
89) 앞의 책, 109.

는 것이 가능한 관계이다. 각자의 개성을 존중하면서도 무언가를 공유할 수 있는 건강한 친밀감은 부모와의 안전 '애착'을 기반으로 한다.

3) 상호 호혜적 친구관계

아동과 청소년이 친구를 사귀는 데는 일종이 법칙이 있다. 그 법칙은 '유사성' 곧 비슷함이다. 사람들은 자기와 비슷한 사람과 친구가 된다. 그래서 유유상종이라는 말이 나왔다. 그런데 그 유사성의 종류가 연령별로 좀 다르다. 아동기는 물리적 유사성을 토대로 친구가 된다. 같은 동네, 같은 학교, 같은 학급, 옆자리 등 물리적 환경이 비슷할 때 친구가 된다. 그러면 청소년은 어떠한가? 청소년은 물리적 환경 보다 내면, 심리적 유사성이 있을 때 친구가 될 수 있다. 아동기와 청소년의 친구 관계를 비교하면 다음과 같다.

특징	아동의 친구	청소년의 친구
유사성	동네, 학급, 자리	감정, 생각, 취미, 활동
베프(Best Friend)	놀이 친구	비밀, 고민을 공유한 친구
사귐	일시적, 다양한 사귐	단짝 만들기
절교	거의 없음	깨어지기도 함
절교의 원인	사회적 이동(외부요인)	신뢰, 충성의 파괴

표4〉 아동과 청소년의 친구관계 비교

아동기에 친구는 외부적 환경에 따라 결정되는 반면, 청소년기 친구는 감정, 생각, 취미, 활동 등이 서로 통할 때 친구가 될 수 있다. 아동기가 물리적 유사성을 근거로 친구가 된다면 청소년기는 내면의 공통점이 기준이 된다. 곧 마음이 통하는 친구를 사귄다. 남아들은 활동, 취미의 유사성을 고려하는 반면 여아들은 심리적 유사성을 고려한다. 여아들은 비밀과 고민을 공유할 친구를 필요로 한다. 요즈음은 사이버스페이스

(cyber space)에서 친구를 많이 사귄다. 직접 대면하는(face to face) 것 보다 게임과 채팅으로 만남이 시작된다. 게임에서 만난다는 것은 벌써, 게임에 대한 비슷한 흥미를 갖고 있다는 말이다.

청소년의 친구관계에서 아동기와 구별되는 또 다른 특징은 '상호 호혜성'이다. 아동기의 친구관계 만큼 순수하지 못하다. 주고받는 것의 균형이 맞아야 한다. 너랑 친구가 되면서 '내가 얻을 수 있는 유익이 무엇이냐?', '너는 나에게 어떤 유익을 줄 수 있느냐?' 하는 '상호 호혜성'의 측면이 강화된다. 만약 친구가 자기 정보는 감추면서 남의 비밀만 알고 싶어 한다면, 비밀을 지키기로 해놓고 퍼뜨리고 다닌다면, 친구 관계는 철회된다. 서로 충성할 수 있는지? 서로 비밀을 공유할 수 있는지? 서로 도움을 받을 수 있는가? 하는 교류적 측면이 강화되는 것이다. 청소년기 친구관계는 감정적 투자가 큰 만큼 상처도 깊다. 아동기에 친구관계 절연된다면 그것은 이사나 전학 등 환경적 요인이다. 반면 청소년기는 신뢰, 충성의 파괴가 그 원인이 된다. 친구 사이에서 경험하는 배신감은 이제 진지하게 '우정'을 만들고 싶은 청소년들에게 아픈 경험이 될 수 있다.

톡!톡(Talk, Talk)!

- 성인 보증인은 누구인가?
- 부모는 왜 자녀에게 배신감을 느끼는가?
- 또래와 부모의 애착은 어떻게 다른가?
- 청소년 친구관계의 가장 큰 특징은 무엇인가?

2. 거울친구

청소년기는 거울 친구를 사귄다. 거울 친구란? '거울처럼 자기의 내면과 외면을 반영해 줄 수 있는 친구'를 말 한다.[90] 거울을 보면서 자기의 생김새, 모습을 확인하듯이, 사람은 누군가의 반응을 통해서 자신을 정의해 나간다.91) 자기가 어떤 사람인지, 얼마나 가치 있는 사람인지 알아간다. '거울 친구'에 대하여 로렌스 콜버그(Lawrence Kohlberg)는 이렇게 표현하였다.

    나는 나를 보는 당신을 본다.
    나는 당신이 보고 있다고 내가 생각하는 나를 본다.
    당신은 나를 따라서 당신을 본다.
    당신은 내가 보고 있다고 당신이 생각하는 당신을 본다.92)

자아개념은 주변 사람들과의 상호작용에 의하여 형성된다. 그래서 다른 사람들이 나를 어떻게 바라보고, 평가하는지 상상하면서 자기 자신에 대하여 자부심을 갖기도 하고 반대로 굴욕감을 갖기도 한다. 청소년기는 전체적인 급성장이 일어나고, 그에 대한 적응이 필요하다. 따라서 이 기간의 성장을 잘 받아들이고 수용하도록 도와줄, 신뢰할만한 소수의 눈과 귀를 필요로 한다.93) 이처럼 거울 역할을 하는 사람을 '거울 친구'이라고 한다. '거울 친구'는 외모뿐 아니라 내면의 상태도 반영하는 단짝 친구를 말한다.

최초의 거울친구는 부모이다. 부모가 자기를 대하는 태도-표정, 평가, 말과 행동-를 보면서 '자아 개념', '자아 이미지'를 형성하다가 청소년기가 되면 거울 친구가 친구로 이동한다. 청소년의 거울 친구는 동성 혹은 이성친구가 될 수 있다. 청소년에게 단짝 친구는 자신과 가족을 비추어 보는 '거울' 역할을 한다. 그러다보니 청소년기 우정의 특징은 '끼리끼리' 이다. 묘하게도 거울 같이 비슷한 친구들을 사귀는 것이다. 신체적 매력

---

90) 주혜주, 『마음극장』 (서울: 인물과 사상사, 2014), 39~40.
91) 위와 같음.
92) James Fowler, 사미자 옮김, 『신앙의 발달단계』 (서울: 한국 장로교 출판사, 2002), 245~246에서 재인용.
93) 앞의 책, 243.

의 정도, 환경과 취미, 패션, 개인적 성격, 흥미와 태도 등이 비슷한 친구를 선택한다. 서로를 거울처럼 쳐다보면서 모방하기 때문에 점차 비슷해지는 경향이 있다. 수학여행이나 학교 소풍 때 찍은 단체사진을 보여주면서, 누가 내 아이인지 찾는 것은 매우 어렵다. 비슷한 패션, 헤어스타일과 표정을 한 아이들이 단체로 서 있기 때문에, 구분이 잘 안 된다. 이처럼 십대 아이들은 비슷한 친구와 친구가 되고, 또 친구가 된 다음에는 더 비슷해진다.

거울 친구는 '외모' 뿐 아니라 '내면'도 반영한다. 자존감, 가정의 경제적 수준, 자기의 가치를 평가하는 수준도 비슷하다. 만약 청소년기 자녀의 친구가 마음에 들지 않는다면 '과연 내 아이는 자신을 어떻게 평가하는가?' 혹은 '저 친구가 내 자녀의 어떤 면을 반영하는가?' 고민해 볼 필요가 있다. 곧 친구를 보면서 자녀를 재숙고할 기회를 얻게 된다. 거울 친구가 부모에서 친구로 이동할 때, 친구는 부모의 연장선이 된다. 자기를 가치 폄하하는 부모 밑에서 자란 청소년은 자기를 무시하는 친구들과 다닌다. 친구가 나를 무시하는 언행을 해도 그것이 당연하게 느껴지는 것은 그런 대우가 이미 익숙하기 때문이다. 그렇다고 '가정환경 결정론'을 말하고 싶지는 않다. '가정환경이 어떠했든지' 인간에게는 언제나 변화할 수 있는 가능성과 기회가 있다. 그리고 그 특별한 회복의 가능성이 '종교'로 부터 온다고 했던 에릭슨의 명언을 기억할 필요가 있다. 청소년이 문득 하나님의 관점에서 나를 바라봐 주는 친구, 교사, 공동체를 만난다면 거기가 바로 인생역전의 자리가 될 것이다.

톡!톡(Talk, Talk)!

- 아동기와 청소년기 친구관계는 어떻게 다른가?
- 최초의 '거울 친구'는 누구인가?
- 청소년기 친구들은 왜 점점 닮아 가는가?

3. 거울 친구의 이동

청소년의 거울친구는 동성친구에서 이성 친구로, 그 다음에 또래 집단으로 이동한다. 동질성을 기반으로 서로를 확증해주는 거울 친구는 대개 동성 친구이지만, 이성 친구도 될 수 있다. 청소년은 자신을 반영해 줄 수 있는 소수의 믿을 만한 거울 친구, 곧 다른 사람들의 눈과 귀를 필요로 한다. 본래 비슷한 친구를 거울 친구로 삼지만, 거꾸로 거울 친구가 자기 자신을 바라보는 이미지, 자아상에 영향을 미칠 수도 있다. 동성친구는 보통 단짝친구를 말한다. 단짝친구는 늘 붙어 다니고, 함께 행동하면서 비밀을 공유하는 친구이다. 이성 친구도 단짝 친구처럼 거울친구의 역할을 할 수 있다. 그렇지만, 이성이라는 호감을 주는 요소가 있기 때문에, 비슷하면서도 다르다는 느낌에 끌려 이성교제로 발전할 수 있다.

1) 동성 친구

청소년 초기는 동성 친구를 단짝친구로 삼는다. 홀로서기를 시도하는 과정에서 동지로서의 친밀감을 얻는다. 동성친구에게 끌리는 이유는 성적 호기심 보다는 아직 '자아 형성'에 더 많은 관심을 갖고 있어서이다. 동성의 친구는 비슷한 재능과 욕구의 소유자, 거울 친구의 역할을 해준다. '인격적 신화'[94])에 몰두된 청소년은 미래를 구상하고, 그것을 공유하고 대화할 수 있는 대상을 찾는다. 곧 동성 친구와의 우정은 청소년의 자아 정체감 형성에 기여한다. 청소년의 소외감은 또래 친구와 친밀한 관계에서 어느 정도 해소가 된다. 그렇기 때문에 동년배 친구들에게 승인 받을 수 있는 패션, 태도, 행동유형, 가치관 등을 따라하고 그에 영향을 받는다. 소외감을 느끼는 사춘기에 믿을만하고, 이야기를 들어주며, 공감해 주는 친구가 있는 것은 더할 나위 없이 좋다.

---

94) 제임스 파울러는 자아에 몰입되어 있는 것, 자신이 누구인지 알고 싶어 하는 것을 '인격적 신화'라고 표현하였다. James Fowler, 『신앙의 발달단계』, 244.

거울 친구로서 동성친구는 자기 생각을 교류하면서, 자기만의 특별한 개성, 세계관을 발견하고 외부에 두었던 권위를 내면으로 취하게 한다. 자아가 힘, 권위를 얻게 되는 것이다. 자아가 힘을 갖게 되면 점차 친밀한 대상은 동성친구에서 이성 친구로 변화한다. 동성 친구에 대한 친근감은 '정체감 형성'의 발달 과정 가운데 하나이다. 이때 가장 관심 있는 대상은 '자기 자신'이기 때문이다. 우정을 경험하지 못한다면 '사랑'도 경험하기 어렵다. 청소년 초기부터 진행된 동성 친구와의 우정은 이성 친구와의 사랑이라는 다음 단계를 향해 가는 디딤돌이다.

2) 이성 친구

청소년 중기, 15세 이후가 되면 동성친구에 대한 관심은 이성 친구로 이동한다. 이성친구와 친밀감을 얻으려는 것도 있지만 로맨스에 대한 동경, 성적 욕구를 충족시키려는 성향도 있다. 해리 스택 설리반(Harry Stack Sullivan)은 청소년기 출현하는 '친밀감'과 '성적 욕구'가 이성교제를 부추긴다고 보았다.[95] 만약 이성 친구와 친밀감이 아닌 성욕을 만족시키려 든다면 부모의 불승인, 또래들의 평판이 나빠지고 그 결과 자존감을 유지하기 어렵다. 그래서 청소년들은 '자위'를 하거나 '동성애적 놀이'로 그것을 대체한다.[96] 사실, 여학교와 남학교가 나누어져 있던 시절, 학교와 군대에서 '동성애적 놀이'가 있다는 소문이 있었다. 하지만 이것은 잠시 놀이에 불과할 뿐이다. 설리번은 과도히 이성교제를 반대한다면 동성애적 놀이가 동성애로 가는 경향이 있다고 경고한다. '동성애적 놀이'가 단지 놀이에 그치는 것은 이성으로 관심이 이동하기 때문이다.

---

[95] F. Barton Evans III, *Harry Stack Sullivan: Interpersonal theory and psychotherapy-Makers of Modern Psychotherapy*, 123.
[96] 위와 같음.

사회심리학자, 에릭슨은 '동성 친구'와 '동질성'이 확보된다면 '이성 친구'와의 친밀감 추구는 당연한 것이라고 주장한다. '동성 친구'를 통하여 '내가 누구와 같은가?' 하는 정체감 물음에 확고한 대답을 얻지 못한다면 이성과의 교제, 친밀감을 추구하기 어렵다. 곧 청소년기에 이성과의 사랑에 대한 욕구가 나타나는 것은 당연하고 건강한 일이다.[97] 물론 청소년의 이성교제는 대상 보다 로맨스 그 자체에 집중하는 성향이 있다. 대상을 관찰, 교류하면서 알아가기 보다 너무 '이상화' 시킨다. 그 대상이 자신과 동일한 가치 혹은 기준을 갖고 있지 않을 때, 어설픈 신체적 접촉으로 마음이 상할 때, 환멸감을 느끼고 갑작스럽게 로맨스가 깨지기도 한다.

3) 집단 친구

집단친구는 처음에는 동성집단으로 시작하지만, 이성 집단과 합류하면 혼성 집단으로 발전하여 패거리가 된다. 3~4명 정도가 뭉친 또래집단은 '우리 의식'(we-feeling)을 갖고 있어서 폐쇄성과 배타성을 띤다. 집단의 구성원이 되려면 어느 정도 자격과 구성원들의 합의가 필요하다. 영화 '써니'에서, '나미'가 또래집단에 들어가지만, 욕 배틀(battle)에 이기면서 모두에게 환호 받고 구성원으로 승인되는 것을 볼 수 있다. 이것은 십대 집단친구들의 구성원이 되는 기준이 있다는 것을 보여준다. 또래 집단이 좀 더 커지면 '동호회', '팬클럽'의 형태가 되고 4~20명 까지 모일 수 있다. 패거리로 몰려다니면서 비행적 행동을 할 수 있어서 부모들은 별로 좋아하지 않는다. 하지만 또래 집단 역시 청소년의 사회성 발달에 중요한 역할을 한다.

정보 제공
또래 집단은 일상생활에 필요한 정보를 제공한다. 성인이 되기 위하여 필요한 지식, 사회적 기술을 습득 하는 방법 등의 정보를 제공한다. 물

---

97) James Loder, 『신학적 관점에서 본 인간발달』, 288.

론 그 가운데는 부정확한 정보도 있지만, 자존심이 강한 청소년이 노골적으로 무지를 드러내지 않을 만큼의 정보를 제공한다.

규범 집단
또래 집단은 준거, 규범 집단의 역할을 한다. 그래서 부모에게 전적으로 의존하고 있던 청소년들이 자신의 '기준', '줏대', '규범'을 만들어 갈 때 또래 집단의 소속은 안정감을 더해준다. 가치와 기준을 형성하고 그것을 발휘해 볼 수 있는 참조집단으로서, 갑자기 확대되는 사회생활에서 경험하는 갈등, 요구들을 탐색·해결하도록 돕는다.

인간 관계 학습
거의 동년배 혹은 한 살, 두 살 정도의 터울로 구성되는 또래집단은 보다 성숙한 인간관계를 배울 수 있는 학습의 장이다. 수평적 관계에서 경쟁, 협력, 타협 등의 고도의 사회적 기술을 배울 수 있다. 이해관계가 엇갈린 상황, 경쟁, 이성교제의 불화에서 겪는 어려움에 다양한 방법으로 접근할 수 있도록 조언을 주고받는다. 그래서 또래집단은 성숙한 인간관계를 학습하는 장이다.

정서적 완충지
또래집단은 정서적 완충지의 역할을 한다. 부모 혹은 가정, 학교에서 스트레스와 갈등을 경험할 때 동정적 피드백을 제공하는 정서적 완충지로 기능한다. 청소년기가 되면 스트레스가 많다. 발달적 스트레스, 친구관계, 학업 등. 이때 또래집단은 정서적인 소속감, 안정감을 제공한다. 성인사회의 압력으로부터 도피할 수 있는 장이다. 곧 청소년기의 과업을 잘 수행하고 성인 사회로의 안정적 이행을 돕는다.

사회적 지위체계
또래집단은 청소년들에게 하나의 사회적 지위 체계로 작동한다. 청소년후기가 되면 사회적 위치, 평판세우기에 몰두한다. 곧 사회 속에서 자신의 위치가 무엇인지, 자신은 어떤 평판을 받는지에 관심을 둔다. 또래집단에서 자신의 위치, 평판을 들으면서 청소년들은 자기 혹은 타인, 그들이 속한 사회에 대하여 좀 더 현실적으로 인식할 수 있는 단서를 얻을 수 있다.

그밖에도 집단친구들은 청소년에게 우정의 기쁨을 알게 하고, 정체감 형성에 중요한 '동일시'를 획득하게 하며, 가족 밖 사회에서 자신에 대한 평가, 위치와 역할 등에 대한 통찰을 제공한다. 사회생활의 예비 체험을 가능케 하는 것이다. 그런데 만약 또래집단에서 배척을 경험한다면 어떻게 될까? 또래집단은 상호유사성을 강조하면서 다른 회원, 일원에 대하여 배척하는 성향이 짙다. 동일 사회계층, 배경, 지적 수준을 공유한 십대들이 모여서 또래 그룹을 형성하기 때문이다. 청소년기는 사회 속에서 자신의 위치, 지위를 확보하려는 욕구가 강렬하다. 그래서 또래 그룹으로부터 정서적 지지를 받지 못할 경우 사회적 기술을 발달시킬 수 있는 기회를 상실하고, 정서적 불안, 낮은 자존감을 갖기 쉽다. 하지만 또래집단의 배척에도 순기능은 있다. 자기 또래의 다른 사람들이 자신을 어떻게 지각하는지 알게 된다. 곧 현실적 인간관계의 지각 변동을 깨닫는다.

톡!톡(Talk, Talk)!

- 청소년의 친구관계는 어떻게 이동하는가?
- 동성애적 놀이와 이성교제는 어떤 관계가 있는가?
- 동성친구와 이성친구의 공통점과 차이점은 무엇인가?
- 또래집단은 어떤 역할을 하는가?

4. 청소년의 사회성 발달

1) 작은 사회의 경험

청소년기는 사회적 관계가 확장된다. 관계의 확장은 청소년의 사회성이 발달하고 있다는 뜻이다. 아동기에 가족이 주요 관계의 맥락이었다면, 청소년기는 또래친구가 가족 못지않게 중요해진다. 가족이라는 협소한 관계의 궤도를 깨고 더 넓은 궤도로 나아간다. 부모와의 대화는 일상적 주제에 국한된다. 이성문제, 귀가시간, 진로문제, 형제관계, 집안 일 등이다. 인생에 대한 청소년의 진지한 고민은 친구에게로 이동한다. 가족이 전부이던 아동기의 세계로 부터 벗어나 가족 밖으로 사회적 관계가 확장되어 간다. 또래 친구들과의 관계는 청소년이 가족의 울타리를 벗어나, 스스로 독립할 수 있도록 그 기반을 마련해 준다.

하지만, 청소년의 사회적 관계는 가족만큼 안전하지 않다. 또래 그룹은 청소년에게 인정과 승인을 주지만, 그것을 철회하기도 한다. 청소년의 특성에 맞게 불안정하고 변덕스럽기 때문에 또래 친구들의 배척, 따돌림, 놀림 등과 맞서 싸우지 않으면 안 된다. 그래서 사회적 관계의 확장은 청소년기를 풍요롭게 하지만, 긴장하고 불안하게 만든다. 사회적 범주가 확장되면서 겪게 될지도 모를 갈등, 스트레스는 청소년기 감정적 격변의 요인이 될 수 있다. 확장된 관계 때문에 겪는 내외적 갈등이 청소년의 정서를 변화시키는 것이다. 복잡한 사회관계에서 빚어지는 갈등을 해결하면서, 청소년은 성숙한 인격으로 성장해갈 수 있다. 또래관계는 가족이 줄 수 없는 새로운 상호작용을 주기 때문이다. 새로운 종류의 상호작용은 청소년이 살아가는데 필요한 사회적 기술을 습득시키지만, 위험 요인도 충분히 갖고 있다. 특히 청소년의 사회적 관계는 '사회적 성격'을 형성하는 역할을 한다. 이처럼, 청소년기 친구 관계는 고도의 사회적 기술을 배울 수도 있지만 반대로 극도의 스트레스를 피하기 위하여 부정적 성격을 형성할 수도 있다. 그러나 또래 관계는 작은 사회를 경험하는 일이며, 성인이 되어 겪어야 할 많은 사회적 갈등을 미리 준비하는 일이다.

2) 사회성 발달에 유익

청소년은 또래친구, 집단과 자신을 점차 동일시한다. 비슷한 친구를 만나서 점점 비슷해진다. 패션, 헤어, 말투, 사고방식, 행동유형, 취미 등. 하지만 또래친구와 비슷한 모습을 서로 주고받으면서, 청소년은 자기만의 스타일을 확립해 간다. 또래 친구는 청소년의 발달적 스트레스를 극복할 만큼의 활력을 주고 내면의 고민, 생각들을 공유할 수 있다. 곧 또래친구는 청소년의 사회성발달에 지대한 공헌을 한다.

성인과의 관계
보통, 성인들과의 관계는 일방적이다. 성인과의 관계는 수직적이다. 그러므로 청소년의 입장에서는 순응하는 관계이다. 사회적 질서, 규범에 적응하는 관계이므로, 역동성은 없지만 비교적 안정적이다. 사회적 인습, 예의, 규범 등을 배울 수 있다. 그러나 수직적 관계에서는 정교한 사회적 기술을 배우기 어렵고 관계의 철회가 어렵다.

또래 관계
또래 관계는 성인과의 관계에 비하면 불안하고 스트레스가 많다. 하지만 수직적 관계에 비하면, 다양한 역동이 나타난다. 다양한 역동이란 힘겨루기, 질투와 경쟁, 갈등이 일어나는 것을 말한다. 이런 상황에서 청소년은 고난도의 실제적 사회적 기술들을 연마할 수가 있다. 또래친구와 같이 사회적 순응과 관습을 뒤집을 수 있고, 상호적 관심 표방과 철회가 가능하며, 자기 입장을 고수하면서 상대방을 존중할 때 자긍심과 자기 가치를 세울 수 있다는 것도 배우게 된다.[98]

어른들의 우려와 달리, 또래 관계를 통하여 청소년은 많은 것을 배운다. 세상만물에 어두운 구석이 있듯이 또래 친구 관계에도 어두운 구석

---

98) F. Barton Evans III, *Harry Stack Sullivan: Interpersonal theory and psychotherapy-Makers of Modern Psychotherapy*, 110.

이 있다. 두려움, 걱정은 청소년에 대한 이해심을 마비시키고, 관계를 제한하며, 사람의 숨통을 조인다. 부모, 교사, 친척들에게는 배울 수 없는 정교한 사회적 기술들을 습득한다. 관계가 깨어진다 해도, 해결하려는 노력 자체가 큰 배움을 낳는다. 사실 또래 친구들과의 교류가 없이는 뛰어난 학습능력이 있어도 사회성 발달은 어렵다. 미래 사회는 '전문성보다 인성'이 더 중요시 될 것이다. AI(Artificial Intelligence, 인공지능)와 함께 살아가는 시대에, 일의 전문성 보다 '사회성'에 대한 평가는 더욱 두드러질 수 있다. 그래서 또래 친구와의 관계는 청소년의 사회성 발달에 큰 유익이 된다. 가족으로부터 한걸음 나아가 '새로운 사회적 장'을 경험할 수 있게 한다. 사람이 성숙해 가는데 인간관계의 갈등, 문제해결은 주요한 능력으로 작동하기 때문이다.

3) 부정적 사회성

아동기에는 양육자, 부모와의 관계에서 불안이 드러난다. 아동은 부모로 부터 관심과 인정을 받고 싶다. 그런데 무관심과 불인정이 올지도 몰라 불안하다. 부모의 승인에 대한 아동기의 긴장은 청소년이 되면서 또래 친구에게로 이동한다. 그래서 설리번은 부모로부터 과도한 참견을 받았거나, 소외감을 겪은 아이는 청소년기에 사회성 발달에 문제가 생길 수 있다고 하였다.[99] 또래 관계는 새로운 문화적 경험과 견줄 수 있다. 새로운 문화를 경험할 때 흥미롭고 재미있지만, 불안하고 긴장감이 높아진다. 청소년의 사회적 관계 확장은 그만큼 도전적이다. 다소 복잡한 사회적 관계에 적응하기 위하여, 청소년은 부적절한 사회성을 발달시킬 수도 있다. 청소년기 형성되는 부정적 사회성에는 권위주의, 반권위주의, 만성적 청소년 그리고 희생양 만들기가 있다.

(1) 권위주의

---

99) 앞의 책. 105~107.

청소년기는 '통제와 권위에 대한 감각'을 재획득한다. 이 과정에서 성인들의 처벌, 평판이 두려운 청소년이 권위주의자가 되기로 선택할 수 있다. 권위주의적 성격은 강한 것과 약한 것의 구별에 집착, 비슷한 사람들과 그렇지 않은 사람에 대한 명확한 구분, 관습적 가치들과 비 관습적 가치들에 대한 구분, 미신에 대한 몰두, 금기시되는 것들에 대한 편견 등이다.100) 왜 편견, 고정관념을 선호하는가? 편견은 '누구도 소용없다'는 낮은 자존감으로부터 오는 근심을 낮춰주는 안전장치 역할을 해주기 때문이다.101) 그러나 이는 단지 일시적 안전을 제공할 뿐, 일부 특정 대상과의 상호작용을 방지함으로서 사회적 절름발이로 만든다.

(2) 반권위주의

요즘 젊은이들을 디지털 노마드(Digital Nomad)라고 부른다. 이들은 고정된 업무 공간과 생활환경에서 벗어나 인터넷이 연결되고 디지털 장비만 있으면 커피숍, 도서관, 캠핑카 등 어디에서나 자유롭게 일할 수 있다.102) 반권위주의적 성격, 자유로운 성향을 가진 이들은 높은 이동성, 상호 인격적 관계의 단절, 무절제, 타자성, 독특성, 불분명한 경계선, 방랑적(nomad) 특성, 사회적 경계선에 대한 무시, 인간 삶에 대한 평가 절하, 변화무쌍한 성격 등을 특징으로 한다.103) 이들은 사회적 권위를 회피, 무시한다. 청소년의 사회성을 연구한 설리번은 청소년들이 대인관계에서 권위자와의 갈등을 피하기 위하여 '선택적 부주의'와 '감독적 패턴'이라는 성격을 개발할 수도 있다고 하였다.104)

선택적 부주의

---

100) James Loder, 『신학적 관점에서 본 인간발달』, 284.
101) David R. Schaffer, 『사회성격 발달』, 180.
102) 경기일보 http://www.kyeonggi.com 2020. 11. 4. 최종검색
103) James Loder, 『신학적 관점에서 본 인간발달』, 286.
104) F. Barton Evans III, *Harry Stack Sullivan: Interpersonal theory and psychotherapy-Makers of Modern Psychotherapy*, 110.

'선택적 부주의'는 근심을 갖게 하는 사람으로부터 심리적으로 멀리 이동하는 것이다. 예를 들면 부모 혹은 교사가 심한 잔소리를 하거나 과도한 부담을 얹을 때 경험되는 자신의 생각, 느낌, 행동, 태도 등에 대하여 인식하지 않고, 마치 아무렇지도 않은 것처럼 무심하게 행동한다.105) 곧 선택적으로 '부주의하게 행동' 하는 것이다. 이는 자신을 불행하게 만드는 '관계'에 대한 위험신호, 경고음을 회피하면서 엉뚱한 데서 폭발할 가능성이 있다.

감독적 패턴
'감독적 패턴'은 기대했던 사회적 승인을 받지 못할 것에 대한 두려움 때문에 스스로 '상상적 청중'의 비평을 듣고, 자신에 대하여 비평적 판단과 부정적 사고를 개발하는 것이다.106) 내면의 청중, 관중, 독자로부터 강력한 비평을 듣는 것으로 데이빗 엘킨드(David Elkind)가 언급했던 '상상적 청중'과는 반대적이다. 엘킨드가 말한 '상상적 청중'은 상상 속에서 관중의 갈채와 주목을 받는 것이다. 반면 설리번이 말하는 '감독적 패턴'은 상상 속에서 관중의 비평을 듣는 것이다. 청소년이 까다로운 부모 혹은 교사 등 권위자의 불승인으로부터 자신을 보호하기 위하여 개발한 것이지만 낮은 자존감의 결과이거나 낮은 자존감 형성으로 이어질 수 있다.

(3) 만성적 청소년

만성적 청소년이란 계속 청소년기에 머물러 있는 성인을 말한다. 이미 청소년기가 지나갔음에도 불구하고 청소년처럼 동질성에 매몰되고, 나와 다른 대상이나 집단에 대하여 경쟁적 구도로 몰아가면서 승패를 가리는 데 연연하는 것을 말한다.107) 설리번은 현대 사회가 청소년들에게 지나

---

105) 위와 같음.
106) 위와 같음.
107) 위와 같음.

친 경쟁을 부추기는 것을 우려하였다. 만약 청소년기에 배워야 할 협력과 타협의 균형 잡힌 과정을 배우지 못한다면, 그저 모든 생활에서 다른 사람을 앞서는데 중심이 있다고 보는 "만성적 청소년기"를 보내게 된다고 예측하였다.108) 성숙한 성인이라면 관계에서 경쟁해야 할 때와 협력 혹은 타협해야 할 때를 구분할 줄 알아야 한다. 협력과 타협의 기술은 없고 오직 경쟁하여 이기려고만 든다면 이는 사회성이 결여된 것이다. 만약 현대 사회 속에서 만성적 청소년'이 늘어난다면, 갈등과 마찰은 심화될 수밖에 없다. 그러고 보면 오늘날 얼마나 많은 성인들이 '만성적 청소년기'를 보내고 있는지 헤아리기 어렵다. 관계성 속에서 자기를 철회하거나 접지 못하고 늘 '경쟁에서 우열'만을 가리려고 한다면 이는 사회적 문제가 될 것이다. 어떤 은발의 바둑 고수가 은퇴를 앞두고 이르기를 "예전에는 바둑 속에 조화와 만남이 있었는데 오늘날에는 승패만 있는 것 같아서 안타깝다"109)고 했다. 오늘날 학교 교육, 교회 생활 역시 마찬가지가 아닌가 묻고 싶다. 청소년들은 경쟁을 통한 우위와 승패를 판가름하는 것이 궁극적 과제인 것처럼 간주되는 시대를 살아간다. 따돌림, 편견, 과도한 경쟁성 등의 징후는 낮은 자존감과 밀접한 관계가 있다. 모든 관계의 결론이 비교우위를 가리는 데 있다면 사회는 점점 황폐해 질 것이다.

(4) 혐오 낙인

청소년기 친구관계는 '상호 호혜적 관계'가 '계약적, 전략적 관계'로 변질될 때 일어난다. 만약 친구에게 협조적, 호혜적 우정으로 접근했는데 다른 쪽에서 이를 경쟁적, 계약적 관계로 끌고 간다면 우정은 깨어진다. 비밀을 공유했는데 나의 정보를 누설하는 충성의 배신, 자기 정보는 공유하지 않을 때도 우정의 배신이 일어난다. 자기 욕구를 충족시킨 후 상대방의 욕구를 모른 척 할 때, 관계를 단절하고 다른 친구에게로 이동

---

108) 위의 책, 113.
109) https://topclass.chosun.com. 2020. 12. 9. 최종검색.

할 때 배신을 경험할 수 있다. 배신은 사실 어른도 아픈 일이다. 성장기에 경험하는 친구의 배신은 그 정도가 크다면, 특정인에 대한 편견(prejudice), 낙인(stigma), 혐오감(hate)을 갖게 한다. 어떤 종류의 사람들을 습관적으로 비방하는 고정관념이 생긴다. 이렇게 하는 이유는 두 번 배신을 당하지 않고 자기를 보호하려는 예방 심리이다. 물론 친구의 배신에도 배울 점이 있다. 이는 스스로를 객관적으로 인식할 수 있는 기회를 제공한다. 나와 다른 사람의 기대치가 다르며, 사람을 잘 분별할 수 있는 안목을 갖게 한다. 그리고 갈등이 발생했을 때 해결하는 지혜를 습득하게 한다.

(5) 일진 놀이

일진놀이는 또래집단의 누군가를 희생양으로 만드는 것이다. 친구들로부터 따돌림을 경험하였을 때, 십대들은 '죽고 싶은 심정'이라고 한다. 또래 친구와의 동질성 확보는 자기 자신을 확보하는 중요한 청소년기의 과제이다. 청소년기는 또래집단과의 일체감 속에서 안정감을 얻기 때문에, 희생양이 되는 따돌림은 청소년에게 가장 두려운 일이다. 일진놀이는 소속감에 대한 욕구에 반(反)하는 것이다. 파커 팔머(Parker Palmer)는 자기 문제의 탓을 낯선 타인에게 덮어씌우면서 위로를 얻는 희생양 만들기는 청소년의 내적 공허감에 대한 거짓 치료제라고 정의한다.110) 성숙한 사람은 타인의 가치를 인정할 뿐 아니라 다른 사람의 행복, 성공을 즐거워 할 수 있다.111) 청소년기는 누군가와 친밀한 교제를 하고 싶은 갈망이 있다. 하지만 '동질성'을 확보하려는 마음이 더 크다. 그래서 조그만 '차이', '다름' 조차도 용납 못하는 전체주의적 성향을 보인다. 비슷하고 안전한 사람만 가려서 사귀는 것이다. 그래서 청소년의 '왕따', '희생양 삼기'의 일진놀이는 우려에도 불구하고 여전히 계속되고

---

110) Parker Palmer, 김찬호 옮김, 『비통한 자들을 위한 정치학』 (서울: 글 항아리, 2011), 122.
111) F. Barton Evans III, *Harry Stack Sullivan: Interpersonal theory and psychotherapy-Makers of Modern Psychotherapy*, 128.

있다. 그렇기 때문에 또래 친구, 또래 집단의 기대, 가치관, 행동 유형과 자신의 모습 사이에서 불일치가 심해질수록 긴장, 소외감, 두려움을 갖게 된다.

톡!톡(Talk, Talk)!

- 청소년기의 사회적 관계의 특징은 무엇인가?
- 또래집단에서 배우는 사회적 기술에는 어떤 것이 있는가?
- 청소년의 부정적 사회성에서 공감이 되는 것은 무엇인가?
- 청소년기의 부정적 사회성을 극복할 수 있는 방안이 있을까?

5. 회복하는 좋은 만남

1) 두 개의 거울

누군가 그랬다. 아동기까지는 은혜로 자녀를 양육하고, 청소년기부터는 율법으로 자녀를 양육한다고. 청소년기가 되면 학업, 입시, 취업 등 다양한 요인이 자녀를 옥죄는 율법이 많아진다. 청소년의 첫 번째 거울 친구는 부모이다. 부모는 자녀의 자아상을 잘 반영해 줄 수 있지만, 그렇지 못할 수도 있다. 왜냐하면 건강한 부모가 있고, 그렇지 못한 부모도 있기 때문이다. 청소년들은 두 개의 거울 앞에 서 있다. 어떤 거울일까?

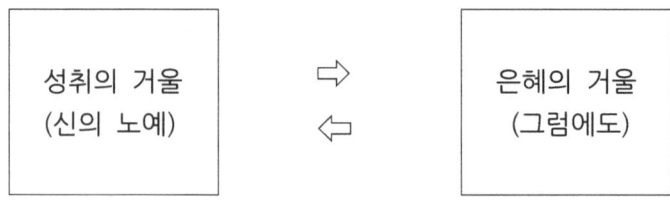

그림9> 현대 두 개의 거울

두 개의 거울은 서로 다른 모습을 보여준다. 성취의 거울은 그가 학업 성적, 외모, 관계, 게임 등에서 이기고, 승리하지 못한다면, 실패자라고 낙인찍는다. 반대로 은혜의 거울은 그럼에도 불구하고, 사랑한다고 메시지를 전한다. 두 개의 충돌하는 거울 앞에서, 청소년들은 파편화된 자아상, 왜곡된 자아상을 가질 수 있다.

성경은 모든 인간이 '하나님의 형상'이라고 말씀한다. 인간이 '하나님의 형상'이라는 창세기1~2장의 메시지는 이스라엘의 바벨론의 포로기에 선포된 말씀이었다. 바벨론에 포로로 가있을 때 이스라엘은 "당신들은 신들의 노예로 지음 받았다!"는 메시지를 받았다. 신들이 엘리트로 지정한 바벨론 왕을 위하여 살아가는 노예라는 메시지는 이스라엘을 주눅들게 만들었다. 아침에 일어나서 거울을 보았다면 그들은 어떤 이미지를 응시하고 있었을까?112) 바벨론 포로민 앞에는 두 개의 거울이 놓여있었다. 하나는 신들의 노예, 왕을 섬기는 것 외에 다른 목적이 없는 패배, 포로적 삶이라는 거울이었다. 다른 하나는 진정한 신의 형상, 왕의 형상, 신의 동역자라는 거울이었다.113) 포로, 이스라엘은 상충되는 두 개의 거울 앞에 서있었다. 양극단의 자아상을 왔다 갔다 하던 그들은 어떤 거울을 택하였을까? 때로 익숙한 것은 더 좋은 것보다 강력하다. 그들에게 익숙한 거울은 '패배의 거울'이다. 하지만 보다 바람직한 거울은 '신의 형상 거울'이다. 그들은 과연 바람직한 것을 받아들였을까?

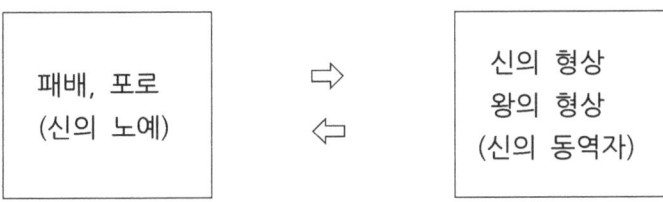

그림10> 바벨론 두 개의 거울

---

112) J. Richard Middleton, Brian J. Walsh, 이철민 옮김, 『여전히 우리는 진리를 말할 수 있는가』 (서울: IVP, 2020), 227.
113) 위의 책, 228.

많은 청소년들이 거짓 거울 앞에서 혼란을 겪는다. 더 좋은 것보다 익숙한 것을 선택하는 것은 아닐까? 거짓 거울은 깨어질 수 있고 또한 깨뜨리지 않으면 안 된다. 좋은 만남은 왜곡된 자아상을 깨뜨리도록 돕는다. 청소년이 낮은 자존감과 왜곡된 자아상으로 갈등한다면, 온전한 자아상을 회복을 돕는 거울 친구가 필요하겠다.

2) 좋은 거울친구

"아름다움은 보는 사람의 눈에 달렸다!"[114] 15C말 피렌체의 조각가 안토니오의 아고스티노(Agostino d'Antonio)가 쓸모없는 '돌덩어리' 라고 하면서 거대한 대리석을 버리고 갔다. 40년 후, 미켈란젤로가 아고스티노가 버리고 간 대리석을 '다비드(David)'로 조각한 것은 널리 알려진 이야기이다.[115] 미켈란젤로는 볼품없는 대리석에서, '다비드(다윗)' 곧 왕의 형상을 발견하고, 힘써 그것을 구현해 내었다. 어린이, 청소년에게는 '잠재된 능력'이 있다. 아직 발굴되지 않은, 숨겨진 재능과 성품들이 있다. 아직 구현되지 않은 하나님의 형상(창1:26-27)을 발견해 줄 좋은 거울친구가 필요하다. 좋은 거울 친구는 한 개인이 될 수도 있지만, 좋은 그룹 또는 신앙 공동체가 될 수 있다. 청소년은 자신을 이해하고 수용할 수 있는 좋은 만남을 필요로 한다.[116]

1970~1980년대 한국 교회에는 비행 청소년들이 '좋은 친구와 교사'를 만나서 인생이 변화된 사례들이 많았다. 거짓 거울을 깨뜨리고 그들을 귀하게 대해준 교사, 친구, 공동체가 있었다. 청소년은 그들을 통하여 하나님을 만났다. 청소년에게는 자기를 있는 그대로 수용해 주는 만

---

114) Alister Macgrath, 김일우 옮김, 『회의에서 확신으로』 (서울: IVP, 2016), 166에서 재인용.
115) 앞의 책, 167.
116) Lewis J. Sherill, 김재은 옮김, 『만남의 기독교교육』 (서울: 대한 기독교 출판사, 1997), 79~83.

남과 교제에 대한 열망이 있다. 또 좋은 거울 친구는 예수 그리스도가 될 수도 있다. 대인관계 이론은 청소년기 가장 강렬한 욕구는 '성욕', '친근감', '소속감'이라고 하였다. 청소년의 친근감 욕구는 '내가 무리한 것을 요청해도 너는 나를 받아드려야 한다'는 맹목적 수용의 요구로 나타날 수 있다.[117] 하지만, 누구도 맹목적 수용의 욕구를 무작정 받아들여 주지 못한다. 곧 친근감에 대한 청소년의 열정은 초월적 만남을 지향하는 종교성에 가깝다. 예수 그리스도를 만날 때 친근감에 대한 무제한 욕구는 충분히 해소될 수 있다. 그리스도는 경쟁성과 효율성, 경제성과 소비성이 그들의 가치를 증명한다는 소비사회의 거짓 메시지를 일소한다. 그리고 청소년들이 '하나님의 형상대로 지음 받은 자(창1:26~27)'로, '끝까지 사랑하고 품는 자(요17:22-23)'로, '전에는 하나님의 백성이 아니더니 이제는 하나님의 백성(벧전2:9-10)'이라고 말씀하신다. 더 이상 거짓 거울에 속지 말고, 그리스도와의 친밀한 교제 가운데 살아가도록(요15:13) 초대한다.

이처럼 청소년기, 좋은 '거울 친구'를 만나는 것은 비교할 수 없을 정도의 가치를 갖는다. 미켈란젤로가 그랬듯이, 누군가 아름다움을 보는 안목으로 청소년의 내면에 감추어진 하나님의 형상을 꺼내어 줄 수 있다. '거짓 거울'은 왜곡된 자아상을 강조, 부각시킨다. '거짓 거울'을 깨뜨리고 '하나님의 형상'을 끌어내줄 '거울 친구'를 만난다면, 놀라운 변화가 나타날 수 있다. 청소년기는 제2의 창조기, 영적인 변화가 일어나는 결정적 시기이다. '거짓 거울'이 깨지고, 그리스도의 친구로 초대받는 만남의 기독교 교육이 더욱 필요하다.

3) 우정, 코이노니아

일반적으로 우정은 서로 비슷한 인격, 가치, 세계관을 가진 사람들이

---

[117] Kenda C. Dean, *Practicing Passion: Youth and the quest for a passionate church*, (Rapids, Mich:Erdmans, 2004), 84.

서로를 확고하게 만드는 관계이다. 반대로 기독교적 우정은 서로 많은 차이를 가진 사람들이 '그리스도의 이름'으로 교제하고 친밀감을 형성하는 관계이다. 공동의 가치와 세계관을 강조하는 '우정'과 반대로, 지상의 장벽과 차별을 넘어서는 기독교적 우정을 '코이노니아(koinonia)'라고 한다. 코이노니아는 차이를 넘어서 그리스도를 중심으로 만나는 사람들의 영적 교제이다. 서로의 다름이 그리스도의 이름으로 용인되는 교제를 지향한다. 청소년은 '다름'에 특히 민감하다. '동질성'을 확보하면서 자아정체감을 형성하다 보니 '다름'을 용납하지 못한다. 그래서 청소년기는 전체주의적 성향을 띤다. 곧 차이, 다름에 민감하게 반응한다. 아직 자기에게 확신이 없고, 자신을 표현하는데 서툴기 때문에 어른들을 꼰대라고 부른다. 남성 혹은 여성을 폄하 또는 혐오한다. 자기들과 잘 어울리지 못하는 친구들을 놀리고(bullying), 희생양으로 삼는다. 그러나 이러한 특성은 청소년기면 족하다.

사춘기 시절의 사고방식인 '희생양 만들기' 곧 '남 탓하기'를 반복하면서 삶의 분투, 갈등에 책임지지 않는 비현실적이고 무책임한 태도를 지속하는 성인들이 의외로 많다. 그래서 청소년기가 지난 후에도 '희생양 만들기'는 계속된다. 사회적으로 누군가를 '희생양'으로 만드는 것은 인류 사회에서 오랫동안 자행되어 온 사회적 범죄이다. 파커 팔머(Parker Palmer)는 '희생양 만들기'는 고삐 풀린 소비 보다 위험하다고 보았다. 인종, 사회, 계급, 종교, 이데올로기가 다른 사람들을 배제시키는 것은 민주주의를 위협한다.[118] 우리나라는 상하의 수직적 문화가 강하다 보니, 나이 차가 있는 사람과 '우정'을 만들기가 어렵다. 다른 문화권에서는 열 살 위 혹은 아래의 사람과도 말이 잘 통하면 '친구'가 된다. 연령, 세대, 성별, 종교적 다름에도 불구하고 좋은 친구가 될 수 있다. 다름은 때로 갈등을 유발하지만 연합 속에서 창조적 길을 제시한다. 남녀의 차이는 사랑을 만들어낸다. 에마뉘엘 레비나스(Emmanuel Levinas) 라는 철학자는 "메시아는 나와 너라는 관계에서 인격화한 신적 존재"라고 정

---

118) 위와 같음.

의한다.119) 나와 너의 다름에도 불구하고 대면하고, 대화하는 인격적 교류 속에 메시아, 구원자가 와 있다. '다름' 이라는 성질, 곧 타자성은 불편하지만 그 불편함 속에서, 하나님의 형상을 발견하는 것이 바로 코이노니아 이다.120) 그러므로 다름을 넘어서 친교하는 공동체는 청소년에게 좋은 본보기가 된다. 청소년에게 다른 사람들 속에서 어떻게 자기를 표현하고, 교제를 나눌 수 있는지 배워가게 한다. 청소년들은 자기 모습 그대로 수용해 주며, 소유가 아닌 나눔, 경쟁이 아닌 희생을 배우는 공동체에 소속되기를 간절히 열망한다. 따라서 좋은 공동체의 경험은 청소년들로 하여금 분열되고 계층화된 사회관계를 넘어설 수 있다는 희망을 품게 한다. 서로가 함께 책임을 지는 상호연대, 경쟁과 승패로 우열을 가리는 사회에 대한 대안을 꿈꾸게 한다.

톡!톡(Talk, Talk)!

- 나의 거짓 거울은 무엇인가?
- 청소년의 거짓 거울을 깨뜨릴 메시지는 무엇인가?
- 일반적 우정과 코이노니아는 어떻게 다른가?

---

119) 윤대선, 『레비나스의 타자철학』(서울: 문예 출판사, 2013), 53.
120) 고수진, "이타적 공동체의 회복을 위한 교육목회", 『기독교교육 논총』 42(2015. 6), 282.

5장

생각하는 청소년

1. 생각이 피어나는 사춘기

인지발달을 연구한 장 피아제(Jean Piaget)는 인지발달을 4단계로 구분한다. 감각운동기, 전 조작기, 구체적 조작기, 형식적 조작기 이다. 인지발달의 4단계 중, 청소년기는 형식적 조작기에 속한다.

그림11〉 피아제의 인지발달단계

형식적 조작기가 되면 추상적 사고, 추론 및 가설적 사고, 판단자적 사고, 자기 이론 확립 등이 가능하다. 청소년기를 가리키는 표현 중 대표적인 것은 사춘기(思春期)이다. 사춘기 하면 보통 신체적 발육을 많이 생각한다. 그런데 사춘기, 思春期의 한자적 의미는 '생각이 봄처럼 피어나는 기간'이라는 뜻이다. 봄에는 생명이 약동한다. 새싹이 돋고, 꽃이 핀다. 청소년의 생각은 봄의 새싹처럼 돋아난다. 그러면 생각이 돋아날 때, 어떤 특성을 보일까? 유아는 처음 말을 배울 때, '아니야, 싫어' 같은 말을 많이 한다. '아니야, 싫어'는 거절의 말이다. 영화 〈혹성 탈출〉은 침팬지가 진화되어 지구 정복을 꿈꾸는 이야기이다. 여기에 '시저'라는 침팬지의 두뇌가 발달하자, 언어를 구사하기 시작한다. 그런데 '시저'가 가장 먼저 뱉은 단어는 'No'이다. 인지발달의 특징이 '예'가 아닌 '아니오'로 표출된다는 것은 놀랍다. 생각이 피어나는 청소년들이 가장 자주 사용하는 말도 '아니', '싫어' 같은 거부의 표현이다. 청소년들은 반대 하려는 것이 아니라, 자기 자신에 대한 통제력을 가지려고 'No'를 한다. '자율성'은 거절, 거부를 통하여 표출된다. 거절당하는 것은 불편하고 불쾌한 일이다. 그래도 불쾌감을 이기고 자율성을 기뻐하고 축하할 수 있다면, 그보다 더 좋을 수 없다.

2. 형식적 조작기의 특성

1) 추상적 사고

추상적 사고는 눈에 보이지 않는 성질을 추측할 수 있는 인지능력이다. 나무, 컵, 숟가락, 강철 솜, 돌, 공 등을 물에 띄우는 실험을 했다. 대부분 물에 가라앉지만, 공은 물에 뜬다. 교사가 '왜 그럴까?, 왜 공은 가라앉지 않고 뜨는가?' 질문했을 때 아이들은 각기 다른 대답을 하였다.

교사: 왜 공이 물에 뜨지?
유아(전조작기): 내가 물을 뿌렸어요!!
어린이(구체적 조작기): 동그란 모양이라서요!!!
청소년(형식적 조작기): 안에 공기가 들어 있어요.

전조작기의 유아는 "내가 물을 뿌려서"라고 자기중심적으로 대답한다. 구체적 조작기의 아동은 "그것이 무거워서 혹은 길어서, 동그래서…"라고 눈에 보이는 대로 대답한다. 하지만 눈에 보이지 않는 성질을 파악할 수 있는 청소년은 "공이 물에 뜨는 이유는 공기로 부풀어있기 때문"이라고 대답한다. 곧 사물이 내포하고 있는 성질, '공기'를 고려하기 시작한다. 이처럼, 형식적 조작기가 되면 추상적 사고가 가능하다. 사물의 속성을 파악할 수 있고, 사물과 사물이 만났을 때 어떤 성질이 나타나는가? 그 상호성을 파악할 수 있다. 공과 벽이 만났을 때 공이 튕겨져 나오는 반동적 상호성, 물과 빛이 만났을 때 굴절 되는 상호성, 공과 기울어진 바닥이 만났을 때 떼굴떼굴 구르는 상호성을 고려할 수 있다. 사물의 성질 뿐 아니라 단어 혹은 말, 문장에 담긴 속뜻도 이해할 수 있다. 그래서 청소년기가 되면 비유, 은유, 풍자, 암호, 신조어를 사용할 수 있다. 예를 들면 영어단어 같은 경우 스펠링을 풀어서 L-O-V-E 라고 암호같이 말한다.

○ 어쩔티비: 어쩌라고? 가서 TV나 봐라.
○ 스불재: 스스로 불러 온 재앙
○ 억텐: 억지로 텐션을 불러일으킴
○ 좋댓구알: 좋아요, 댓글, 구독, 알림설정 눌러주세요!
○ 갓생: 갓(God)+생(life), 부지런히 성취하는 사람
○ 점메추: 점심 메뉴 추천
○ 킹받다: 열 받다를 강조한 말, 킹(king)은 강조어
○ 오운완: 오늘 운동 완료

청소년이 신조어를 암호로 사용하는 것은 의미가 통하는 사람들끼리 주고받는 재미 때문이다. 초등학생이나 성인들은 이해할 수 없는 암호로 통하는 재미를 느낀다. 추상적 사고를 하는 청소년들은 '신조어', '암호'를 만들고, 단어를 결합하거나 생략함으로서 친구와 '말장난'을 한다. 지능이 고도로 발달하고 있다는 증거이다. 이런 신조어를 사용하는 청소년의 마음은 "나 어쩔? 머리 너무 좋은 거 아님?"일지도 모르겠다.

2) 추론 및 가설적(if) 사고

청소년은 추론과 가설적 사고가 가능하다. 첫째 추론은 어떤 사실들로부터 결론이나 명제를 끌어낼 수 있는 사고 능력을 말한다. 만약 밤에 눈이 왔는데, 아침에 눈은 없고 물이 남아 있다면 날이 따뜻해서 눈이 녹았다고 추론할 수 있다. 날이 궂어서 해가 보이지 않을 때 유아는 '햇님이 없다'고 말할 것이다. 추론이 가능한 청소년은 먹구름이 해를 가렸다고 추론한다.

○ 밤에 눈이 왔다.
○ 아침에는 눈이 없고 물이 있다.
○ 기온이 올라가서 눈이 녹았나보다.

두 번째 가설적 사고는 영어의 if 라는 가정법적 사고이다. 가설적 사고를 하면서, 청소년은 실재 사실, 모습, 형태에 얽매이지 않는 사고를 할 수 있다. 아동기, 구체적 조작기에는 현실과 실재에 얽매인 사고를 많이 한다. 눈에 보이는 논리에 얽매여 있는 반면 형식적 사고는 실재를 넘어서 융통성 있는 사고를 할 수 있다.

○ 만약, 신라가 아닌 고구려가 삼국을 통일했다면 우리나라는 현재 어떤 모습일까?
○ 만약, 내가 다른 집에서 태어났더라면 나는 어떤 사람이었을까?
○ 만약, 내가 대학에 가지 않는다면 어떻게 될까?
○ 만약, 내가 복권에 당첨된다면 나의 미래는 어떻게 달라질까?

중고등학교 역사시간에 가장 재미있었던 가설은 '만약 신라가 삼국을 통일하지 않았다면'처럼 역사적 사실을 뒤집은 것이었다. 사실 그대로가 아닌 가능성의 추측은 이야기에 흥미를 더해준다. 가설적 사고는 사실이 아닌 것을 상상하는 것이고, 추론은 그렇게 했을 때 어떤 결과가 나오는지 결과를 추측하는 것이다.

청소년은 추론이 가능하고, 가설적 사고도 가능하다. 그리고 이 둘을 함께 하는 것이 가능하다. 어떤 선택이 좋을지 가정하고, 선택의 결과가 어떻게 달라지는지 추론할 능력이 있다. 진로를 선택할 때 '만약 내가 A가 아닌 B를 선택한다면, A도 B도 아닌 C를 선택한다면 어떠할 것이다' 라는 가설을 세워볼 수 있다. 중, 고등학교 때 친구들 사이에 인기 있었던 영화로 '슬라이딩 도어(Sliding Door)'가 있었다. 지하철을 탔을 때와 놓쳤을 때, 한 여인의 삶이 어떻게 달라지는지 구성한 영화이다. '만약 5분 일찍 지하철을 탔더라면'의 가설로 한 여인의 삶이 다르게 구성되는 것을 보여준다. 5분 일찍 혹은 5분 늦게라는 '가설로 만들어진 2개의 이야기'는 '가능적 추론'에 매력을 느끼는 청소년들에게 깊은 인상을 남겨주었다. 물론 그 당시 통학 버스를 타려고 뛰는 청소년들의 상황에 걸맞기도 하였다. 청소년기는 현재의 시공간을 뛰어넘는 존재, 세계, 체험에 대한 호기심이 풍부해진다. 판타지 소설, 영화, 종교적 현상, 기적 등에 관심을 갖는다. 그래서 현상 뒤에 숨겨진, 감추어진 의미를 찾는데 초점을 맞춘다. 그러다 보면 틀에 박힌 듯 반복되는 관습, 의례, 형식이 지루하게 느껴지기도 한다.

3) 판단자적 사고

판단자적 사고는 재판관처럼 생각하고 말하는 것이다. 청소년기가 되면 유독 비판이 많다. 그 이유는 '거리, 무게, 크기에 대한 비례감각과 평형감각'이 생기기 때문이다. 물론 구체적 조작기, 아동기에도 '무게와 거리'의 비례 법칙, 양팔 저울의 균형 등을 파악할 능력이 있다. 하지만, 형식적 조작기가 되면 왜 불균형인지 파악하고, 그것을 균형으로 조정할 수 있다. 양팔 저울, 시소게임에서 균형을 맞춘다. 비례, 평형, 균형 감각을 익히면서 사회적 정의, 궁극적 선과 같은 비례 개념이 포함된 추상화된 관념들을 이해할 수 있다. 그러면서 궁극적 선, 정의에 대한 이상을 갖는다. 무엇이 가장 이상적이고, 아름다운지 알게 된다. 그 결과 이상주의에 맞지 않는 현실에 대한 판단자적 사고를 한다. 곧 비판적 태도를 취한다. 엘킨드는 청소년의 이상주의를 바탕으로 한 사회 비판, 개혁의 의지를 '**법관적 사고, 판단자적 사고**'라고 이름 붙인다.121) 현실 세계를 가장 완벽한 가능성의 세계, 가상적 세계와 비교한다. 이상과 현실의 비교에서 나오는 비판은 무자비하고 비현실적이다.

그러면 현실 세계를 비판하는 청소년들이 현실의 변혁, 수정을 위하여 어떤 노력을 할까? 거친 비평, 감상적 반항, 끊임없는 논쟁으로 성인들이 타협적이고 최고의 이상을 따라 살지 못한다고 경멸하고 비판한

---

121) David Elkind, 김성일 옮김, 『다 컸지만 갈 곳 없는 청소년』 (서울: 교육과학사, 1996), 92.

다.122) 사실, 청소년들은 끊임없는 논쟁으로 정신적 혼란을 감춘다. 사회에 대한 개혁의 열망이 강렬하지만 비판을 위한 비판, 논쟁을 위한 논쟁일 뿐이다. 말하자면, 어설픈 이상주의자의 궤변이다. 그 중에는 진짜로 사회 개혁운동에 동참하는 청소년도 있다. 스웨덴의 환경운동가 그레타 툰베르(Greta T. E. E Thunberg)는 11세부터 환경운동을 시작하였다. 십대는 세계의 균형과 평형에 대한 이상주의적 실천에 동참하려는 의지가 있다. 물론 일종의 이벤트적 성향이 강하고 이율배반적인 모습도 보일 것이다. 유럽에서는 시간, 장소를 정하고 뜻을 모은 이들이 함께 집단행동을 하는 플래시 몹(flash mob)에 많은 십대들이 동참한다. '지역경제 살리기' 사이클 플래시 몹은 중간 중간, 마을에 들러서 지역 소산물들을 구매하는 운동을 한다. 그런데 이런 유익한 사회 운동에 동참한 십대들이 길거리에 쓰레기를 버리고 간다든지, 너무 시끄럽게 떠들어서 인상을 찌푸리게 하는 모순적 행동을 할 수 있다. 판단자적 사고를 하는 청소년의 사회 개혁 운동은 어설프고 이율배반적이다. 그러므로 토의, 토론으로 사고의 계발을 촉진하면서도 자기 생각의 모순을 성찰하는 교육이 필요하다. '비판' 이면에 숨겨진 '정의', '궁극적 선'에 대한 열망은 존중하되 큰 열정을 작은 실천으로 옮기도록 조언하는 것도 유익하겠다.

4) 자기이론 확립

청소년은 자기 이론을 만들어 갈 수 있다. 보통 이론 확립은 학자들만 가능하다고 생각한다. 알고 보면 사회적 공증을 못 받았을 뿐 사람들은 대부분 자기만의 이론을 가지고 있다. 이론(theory)의 어원은 'theosis'이다. 'theosis'는 '자기의 마음을 깊이 본다'는 뜻이다.123) 청소년들은 자기만의 고유한 생각을 보고, 주장하면서 확고하게 만든다.

---

122) Gabriel Moran, 사미자 옮김, 『종교교육 발달』 (서울: 대한예수교장로회 총회출판국, 1989), 90.
123) 배철현, 『인간의 위대한 질문』 (서울: 21세기 북스, 2015), 47.

이를 '자기 이론 확립'이라고 부른다. '이론'은 다른 사람들의 공감, 동의가 있을 때, 힘을 얻을 수 있다. 곧 공신력을 갖는다. 학교에서 학생들을 가르치다 보면, 왜? 어려운 이론을 배워야 하는지? 납득하지 못할 때가 있다. 이론은 오랜 시간 동안 사람들의 공감, 동의를 얻어 확립된 것이다. 따라서 현실을 해석할 수 있는 기본 틀을 얻을 수 있다.

청소년들은 자기 이론을 확립하는 과정에서 자기주장을 한다. 하지만 청소년의 생각, 이론은 그야말로 '거친 생각'이다. 잘 다듬어지지 않은, 거친 생각을 더 거칠게 주장한다. 어른의 입장에서, 청소년의 거친 생각과 주장은 말대꾸, 황당한 궤변에 지나지 않는다. 그래서 청소년은 어른들로 부터 "말대꾸 하지마!"는 잔소리를 자주 듣는다. 말이 끝나기가 무섭게 자기주장을 해대는 청소년의 말대꾸를 참아내기란, 누구에게도 쉽지 않은 일이다. 청소년은 신체적으로도 울퉁불퉁 자라지만 인지적으로도 그렇다. 생각의 능력을 연습하고 활용하는 과정에서도 좌충우돌이 나타난다. '자기주장', 일명 '말대꾸'는 주변 사람들과 충돌을 만든다. 사실, 청소년의 자기 이론은 아직 확신이 부족한 상태이다. 절대적 맹신처럼 보이지만, 실상 자신감이 없어서 더 목소리를 높이는 것이다. 이것은 마치 학교에서 구구단을 암송한 아이가 시키지도 않았는데, 구구단 암송 능력을 자랑하는 것과 비슷하다. 청소년들은 새로 생긴 인지능력을 연습하고 자랑하고 싶다. 그래서 자기 이론의 주장을 연습한다.

5) 인지발달에 적응

인지발달은 청소년에게 적응이라는 과제를 부여한다. 급격한 신체발달과 마찬가지로, 청소년의 인지적 변화도 적응을 필요로 한다. 엘킨드는 청소년들의 인지발달 적응상태에 대하여 다음과 같이 서술하고 있다.

청소년이 새로운 사고방식에 적응하는 것은 당면한 가장 어려운 과제 중 하나인데, 이는 명백한 사실로 받아들여지는 것이 아니다. 마치 갑자기 커진 키, 체형, 안면구조(코가 턱 보다 먼저 자람)에 적응해야 하는 것처럼 인지발달 역시 적응하는데 어려움이 따른다. 그리고 그들의 새로운 지적 능력은 신체변화와 사회적 관계에 대처하는 방법을 변형시키고 다채롭게 만든다.[124)]

청소년이 신체적 변화에 적응할 필요가 있다는 것은 누구나 안다. 그러나 인지발달에 대한 적응의 필요성은 상식이 아니다. 또한 인지발달의 적응은 신체적 발달의 적응만큼이나 쉽지 않다. 그러면 청소년의 인지적 좌충우돌을 어떻게 도와줄 수 있을까? 그저 황당한 궤변이나 말대꾸로 치부하는 것은 쉽지만, 건설적이지 않다. 청소년은 메타인지가 가능하다. 메타인지는 자신의 생각을 하나의 객체로서 파악하는 것이다. 곧 '자기 생각에 대한 성찰'이 가능하다. 자기가 생각하는 바가 무엇이며, 이러한 생각의 근원, 배경이 무엇인지 반성적으로 사고할 수 있다. 청소년기 주장의 편협성 혹은 미성숙을 증명하기 보다는 스스로 자기 생각을 평가할 수 있는 개선의 기회를 마련해 줄 수 있다. 생각을 기록, 평가, 실천, 그리고 실천의 결과를 반성하게 한다. 이는 자기주장의 어리숙함, 편협함을 깨닫게 할 뿐 아니라 메타인지를 활성화시킬 수 있다. 청소년으로 하여금 기성세대의 한계만 볼 것이 아니라, 자기 생각의 한계도 보게 한다. 그런 말이 있다. 청소년이랑 술주정하는 사람과는 말을 섞는 게 아니다. 술주정꾼과 달리 청소년은 지금 '성장 중'이라는 건설적인 목표가 있다. 그러므로 새롭게 등장한 인지 능력을 연습, 활용하도록 촉진하는 방안을 모색해 보아야 할 것이다.

톡!톡(Talk, Talk)!

- 청소년의 인지적 특징은 무엇인가?
- 청소년의 인지적 변화는 생활 속에서 어떻게 표출되는가?
- 말대꾸, 비판, 논쟁하는 청소년을 교육할 방안이 있을까?

---

124) David Elkind, 『다 컸지만 갈 곳 없는 청소년』, 27. 33.

3. 자기중심적 성격

데이빗 엘킨드(David Elkind)는 청소년의 '말장난, 비판을 위한 비판, 말대꾸 등'의 특징은 인지 발달의 결과라고 보았다. 청소년의 인지 발달이 성격, 사회성 변화에 영향을 미친다는 것이다. 청소년기만의 고유한 성격적 특징은 무엇인가? 엘킨드는 청소년 특유의 사회인지적 특성을 '자아 중심성'이라 불렀다. 자아 중심성은 청소년기에 보이는 발달적 속성의 하나로, 11~12세에 시작하여 15-16세경에 정점을 이룬다. 다양한 대인관계의 경험으로 자기와 다른 사람에 대한 이해가 생기면 서서히 사라진다.

그림12〉 질풍노도의 다양한 원인

청소년의 질풍노도, 폭풍 같은 스트레스의 원인에 대한 해석은 다양하다. 스텐리 홀은 신체적 변화, 특히 호르몬의 작용이라고 보았다. 해리 설리번은 갑자기 확대되고 복잡해지는 사회적 관계 때문이라고, 미드는 문화적 환경, '선택을 강요하는 문화'가 질풍노도를 부추긴다고 해석하였다. 청소년의 인지발달을 연구한 데이빗 엘킨드(David Elkind)는 '급격한 인지발달에 대한 적응'이 그 원인이라고 보았다.

1) 2nd 자아 중심성

청소년기가 되면 전체적인 변화에 몰입된 나머지 주변 사람들을 잘 인식하지 못하는 '자기중심성'이 재출현한다. '재출현'이란 그 이전에 출현했던 적이 있다는 뜻이다. 그러면 자기중심성의 첫 번째 출현은 언제인가?

첫 번째 자기중심성은 유아기에 출현한다. 유아기의 자기중심성은 아예 다른 사람의 관점을 '모름'이다. 타자의 관점이 자기와 다르다는 것을 모르고, 사물의 다른 측면을 못 본다. 그래서 사물이나 사람을 그릴 때 자기가 보는 측면만 그린다. 앞모습만, 혹은 옆모습만, 또는 뒷모습만. 그래서 그림이 전혀 입체적이지 못하다. 청소년의 자기중심성은 자기에게 몰입되어 있는 자기중심성이다. 타인의 관점을 알아줄 만한 생각, 마음의 여유가 없다. 그만큼 자기 자신에게 몰입되어 있다. 이렇게 자기중요성에 사로잡힌 청소년의 자기중심성을 '형이상학적 자기중심성'이라고 부른다. '형이상학적 자기중심성'은 자기세계 몰입, 비현실적 문제 추론, 공상적 장면 예측, 현실 보다 미래에 대한 이상적 구성 등으로 세계를 재구성할 정도로 강력하다.[125] 자아중심성의 재출현으로 청소년들은 과도한 자의식을 갖는다. 과도한 자의식이란, 자기 자신에 대한 정도 이상의 관심을 말한다.[126] 엘킨드는 인지발달이 '과도한 자의식'의 원인이라고 보았다. 유아기와 청소년기의 '자기중심성'은 발달적 속성으로 정상적 범주에 속하며 크게 문제되지 않는다. 자기중심성은 11~12세쯤 시작하여 15~16세경에 절정에 도달한다. 그리고 대인관계에서, 자기중심성으로 발생하는 충돌을 경험하면서 서서히 완화될 수 있다. 만약 자기중심적 성향을 강하게 띤 성인이 있다면 다 큰 어른임에도 불구하고 어린아이나 청소년처럼 보일 수 있다. 엘킨드는 청소년의 자아 중심성이 '개인적 우화'와 '상상적 청중'의 형태로 나타난다고 보았다.

2) 개인적 우화

---

125) 오인탁 외, 『기독교교육론』, 108.
126) 앞의 책, 40.

개인적 우화는 '자기 존재의 중요성, 영속성 그리고 불멸성에 대한 비합리적 확신'이다. 자기를 '무적의 방패'로 둘러싸는 개인에 대한 '우화적' 사고로서 무모함과 희망을 동시에 갖게 하여 다소 허황되고 위험하다. 자기 존재의 불멸성에 대한 근거 없는 확신은 청소년들을 과격한 행동으로 몰아갈 수 있다. 곧 '음주 운전, 폭주, 마약, 문란한 성적 행동' 등 과격하고 파괴적인 행동을 할 수 있다. 자기는 특별한 존재이므로 그러한 행동이 가져다 줄 부정적 결과가 미치지 않을 것이라고 가정하기 때문이다.[127] '다른 사람들은 나이가 들고 죽겠지만 나는 그렇지 않을 것이다', '다른 사람들은 인생의 야망을 실현하지 못하겠지만 나는 실현할 것이다', '심각한 병은 다른 사람의 부모나 가족에게 일어나는 것이지 내 가족에게는 생기지 않아야 한다' 와 같은 생각이다.

개인적 우화는 위험성이 수반되는 행동으로 나타난다. 헬멧 없는 오토바이 운전, 파도가 높은 날 파도타기, 무면허 운전 등 개인의 한계를 무시한다. 개인적 우화가 나타나면 주의 깊은 자기 보호를 놓칠 수 있다. 또한 로맨스에 치중하는 모습으로도 나타난다. 자기 경험이 고유하고 특별한 것이라고 믿기 때문에 "나의 사랑이 어떤 느낌인지 너는 모를 거야"라고 자기 사랑의 '유일성'을 표현한다. 그러나 '우화적 성향'이 강하기 때문에 대상 보다는 자기감정과 로맨스에 몰입하는 경우가 많다. 보통, 개인적 우화는 여아 보다는 남아에게 더 강력하게 나타나는 경향이 있다.

개인적 우화에도 긍정적 측면이 있다. 자신에 대한 과신 혹은 희망으로 빈곤퇴치, 환경 운동, 시민운동에 적극적으로 가담할 용기가 생기면서 기성세대가 이루지 못했던 가능성들을 실행에 옮길 수 있다.[128] 현실 검증능력, 자신과 타인의 실체에 대한 객관적 인식, 타인과 친밀한 관계 정립이 가능해지면 개인적 우화는 점차 사라진다.[129] 성인이라도 감각적

---

[127] 권이종, 김용구, 『청소년 이해론』, 102.
[128] 위와 같음.

경험 또는 위험 행동에 몰입하는 정도가 크다면, 개인적 우화가 남아 있다고 보아야 할 것이다.

3) 상상적 청중

자기중심성의 또 다른 형태는 '상상적 청중(imaginary audience)'이다. '상상적 청중'은 자기가 청중의 집중적 관심과 주의 대상이 되고 있다고 상상하는 것이다. 자기는 언제나 무대 위에 있으며 주변의 모든 사람들이 그들의 외모와 행동을 인식하고 관심을 보인다고 느낀다. 과도하게 타인의 시선을 의식한다. 그래서 상상 속의 청중을 즐겁게 해 주려고 많은 힘을 들인다. 눈치 채지도 못하는 작은 실수에 번민할 뿐 아니라, 자기 위신을 손상시킨다고 생각되는 작은 비난에도 심한 분노감을 표출할 수 있다.130)

상상적 청중이 출현하면 마치 무대 위의 배우처럼 행동한다. 거울 앞에서 외모에 대한 관객, 청중의 반응을 상상하며 몇 시간을 보낼 수 있다. 그리고 자기 외모에 대한 다른 사람들의 평가에 민감하게 반응할 것이다. 예를 들어 헤어스타일을 바꾸었는데 조금 마음에 들지 않을 경우 전교생이 나의 바뀐 헤어스타일을 눈치 챘다고 추측한다. 필자는 중학교 다닐 때 '치마를 입는 두어 달'의 기간이 있었다. 언니와 같은 학교를 다녔기 때문에 두 달 동안 치마를 입으면 늘 스타킹이 부족했다. 어쩌다 올이 나간 스타킹을 신으면, 전교생이 다 내 다리만 보는 줄 알고 무척 창피하게 생각했다. 아마도 상상적 청중이었나 보다. 대학교 신입생 중에 커플이 되었다가 깨지면, 학교를 휴학하는 이들이 있다. 모두가 우리 커플이 깨진 것을 알 것이라고 생각하고, 창피해 한다. 이것도 역시 상상적 청중이다. 사실, 가까운 친구들 말고는 관심도 없다.

---

129) 위와 같음.
130) 앞의 책, 102~103.

상상적 청중은 14~15세쯤 가장 높게 나타나고 이후부터 서서히 감소한다. 부모님과의 애착 불안, 부정적 자아개념, 대인관계에서 사회적 기술이 부족한 청소년들에게 높게, 오래 동안 나타난다.131) 만약 청소년기에 적절한 대인관계 경험이 부족하고 사회적 교류가 불충분하다면, 더 지속될 것이다. 상상적 청중에 기여하는 과도한 자의식은 성인기에도 지속 되는 특성이므로 대학생, 청년들에게도 나타날 수 있다.132) 상상적 청중과 개인적 우화는 청소년들이 자신에게 과도하게 몰입하고 있음을 나타낸다. 자신의 이미지를 찾고 '내가 누구인지' 정의하는데 몰두하기 때문에 실제적인 관계를 형성하는데 취약하다. 누군가를 짝사랑하지만 사실 그 대상과 교류하기 보다는 상상 속의 인물, 이상형에 도취되어 있다.

'500일의 썸머(Summer, 여름)' 라는 영화는 톰과 썸머의 어설픈 사랑을 주제로 한다. 톰과 썸머는 회사에서 썸머를 보고, 첫눈에 반한다. 하지만 톰은 썸머 라는 사람보다는 자신의 '로맨스'에 집중한다. 톰에게 썸머와 지내는 시간은 아름다운 러브 스토리이다. 썸머는 잡힐 듯 잡히지 않고 톰을 떠나간다. 갑자기, 결혼 소식을 들려주는 썸머 앞에서 톰은 자기가 환상을 붙잡고 있었음을 깨닫는다. 톰의 관점으로 두 사람의 사랑을 보여주던 영화는, 이들이 헤어지고 난 후에야 관계의 실상을 드러낸다. 사실, 톰은 '운명', '로맨스'에 취해서 썸머의 취향, 생각, 감정을 놓치고 있었다. 썸머는 공감능력이 떨어지는 톰을 보면서 '이 남자 참 답답하네~', '나랑 잘 통하지 않네' 하는 생각을 하고 있었다. 톰은 로맨스에 취해서 썸머와 적절히 교류하지 못했던 것이다. 영화는 이렇게 로맨스에 취한 설익은 사랑을 '썸머 효과' 라고 부른다. 그리고 썸머가 결혼하고 난후, 톰은 어우텀(Autumn, 가을)이라는 여자와 만난다. 가을

---

131) Kristine M. Kelly, Warren H. Johes, Jeffery M. Adams, "Using the imaginary audience scale as a measure of social anxiety in young adults", *Educational and Psychological measurement*, V. 62, no. 5, (2002, 10), 901.
132) 권이종, 김용구, 『청소년 이해론』, 103.

이라는 이름은 톰의 성숙한 사랑이 시작하고 결실을 맺을 것을 암시한다.

청소년기는 상상과 현실이 결합되거나 상상이 현실 속에 투영되어있다. 만약 성인들이 청소년의 개인적 우화나 상상적 청중을 정면으로 반박한다면 더욱 자신의 입장을 공고하게 만들 수 있다. 자신이 특별하고 가치 있다는 것을 인정하면서도 다른 이들의 존귀함과 개별적 독특함을 존중하도록 조언해야 한다. 타인과 교류하면서 자신에 대한 견해를 듣고, 타인에 대한 상상이 상대적이라는 것을 알게 되면 상상적 청중은 서서히 감소된다.

톡!톡(Talk, Talk)!

- 인지 발달은 청소년에게 어떤 성격을 갖게 하는가?
- 유아기와 청소년기의 자아중심성은 어떻게 다른가?
- 청소년기에 상상적 청중, 개인적 우화의 실제 경험을 나누어 봅니다.

4. 생각을 촉진하는 질문 교육

1) 종교적 사고 가능기

청소년기가 되면, 추상적 사고를 할 수 있고, 종교는 추상의 영역을 다룬다. 그래서 청소년기가 되면 초월적인 것에 관심이 많다. "초월적 세계 또는 영적 실체는 존재하는가?", 하는 호기심부터 인생에서 가장 의미 있고 가치 있는 것은 무엇인가? 하는 '궁극적 물음'에 이르기 까지. 영국(United Kingdom)의 공립학교는 종교 과목이 있다. 19C의 종교 과목은 '요리문답'이나 '윤리'를 가르치는 과목이었다. 그런데 로널드 골드만(Ronald Goldman)이 어린이, 초등학생에게 추상적인 종교 과목을 가르치는 것은 바람직하지 못하다고 주장하였다. 종교적 진리를 이해하려면 추상적 사고 능력이 전제되어야 하고, 그것은 청소년기가 되어야 가능하기 때문이다.133) 세월이 흘러, 영국은 다문화, 다종교 사회가 되었다. 공립학교의 종교과목은 다양한 종교와 문화를 교육하는 시간으로 사용되고 있다. 종교과목이 변형된 이유는 다양한 종교를 가진 이주민들이 영국에 흘러들어 오면서 그들과 융합하기 위한 교육 정책이다.

청소년기가 되면 '나는 누구인가?', '다른 사람들은 나를 어떻게 보는가?', '나의 문제, 장벽은 무엇인가?', '나는 나의 문제를 어떻게 해결해야 하는가?', '내게 중요한 것은 무엇인가?', '나는 어떻게 우선순위를 분별해야 하는가?', '나는 어디로 나아가야 하는가?' 등 인생의 근원에 대한 물음이 많아진다. 인생을 이끌어가는 물음들에 대한 궁금증이 생기는 이유는 청소년들의 인지능력이 발달했다는 것을 뜻한다. 청소년들은 과거, 현재, 미래에 대한 시간적 사고가 가능하다. 시간적 사고의 발달은 출생과 죽음을 고려하게 만들기 때문에 종교적 사고를 할 수 있다. 골드만은 추상적 사고가 가능한 14세 부터 비로소 종교적 사고가 가능하므로 종교 교육도 가능한 연령대라고 주장한다.134) 빅터 프랭클(Victor E. Frankl)은 인간이 삶의 의미를 찾으려면, 보다 위대한 존재들을 믿고 의지할 필요가 있다고 말한다.135) 청소년은 자기 삶의 의미를 찾기 위하여 궁극적 존재를 의지한다. 신, 신앙, 종교와 자기 삶의 연계성에 대하여 질문한다. '신앙은 인생의 물음, 문제들에 답을 줄 수 있는가?', '하나님은 이 세계 어디에 계시되고 있는가?', '살아계신 하나님은 내 삶의 자리 어디에서, 언제, 어떻게 개입하시는가?' 알고 싶다. 자기 인생의 추상적, 궁극적 의미와 목적을 고려하기 시작한다. 그러므로 이제는 우리는 "논리적 사고가 가능한 청소년들을 어떻게 신앙 교육하는 것이 바람직한가?" 물어야 한다. 청소년의 신앙 교육은 아동기와 어떻게 구분되면 좋겠는가?, 청소년의 종교적 사고를 촉진하려면 어떻게 교육하

---

133) Ronald Goldman, *Religious Thinking from Childhood to Adolescence*. (London and Henley: Routedge and Degan Paul, 1965), 3.
134) 앞의 책, 67.
135) Victor Franckle, 이시형 옮김, 『삶의 의미를 찾아서』 (서울: 청아, 2016), 148.

는 것이 좋은지 고민할 필요가 있다.

톡!톡(Talk, Talk)!

- 신앙 교육이 가능한 시기는 언제라고 보는가?
- 무신론적, 다원주의적 종교교육에 대한 나의 견해는 무엇인가?
- 청소년 신앙교육에 적합한 방법을 제안해 보자.

2) 강론하는 교육

성경의 '쉐마'는 유명한 교육 강령이다. 약속의 땅으로 들어가는 이스라엘의 후손들이 하나님의 구원을 잊지 않도록 교육하라는 명령이다.

> 이스라엘아 들으라(쉐마)... 네 자녀에게 부지런히 가르치며 집에 앉았을 때에든지 길을 갈 때에든지 누워 있을 때에든지 일어날 때에든지 이 말씀을 강론할 것이며 너는 또 그것을 네 손목에 매어 기호를 삼으며 네 미간에 붙여 표로 삼고 또 네 집 문설주와 바깥문에 기록할지니라 (신 6:4, 7~9)[136]

쉐마로 알려진 이 말씀에는 자녀에게 무엇을 가르쳐야 하는가? 하는 교육의 내용은 구체적이지 않으나, 교육의 방법은 구체적으로 들어있다. 감각을 통한 오감 교육과 강론하는 방법이다. 히브리인들이 기호를 삼기 위하여 말씀을 넣어 집 문설주에 붙인 메주자에 대하여 많은 이들이 알고 있다. 메주자 안에는 성경구절이 두루마리로 보관되어 있다. 손목, 미간, 문설주에 표를 삼은 것은 출애굽, 유월절을 기념하는 감각적 교육이다. 유월절 접시와 안식일 식탁보에도 말씀이 새겨져있다. 먹으면서 말씀을 읽는

그림13〉메주자

---

136) 개역개정 성경

다. 말씀을 들으면서 음식을 먹는다. 곧 하나님의 말씀은 감각을 통해서 몸으로 기억, 체화된다.

표5〉 절기교육

그러면 강론은 무엇인가? "이 말씀을 강론할 것이며"137)에서 '강론(講論)'은 '가르치고 토론하다'는 뜻이다.138) '강론'을 '하브루타' 교육이라고 부른다.139) '짝을 지어 질문, 대화, 토론, 논쟁하는 교육'으로 잠들기 전 자녀에게 성경을 들려주는 이야기(bedtime Story), 안식일 식탁에서 약 3시간 동안 진행되는 대화 그리고 회당에서 공식적으로 진행되는 교육 방식이다.140) 하브루타 교육은 히브리인들이 민족의 정체성을 유지해 온 비결이다. 가족, 회당, 학교에서 서로 질문하는 교육 방식은 이스라엘 역사 속에서 가장 권위 있는 교육의 형태이다.

3) 왜? 궁금증

청소년기가 되면 궁금증이 폭발한다. 청소년의 인생과 신에 대한 왜? 궁금증은 개인적 문제뿐 아니라 사회적 이슈에서도 나타난다. 청소년들

---

137) 위와 같음.
138) 전성수, 이익열, 『교회 하브루타』 (서울: 두란노, 2016), 41.
139) 위와 같음.
140) 앞의 책, 41~42.

은 '전능하신 하나님, 절대적으로 선하신 분'이며, 완벽한 정의와 사랑으로 자기를 보호해주기를 기대한다. 그런데 자신의 기대와 어긋나는 현실을 만나면, 그 하나님에 대한 궁금증이 생긴다. 왜? 이런 일이 생기는가? 이것은 자기 삶의 궁극적 의미를 갖고 싶다는 열망의 표현이다. 신앙에 대한 물음이 회의로 넘어가지 않으려면 아동기까지 배워온 하나님에 대한 이해가 자기 삶과 어떻게 연결되어야 하는지 알아야 한다. 이렇듯 신과 인생에 대한 궁금증이 일어나는 것은 자기 인생에 대한 의미 있는 해석이 필요하다는 뜻이다. 그러므로 청소년기 내면에서 발생하는 물음들을 따라 가다보면 그들을 진리의 문으로 인도할 수 있다. 자기 인생의 의미를 알고 싶은 청소년에게 어떤 교육방법이 적합할까?

왜? 궁금증이 많은 청소년들에게 질문은 아주 유익한 교육방법이다. 첫째 질문은 청소년의 마음을 열고, 유대감을 형성하도록 도와준다. 청소년은 개방적이지 않다. 특히 청소년 초기는 관계를 형성하는 것이 어렵다. 자기의 인격을 형성하고 있는 청소년들은 까다롭다. 질문은 까다로운 청소년들을 쉽게 관계로 초대한다. 질문은 마치 악수와 같이 상대방을 관계로 초대하고 상호 주관적 교류를 가능케 하는 기능이 있다.[141] 대상이나 상황을 통제하는 질문, 의도된 답을 유도하는 질문, 애매모호한 질문 등의 부적절한 질문이 아니라면, 질문은 상대의 마음을 열고, 더 깊이 서로를 알아가도록 안내하는 환대의 성격을 갖고 있다.

둘째 질문은 청소년의 사고를 촉진한다. 청소년들은 도마처럼 의심이 많다. 의심은 감정이 뒤엉켜 있는 상태이다. 질문은 의심을 감정과 분리시켜서 이성적, 논리적 형태로 바꿔주는 역할을 한다. 문제를 이성적 방식으로 직면하면서, 무엇이 문제인지, 내가 왜 그것을 문제 삼는지 생각할 기회를 제공한다. 문제로부터 변화를 원한다면 더 나아가 어떻게 참여할지 선택, 결정하게 해야 한다. 질문은 '자신과 대화하면서' 생각을

---

[141] James O. Pyle, Maryann Karinch, 권오열 옮김, 『질문의 힘』 (서울: 비즈니스북스, 2017), 39.

정리하게 한다. 강의법이 주입(input)하는 교수법이라면 질문법은 끌어내는(output) 교수법이다. '질문'을 받으면 어떻게든 머릿속에 든 생각을 정리하고, 내면의 갈등 속에서 생각은 젤리처럼 형태를 갖추게 된다.142)

셋째 질문은 문제를 회피하지 않고 대면하게 한다.143) 문제를 만났을 때 사람은 마비되는 것 같은 증세를 보인다. 이를 무응답효과(No-Reply effect)라고 한다. 무응답효과는 자기 문제를 인정 혹은 대면하지 못하는 상태를 말한다. 질문은 거부감 없이 자신의 문제와 직면하도록 도와준다. 적극적으로 자기 상태를 직면하고 그 상황을 극복할 수 있는 전환점을 마련해 주는 것이다. 문제와 직면함으로서 세상이 알려준 답에 적당히 자기 생각을 끼워 맞추는 것이 아니라 '자신만의 지혜'를 찾아가도록 도전할 수 있다. 곧 질문은 청소년이 문제를 회피하지 않고 직면하도록 용기를 불어넣어 준다.

톡!톡(Talk, Talk)!

- 청소년의 '왜 궁금증'은 무엇인가?
- 쉐마의 교육 방법과 내용은 무엇인가?
- 청소년에게 질문 교육이 유익한 이유를 덧붙여 보자.

5. 다양한 질문 유형

1) 자기 탐색 질문

자기 탐색은 말 그대로, 자기 자신을 알아가는 것이다. 자기 탐색 질

---

142) 모기 겐이치로, 박재현 옮김, 『좋은 질문이 좋은 인생을 만든다』 (서울: 샘터, 2017), 173.
143) 앞의 책, 218.

문에는 정보, 이해, 성찰, 관계 파악 질문이 있다.

정보 질문
　정보 질문은 간단한 자기 신상을 소개하는 것이다. 성명, 거주 지역, 나이, 혈액형, 가족 관계, 특별한 추억, 취미, 애착을 느끼는 사물이나 대상, 몸의 상처 등으로 자기를 알리게 하는 질문이다. 일명 자기소개를 말한다.

자기 이해 질문
　자기이해 질문은 감정, 욕구 읽기가 있다. 때로 사람은 자기감정을 알아채지 못하고, 표현하지도 못한다. 뭉뚱그려 슬프다, 아프다, 화가 난다 정도로 표현한다. 하지만 감정은 그저 이름만 붙여주어도 위로를 받는다. '~에 대하여 어떤 기분이 드니?', '~에 대해 어떻게 생각하니?' 하는 물음으로 자기 마음을 읽도록 한다. 감정 읽기를 위하여 그로그(GROK) 느낌단어 카드와 욕구단어카드를 사용할 수 있다. 그로그(GROK) 카드에는 60개의 느낌카드와 60개의 욕구카드가 있다. 감정에는 좋고 나쁜 것이 없다. 그런데 막상 골라놓고 보면 좋은 감정과 나쁜 감정으로 나뉘기도 한다. 나쁜 감정이 있다는 것을 창피하게 생각해서 좋은 감정만 고르는 이들도 있다.

● 감정 질문. 지금 나의 느낌은 어떠한가?

● 욕구 질문. 내가 찾은 느낌 아래 숨어있는 욕구는 무엇인가?

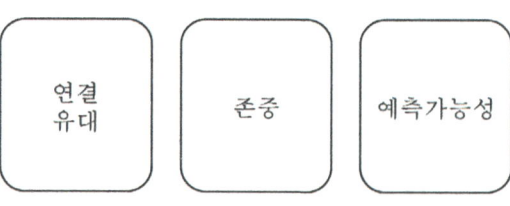

욕구카드는 좋고 나쁨이 느낌만큼 명확하지 않다. 모든 욕구는 필요한 것이고 충족을 기다리는 것이다. 감정 카드에서 부정적인 느낌이 많았다고 해도, 욕구 카드를 고르고 나면 밝은 에너지를 얻게 된다.

자기 성찰 질문

성찰 질문은 청소년으로 하여금 '자기 생각에 대한 생각', 메타인지를 유도한다. 자기 성찰은 '문제를 어떻게 해결하여 왔는가?', '~한다면 어떻게 할 것인가?' 등 과거와 미래의 습관적 행동을 점검하고 자신의 태도를 발견하게 하는 질문이다. 청소년 성격유형 검사로 MBTI, People Puzzle을 활용할 수 있다. 성격유형 검사는 청소년들이 어떤 태도에 익숙한지, 편하게 느끼는 이유가 무엇인지 이해할 수 있도록 돕는다. 스트레스 통제 질문도 있다. 지금 스트레스 받고 있는 것이 무엇인지 스스로 점검하게 한다. 가운데 원에는 통제 가능한 스트레스 원을 적고 바깥

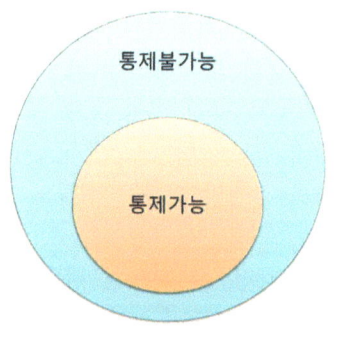

그림14〉 스트레스 통제 질문

원에는 통제 불가능한 스트레스 원을 적는다. 통제 불가능한 것보다 통제 가능한 스트레스원에 집중하고 해결하도록 격려할 수 있다.

관계 질문

중요한 관계를 파악하는 질문이다. '나는 어떤 사람들과 중요한 관계

를 맺고 있는가?', '나를 향한 그들의 기대는 무엇이었는가?', '나는 어떤 이들에게 무슨 영향을 받았는가?', '만약 내게 어려운 일이 생긴다면 누가 지지해 줄 것이라고 보는가?' 등 이다.

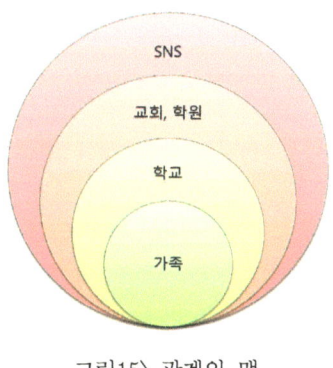

그림15〉 관계의 맵

2) 해석 질문

해석은 성경 본문의 내용을 정확하고 구체적으로 이해하기 위한 질문이다. 이해를 돕는 관찰 물음으로 5WH가 있다. 5WH는 언제(When), 어디서(Where), 누가(Who), 무엇을(What), 왜(Why), 어떻게(How)라는 의문사로 만든다.

삭개오 라는 세리장이 있습니다. 세리는 자기 민족의 세금을 많이 거두어 로마에 바치고, 그리고 자기도 어느 정도 횡령하는 사람입니다. 그런데 그중에 '장'의 역할을 맡은 삭개오는 유난히 키가 작습니다. 키 작은 삭개오는 어느 날, 예수님이 자기 마을에 오셨다는 소식을 들었습니다. 키 작은 삭개오는 예수님이 보고 싶어 돌 감람나무 위로 올라갔습니다. 그런 삭개오를 예수님이 보고, 부르십니다. "삭개오야! 내가 오늘 너의 집에 머물겠다" 삭개오는 얼른 나무에서 내려와 말합니다. "주님, 내가 남의 것을 빼앗은 것이 있다면 4배나 갚겠나이다."

여기에 5WH의 질문을 만들면 다음과 같을 수 있다.

- ○ 언제(When) 변화가 일어났나요?
- ○ 어디(Where)에서 변화가 일어났나요?
- ○ 누구(Who)에게 변화가 일어났나요?
- ○ 변화되기 전에 삭개오는 어떤 일을(What) 하였나요?
- ○ 삭개오는 왜(Why), 무슨 이유로 변화를 결심했어요?
- ○ 변화된 삭개오는 이제, 어떻게(How) 살아갈까요?

해석물음에는 5WH 외에도 반복 단어, 비슷한 말, 반대말 찾기가 있다.

【요한복음1:6~10】
6. 하나님께로부터 보내심을 받은 사람이 있으니 그의 이름은 요한이라 7. 그가 증언하러 왔으니 곧 빛에 대하여 증언하고 모든 사람이 자기로 말미암아 믿게 하려 함이라 8. 그는 이 빛이 아니요 이 빛에 대하여 증언하러 온 자라 9. 참 빛 곧 세상에 와서 각 사람에게 비추는 빛이 있었나니 10. 그가 세상에 계셨으며 세상은 그로 말미암아 지은 바 되었으되 세상이 그를 알지 못하였고

- ○ 본문에서 많이 나오는 단어, 낱말은?
- ○ 본문은 누구를 말하려고 하는가?
- ○ 본문에 등장하는 '빛'의 반대말은 무엇인가?
- ○ 빛의 반대말과 세상은 어떤 관계인가?

3) 의미 발견 질문

의미를 발견하는 물음은 성경본문의 내용이 청소년기의 발달, 개인적 문제와 어떤 관계가 있는지 파악하는 것이다. 의미발견 질문을 만들려면 먼저, 청소년의 발달과제가 무엇인지 알아야 한다. 청소년 개개인의 생

활, 삶, 친구관계의 문제가 무엇인지 속속 들이 알기 어렵다. 그것은 청소년들이 마음을 열고 대화를 초대할 때 가능한 일이다. 하지만 일반적으로 청소년기에 경험하는 발달과제가 무엇인지는 알 수 있다. 발달과제로 질문을 해 보면, 청소년 개개인의 고민, 스트레스가 무엇인지도 자연스럽게 알게 된다. 어린이만큼은 아니지만, 어른보다는 순수해서, 질문에 답하면서 개인의 문제를 액면그대로 털어놓는

그림16〉 청소년의 발달과제 영역

경우들이 많다. 청소년의 발달 과제는 신체, 인지, 사회성, 종교성의 네 영역으로 나누어진다. 그리고 네 영역을 8개 주제로 세분할 수 있다. 신체 영역은 신체 이미지와 성적인 욕구의 출현으로 구분한다. 인지발달의 과제는 자기의 생각, 이론을 확립 그리고 학업의 문제가 있다. 사회성은 가족관계, 또래관계가 있다. 또래관계는 학교, 학원 혹은 동네, SNS(Social Network Service), 가상세계의 친구 관계가 포함된다. 종교 영역은 진로와 신앙으로 구분할 수 있다. 진로는 아직 열리지 않은 미래에 대한 고민으로 신앙 영역에 속한다. 신앙 영역의 또 다른 물음은 '과연 신은 존재하는가?', '주일을 꼭 지켜야 하는가?' 하는 종교적 물음이다. '과연 신앙이 답을 제시할 것인가?' 하는 물음도 있다.

4) 적용 질문

적용질문은 자기의 실천을 탐구하는 것이다. '나는 어떻게 말씀을 실천할 것인가?', '나는 어떻게 달라지고 싶은가?', '이 말씀은 나에게 무엇을 요구하는가?'를 묻는다. '가정, 학교, 친구관계, 소셜 네트워크(SNS), 교회 등 모든 영역에서 어떻게 실천, 행동하면 좋겠는가?' 하는 실천, 적용의 문제를 다룬다. 적용 질문은 '그러면 어떻게 할 것인가?'를 묻는 변혁의 질문이다. '어떻게 내 삶이 변화하기를 원하는가?', '내

삶이 변화하기 위하여 결단해야 할 부분은 무엇인가?', '나에게 특별히 감동과 결단을 주는 부분은 무엇인가?', '어떻게 하면 좀더~할 수 있겠는가?', '개인과 공동체가 절제, 헌신해야 할 부분은 무엇인가?' 등 개인의 실천과 적용을 다룬다. 적용 질문은 삶에 대한 창조적 응답과 지혜를 요청할 것이다.

톡!톡(Talk, Talk)!

- 청소년과 유대감을 형성할 때 필요한 질문 유형은 무엇인가?
- 교사에게 가장 도전적인 질문 유형은 무엇이라고 보는가?
- 한 개의 이야기를 정하고 네 가지 유형의 질문을 만들어보자.

6장

청소년의 흔들리는 신앙

1. 종교 교육의 필요성

1) 종교에 개방적인가?

　청소년기는 종교에 개방적인 시기라고 볼 수 있을까? 자연주의 교육자로 알려진 장자크 루소는 『에밀』에서 15세 이전에는 하나님을 파악할 수 없기에 '종교'에 대하여 가르친다면 그것은 말도 안 되는 일이라고 보았다.144) 15세 이전은 '종교교육'을 시킬 수 없다고 했으니, 아마도 루소는 15세가 종교교육에 적합한 시기라고 보았던 것 같다. 영국 공교육에서 어린이와 청소년에게 종교, 특히 교리를 가르치는 것으로 로널드 골드만은 14세 이후에나 종교교육이 가능하므로 너무 일찍 종교를 가르치는 것은 아무 효과가 없다고 주장하였다. 공교육의 교리중심 종교교육에 대한 회의로부터 시작한 골드만의 연구는 종교적 사고 발달단계 연구까지 나아갔다. 그리고 그는 14~15세 이후의 사고력 발달, 사회성 발달이 종교교육에 필요한 요인이므로 정확히는 청소년기부터 신앙교육이 가능하다고 주장한다. 루소와 골드만의 견해는 이성이 발달하고, 사고능력이 생겼을 때 신앙, 종교교육이 적합하다는 것이다. 어린이에게는 종교성이 없지만, 청소년기가 되면 종교성이 발달하므로 그 어떤 시기보다 신앙, 종교교육의 잠재성이 있는 시기로 이해한 것이다. 그러나 이러한 주장은 종교교육을 단지 이성적, 논리적 사고와 연결 지어서 생각한 경향이 있다. 그러면 신앙을 이성 보다는 감성, 초월성과 연결했던 이들의 관점에서 청소년기는 어떠한가? 신앙의 '변형', '회심'을 중요시했던 제임스 로더(James Loder) 역시 청소년기가 신앙적으로 개방되어 있는, 영성 또는 종교적 잠재성을 개발해줄 시기라고 보았다. 청소년기가 되면 발달적 측면에서 인생의 무의미, 공허함과 직면하게 되므로, 청소년기야말로 영의 논리가 개입할 수 있는 대표적 시기라는 것이다.145) 루소, 골

---

144) Friedrich Schweitzer, 송순재 옮김, 『삶의 이야기와 종교』 (서울: 한국신학연구소, 2002), 54.
145) James Loder, 『신학적 관점에서 본 인간발달』, 305~307.

드만, 로더의 공통된 견해를 보았을 때 청소년기야말로 종교적 잠재성이 개발되고, 종교교육이 가능한 '결정적 시기'이다. 곧 신앙교육을 하기에 '적합성'을 가졌다는 말이다.

2) 청소년의 영성

청소년의 '영성'이란 무엇인가? 요즈음은 종교성 보다는 영성이라는 말을 많이 사용한다. 종교성은 무엇이고 영성은 무엇인가? 먼저 한스 프라스(H. J. Frass)는 종교성을 "인간에게 가장 궁극적이고 지고한 것과의 원초적 결속"이라고 정의하였다.146) 영성은 히브리-헬라적 개념에서 탄생, 죽음, 고난, 기쁨, 아름다움, 자연, 비극 등 인간의 경험에 응답하고 성찰하면서, 그곳에 침투해 들어오고 있는 인간의 피조성을 초월하는 힘과 의미에 참여할 수 있는 인간의 능력이다.147) 기독교적 관점에서 영성은 하나님과의 연합을 통하여 피조성을 초월하는 힘과 의미를 얻을 수 있다. 그러므로 청소년은 영적이고, 종교적인 시기라고 할 수 있다. 청소년에게는 탄생과 죽음에 대한 관심이 출현하고, 죽음이후의 세계에 대한 관심, 그리고 삶의 모든 경험을 초월할 수 있는 힘과 의미에 대한 관심이 많다. 이것은 특정 개인만이 아니라 청소년에게 발달적으로 출현하는 특징이다. 그래서 청소년들은 '왜?'라는 질문이 많아진다. 삶을 이끌어가는 법칙, 원리, 토대가 무엇인지 알고 싶다. 또한 삶과 죽음에 대한 '왜 궁금증', 시간과 공간을 초월하는 '초월성', 4차원의 세계에 대한 관심이 높다. 말하자면, 청소년기는 그 어느 때 보다 영성, 종교성에 대한 동기가 높다. 신앙에 대하여 개방되어 있는 신앙 교육의 '적합성'을 가지고 있다. 그러므로 이러한 청소년들이 하나님과의 연합, 신앙을 통하여 초월적 힘과 의미를 얻을 수 있도록 인도하는 것이 기독교 청소년교육의 사명이다.

---

146) Friedrich Schweitzer, 『삶의 이야기와 종교』, 57에서 재인용.
147) 오성춘, 『신학·영성·목회』 (서울: 장로회신학대학교출판부, 1997), 343.

3) 신의 섭리는 거부

청소년기는 종교적 사고와 표현이 가능하다고 보고 있다. 20세기 초반부터 종교적 발달에 대한 연구가 활발해지면서, 청소년을 종교교육이 가능한 시기로 보게 되었고, 그러면 청소년기의 신앙은 어떤 특징을 가졌는가? 라는 궁금증을 갖게 되었다. 스타벅(E. D. Starbuck)은 청소년에게 설문지를 돌려 '회심경험과 종교적 성장'을 연구하면서, 청소년기 종교성의 특징을 발견하였다. 설문지에서 "내 삶이 가장 의지하고 있는 것은 무엇인가?" 질문하면서 ① 나 자신 ② 우연 ③ 다른 사람의 행동 ④ 신의 섭리 ⑤ 사회의 질서 ⑥ 운명' 의 여섯 가지 예시를 주었다. 그 중에서 청소년은 ④ 신의 섭리에 강한 거부감을 드러냈다.[148] 신의 섭리에 대한 거부감은 마치 청소년들이 신의 존재 혹은 섭리를 부인하는 것처럼 느끼게 한다. 그러나 또 다른 설문 작업에서 스타벅은 "당신은 사후 세계를 믿습니까?" 라는 물음을 주었고, 그러자 49%의 청소년이 '그렇다' 는 긍정적 응답을 나타내었다.[149] 두 가지 설문 결과는 상반된 것처럼 보인다. 청소년은 자기 인생에 대한 신의 섭리는 거부하면서 사후세계는 믿고 있었다. 만약 청소년기가 그 어떤 시기보다 영적, 종교적 시기라면 왜 '신의 섭리'에 강한 거부감을 드러내는가? 또한 '신의 섭리'는 거부하면서 어떻게 '사후세계는 믿는다'고 답할 수 있는가? 또한 청소년기는 인생의 다른 시기에 비하여 회심의 빈도수가 높게 나타난다는 보고를 어떻게 받아들이는 것이 좋겠는가?[150]

청소년기 하면 보통 '반항'을 떠올린다. '반항', '저항', 또는 '변혁' 등의 단어는 청소년기의 성향을 잘 대표한다. 청소년기가 되면 왜 반항하고, 변혁을 일으키고 싶어 하는가? 청소년기는 인생의 주체가 되려는 '자율성', '독립성' 이 강렬하게 나타나기 때문이다. 청소년은 스스로 자

---

148) Friedrich Schweitzer, 『삶의 이야기와 종교』, 60.
149) 앞의 책, 61.
150) 앞의 책, 59.

기 인생을 개척하는 주체가 되고 싶다. 그렇기 때문에 누군가가 자기 삶에 개입하는 것을 불허한다. 그것이 부모가 되었든 신이 되었든 상관없다. 청소년이 신의 섭리를 의지한다는 항목에 거부반응을 일으킨 것은 청소년의 자율적 성향을 나타낸다. 곧 청소년기의 신앙은 '자율성'을 추구하는 특징을 나타낸다. 프릿츠 오저와 폴 그문더(Fritz Oser & Paul Gmunder)는 콜벅의 도덕 판단에서 다루지 않은 '종교적 판단'으로 종교발달을 6단계로 구분하였는데, 여기서 청소년의 신앙적 특징을 살펴볼 필요가 있다.

1단계	기계적 신	완전히 타율적인 신앙
2단계	상호 관계적 신	받으려고 기도, 희생, 계율에 순종 신앙
3단계	이신론 단계	자연신, 완전히 자율적 신앙
4단계	선험적 단계	zero적 존재(상징, 원칙) 하나님
5단계	상호주관적 단계	상호 인격적 구속을 실행하시는 하나님
6단계	가설의 단계	아직 증명되지 않음

표6〉 종교적 판단 6단계

종교적 판단의 6단계에서 청소년기는 3단계 '이신론'의 단계에 속한다.[151] 3단계 '이신론'의 단계는 십대부터 삼십대 초반까지의 연령대가 가장 많다고 한다. 3단계의 특징은 완전히 자율적 신앙을 추구한다. '자율성', '책임성'에 초점을 맞추기 때문에 하나님 보다 자신에게 진실하고, 자신의 선택이나 결정에 대하여 최선을 다할 것을 추구한다. 자율성에 대한 생각이 강렬한 나머지 신이 개인의 삶에 그렇게 큰 영향을 미치지 않으며 인간의 역사와 신은 상호 무관한 것으로 보고, 심지어 무신론적 입장까지 갈 수도 있다.[152] 곧 청소년의 세계에서 신은 세상 밖으로 밀려나 있기에 종교 혹은 교회의 권위에 대하여, 부모와 교육의 영향권에 대하여 계속 거부감을 표출한다.[153] 그래서 사후세계의 초월성은

---

151) 앞의 책, 149~153.
152) 앞의 책, 149.
153) Fritz Oser & Paul Gmunder, 『종교적 판단론』(서울: 한국장로교출판사, 2000),

인정하면서도 자기 인생에 대한 하나님의 섭리는 거부할 수 있다. 종교적 판단의 발달단계를 주체-궁극자(인간-신)의 관계로 표현하면 다음과 같다.154)

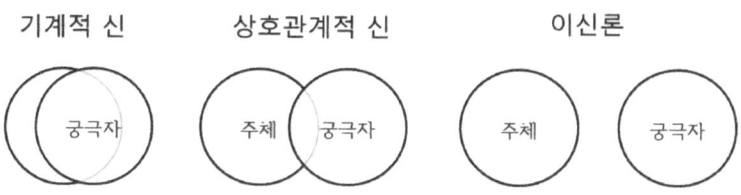

그림17〉 종교적 판단 1~3단계

3단계, 이신론에서 주체와 궁극자의 관계는 기계적 신, 상호관계적 신에 비하면 거리가 멀다. 꼭 청소년기의 부모와 자녀의 관계가 비슷하다. 자녀는 적정한 거리두기를 요청한다. 마찬가지로 주체(인간, 신앙인)는 궁극자(신)의 존재를 인정하지만, 전적으로 의존하지 않는다. 자신의 '자율성'과 '책임성'을 추구하기 때문이다. 그래서 마치 무신론자처럼 보인다. 이처럼, 청소년의 신앙적 특징은 무신론처럼 보이는 '자율적 종교성'이다. 지고한 대상, 신념과의 결속을 바라지만, 그에 못지않게 자신의 자율성도 추구한다. 그러므로 청소년들의 자율성은 존중하면서, 인생에 대한 신의 섭리를 이해하도록 돕는 것이 종교 교육의 과제라고 할 수 있다. 그러면 종교성이 출현하는 청소년들이 교회를 떠나는 이유는 무엇인가? 자율성이 높아진 청소년들은 교회, 권위자, 종교의식 등 관습적인 것에 대한 거부감을 드러낸다. 주변 문화와 또래집단의 무신론적 경향성 혹은 교회가 아닌 다른 곳에서 더 강렬한 종교성의 충족을 경험하기도 한다. 그 밖에도 학업과 입시에 대한 지나친 강조, 종교 활동을 무시하는 풍조도 한몫 할 수 있다.

107.
154) 앞의 책, 133.

톡!톡(Talk, Talk)!

- 청소년은 영적, 종교적 시기라고 볼 수 있을까?
- 청소년에게 신앙, 종교교육이 적합하다면 그 근거는 무엇인가?
- 청소년의 종교적 특성은 무엇인가?
- 교회를 떠나는 청소년, 어떻게 교육하면 좋을까?

2. 발달적 종교성의 출현

1) 시간의 확장

청소년기가 되면 발달적 영향으로 시간을 보는 관점이 확대되기 시작한다. '현재'를 보고 살던 아동기와 달리 청소년은 마치 산 정상에서 아래를 내려다보듯이 과거와 현재, 미래를 펼쳐볼 수 있는 능력을 갖게 된다. 전망 좋은 강 언덕에서 흐름 전체를 조망하듯이 인생의 시간을 펼쳐볼 수 있기에 청소년은 앞으로의 계획, 비전, 전망을 진지하게 고민한다.[155]

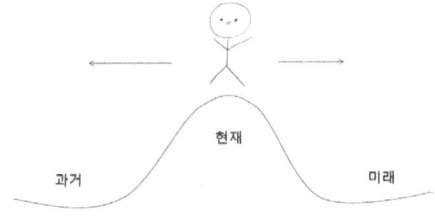

그림18〉 청소년의 시간조망

과거와 미래라는 시간이 현재 속으로 침투하면서 청소년은 '과거의 나는 어떤 사람이었나?', '미래에, 나는 어떤 사람으로 살기를 바라는가?', '현재 내가 바라는 것은 무엇인가?' 생각한다. 이렇듯 과거와 미래를 생

---

155) James Fowler, 『신앙의 발달단계』, 245.

각하는 청소년은 차츰 회의적 분위기를 풍겨낸다. 낙천적이고 순진하던 어린아이의 특징은 사라지고, 인생을 사색하는 모습을 나타낸다. 온 세상이 '나 중심'으로 흘러간다고 믿었던 어린이의 순진무구함이 지나가는 것을 아쉬워하면서, 미래가 다가오고 있다는 압박감을 경험한다. 이렇게 시간적 관점이 확대되는 청소년은 '영원성'의 개념을 획득한다. '영원히 끝나지 않는 그 무엇, 그 누군가, 그 어떤 세계'에 대하여 갈구한다. 이 '영원성'의 개념은 신비, 영적인 세계에 대한 동경으로 나아가기도 하지만, 감정에 따라 다르게 겪기도 한다. 기분이 고조되었을 때, "현재가 영원히 계속 된다"라든가 "지금 이 순간이 영원할 것"이라고 생각하는가 하면, 반대로 우울할 때는 시간이 단축되고 왜곡되기도 한다.[156] 자기에게 주어진 주관적 시간 곧 인생의 시작과 끝에 대한 인식은 두려움과 함께 놀라움으로 다가온다.

청소년기는 '주관적 시간' 개념이 생긴다. '주관적 시간' 개념이란 자기만의 시간표를 의미 한다. 아동기는 외부적 시간표를 무조건 따라가는데 급급하다. 아동기와 달리 청소년은 자기만의 시간개념을 갖기 시작한다. 주관적 시간과 객관적 시간-외부적 기준-사이에서 충돌이 일어난다. 그래서 주관적 시간과 객관적 시간의 조화를 이루는 것이 청소년기의 과제라고 하겠다. 부모는 고등학교를 졸업하고 바로 대학에 가기를 원한다. 이것이 누구나 생각하는 청소년의 객관적 시간표이다. 하지만, 청소년은 그렇게 생각하지 않을 수 있다. 대학은 자기가 가야 한다는 필요를 느낀 다음에 가도 늦지 않기 때문에, 먼저 취업을 한다든가 아니면 세계여행을 해 본 후에 진학해도 늦지 않다고 주장할 수 있다. 주어진 시간표를 따라가지 않고 자기의 시간표를 따라 살겠다고 주장하는 것이다. 부모나 교사는 스무 살이 바로 학업, 배움의 시간이라고 보지만 청소년은 세상을 경험하기에 더할 나위 없이 좋은 시간이라고 말할 수 있다. 또는 놀기에 가장 좋은 때라고 볼 수 있다. 만약 외부적 시간과 주관적 시간의 조율에 실패한다면 '꾸물대기', '일을 미루기', '외부적 압력

---

156) James Loder, 『신학적 관점에서 본 인간발달』, 277.

에 저항하여 자기만의 시간을 요구하기' 등의 현상들이 나타날 것이다.157) 그렇다고 느린 아이들이 꼭 병리적인 것은 아니다. '빨리 과업을 완수하라!'고 요구하는 외부 시간에 대한 늦장 부리기는 '나에게는 나의 시간, 나의 속도가 있으니 존중해 주세요!'라고 말하는 것과 다름없다. 우리나라는 '빨리 빨리' 문화로 급진적 발달, 초고속 성장을 이루어 왔다. 그래서 조금 느린 아이들이 용납되지 못하고 부진아, 부적응아로 낙인찍히는 일이 많았다. 어떻게 시간의 조율을 만들어갈지는 청소년기의 중요한 과제이다.

청소년기의 발달은 시간적 시야를 확대한다. 그리고 시간적 시야의 확대는 철학적, 종교적 사유를 가능하게 한다. 과거, 현재, 미래에 대한 조망은 죽음, 영원성을 생각하게 만든다. 죽음, 영원성, 초월에 대한 생각은 청소년을 사색적, 회의적으로 만든다. 그래서 청소년기는 철학적이면서 종교적이다. 기독교의 성자라 불리는 성 어거스틴(Augustine)은 예수 그리스도만이 영원한 현재성을 가진 존재라고 하였다.158) 인간은 그리스도와 달리 영원한 현재성을 가질 수 없지만 '시간개념'을 갖고 있다. 초, 분, 시, 일, 월, 연도, 나이 세기 등은 인간이 시간 개념을 갖고 있다는 것을 말해준다. 영원한 현재성을 가진 예수와 달리, 인간에게는 시간의 끝, 죽음의 한계가 있다. 인간은 자기의 '연수를 셀 수 있는' 지혜로운 존재이며, 이는 '신의 형상'으로 피조 되었음을 의미한다. 청소년기는 자신이 보유한 시간의 끝을 알게 되는 '머리가 굵어지는' 시기이다. 그렇기 때문에 내적인 '불안', '무의미', '공허감'과 투쟁하면서 '초월성', '영원성'에 대한 동경이 싹트기 시작한다. 영원성에 대한 동경은 어떻게 표현될까? 순간을 영원처럼 느끼게 만드는 짜릿한 경험들, 도전에 대한 열망, 지루한 시간을 탈출하는 여행, 현재를 잊고 몰입할 수 있는 스타의 공견에 대한 열망, 소위 말하는 '덕질' 또는 '너드질'로 표출된다. 청

---

157) 앞의 책, 278.
158) S. Aurelii Augustini, 최민순 옮김, 『고백록』 (서울: 성바오로 출판사, 1993), 323.

소년들은 시간적 한계의 압박으로 다가오는 불안을 떨치고 싶어서 '덕질'을 한다. 그리고 '덕질'을 통해 성공을 하는 '성공하는 덕후'가 나타나기도 한다.

2) 공간 욕구

청소년기의 종교성은 공간의 변화로도 나타난다. 십대가 되면, 불현듯 어릴 때 뛰어놀던 추억의 동네 혹은 옛집을 찾아가 보고 싶은 충동을 느낀다. 그런데 추억의 장소를 방문해 보고 나면 '아 내가 뛰어놀던 공간이 사실은 이렇게 좁았었구나!' 하고 깨닫는다. 이는 공간 인식에 변화가 일어났음을 의미한다. 체형이 바뀌면서 청소년의 공간인식이 변하는 것은 당연하다.159) 입던 옷이 작아지듯, 공간의 축소를 경험한다. 주변을 둘러보는 시야의 열림, 개방성도 공간 인식을 변화시킨다. 보고 싶은 곳만 응시하는 것이 아니라 전체 속에서 한곳을 보는 '조망'이 가능해졌기 때문이다. 그런데 공간 인식은 시간개념과 마찬가지로, 감정의 고조에 따라 영향을 받는다. 만약 어떤 고민으로 우울하다면, 청소년은 '나는 지금 끝이 보이지 않는 아주 좁고, 어두운 터널을 통과하고 있다', '나는 벼랑 끝에 서있다'고 말할 것이다. 반대로 기분이 고조되었을 때는 '하늘을 나는 것 같다'고 표현할 것이다. 감정의 변화에 따라 공간적 개념은 변화한다.

청소년은 공간에 대한 민감한 반응을 보인다. 공간의 민감성은 영역 확보의 욕구로 표출될 수 있다. 로버트 아드레이(Robert Ardrey)는 필요한 모든 것이 제공된다고 해도 충분한 공간이 없다면 동물들의 생존력이 떨어진다고 하였다.160) 수컷 침팬지가 있는 우리에 암컷 침팬지를 넣으면서, 사육사들은 교배가 일어나기를 기대하였다. 그런데 기대와 달리 수컷 침팬지는 암컷과 공간을 공유하고 싶지 않았는지, 암컷을 공격하여

---

159) James Loder, 『신학적 관점에서 본 인간발달』, 272.
160) 앞의 책, 274.

죽여 버렸다. 동물들은 소변으로 자기 영역을 표시한다. 영역을 침범하면 싸움이 일어난다. 외계인이 지구를 침공하여 전쟁이 나는 SF영화들- 더씽, 화성침공, 우주전쟁, 인디펜던스데이, 워오브더월드-은 공간의 중요성을 일깨워준다. 한 공간을 서로 다른 존재들이 공유하는 것은 보통 어려운 일이 아니다. 보통 청소년기의 성적인 욕구, 공격성에 대한 언급과 우려가 많지만 공간성의 욕구가 얼마나 강렬해 지는지에 대하여 잘 알지 못한다. 청소년은 성욕 못지않게 강렬한 공간에 대한 욕구를 갖고 있다. 즉 자기만의 공간에 민감하다. 그래서 여아는 13~14세, 남아는 15세 정도쯤 부모로부터 잠자리를 분리하고 싶어 한다. 물론 개인의 차이는 있지만, 2차 성징이 나타나면서 이성 부모와 같은 방에서 자는 것을 부담스러워하고, 자기만의 공간을 요청한다. 하지만 청소년의 공간에 대한 민감성은 전혀 상관없는 행동으로도 나타난다. 소음 만들기, 특이한 색의 머리 염색, 과식 혹은 폭식, 너무 헐렁하거나 작은 옷 입는 것 등이다.161)

다른 한편, 공간 욕구를 노골적으로 드러내는 경우도 있다. 운동장이나 마루, 잔디밭에 벌러덩 드러눕기, 책상 위 혹은 창틀에 걸터앉기, 방문 걸어 잠그기 이다. 공간 욕구는 부모와 자녀 사이의 문고리 전쟁을 만든다. 개인의 공간을 갖고 싶은 청소년과 그 공간을 침투하려는 부모 사이의 긴장, 다툼이 발생한다. 기분이 저하되었을 때 청소년은 자기만의 동굴 속으로 들어간다. 자기 방에 들어가서 문을 걸어 잠근다. 이런 행동이 싫어서 문을 반대로 다는 부모들도 있다고 하지만, 아마도 공간을 지키지 못한 청소년은 수치심을 느낄 것이다. 청소년기가 되면 주변 사람들에게 공간을 공유하는 것 또는 침투하는 것에 대한 거부 의사를 밝힌다. 이러한 공간 확보에 대한 요청은 당연한 것으로 수용될 필요가 있다. 공간을 침투하기 보다는 존중해 줌으로서 청소년의 시간과 공간을 존중한다는 표현을 해준다. 물론 벽에 낙서하기, 갑작스런 가구 재배치나 페인트 칠 등 납득이 어려운 공간욕구의 표출도 있다. 그런 면에서

---

161) 위와 같음.

십대들을 위하여 '낙서 벽'을 확보해 주는 분식집 사장님의 배려는 청소년들에게 '너희들만의 공간이 허용되었다'는 환대의 표시라고 하겠다.

공간을 이탈하고 싶은 욕구도 있다. 모든 것을 버리고, 낯선 곳에서 나를 만나고 싶은 '여행주의(travelism)'는 공간 이탈의 욕구를 보여준다. 여행은 자기가 속한 공간, 시간을 이탈하는 초월적 욕구의 표출이다. 요즈음 여행프로, 여행 유튜버들이 정말 많다. 펜데믹 이후 여행은 또 다시 붐이 일어나고 있다. 그런데 청년들의 여행주의가 초월적 욕구라는 것을 읽는 이들은 많지 않은 것 같다. 종교성, 영적인 욕구가 많은 청년들은 시공간을 벗어나는 여행주의에 대한 열망이 강렬하다. 이는 인간이 초월성을 추구하는 종교적 존재라는 것을 말해준다. 특히 청소년기는 이러한 욕구가 출현하는 시기라고 하겠다. 사실, 진정한 초월은 진정한 초월자를 전제하는 것 아닐까?[162] 청소년의 공간 확보 또는 공간 이탈의 욕구는 초월적 존재, 우주 공간, 신비 세계(mystery)를 동경하는 종교적 성향과 연계되어 있다. 시간적 종교성은 자기 인생을 과거, 현재, 미래로 펼쳐보게 하고 죽음에 대한 생각, 죽음 이후의 사후 세계에 대한 생각으로 연결된다. 공간적 종교성은 여행주의, 지구 외의 다른 행성, 생명체에 대한 호기심, 미제로 남겨진 실종 사건, 블랙홀의 과학적 신화, 판타지 소설 등에 탐닉하는 것으로 표출된다.

3) 내 인생의 의미

청소년기가 되면 인생에 대한 중요한 물음들이 등장한다. 누구나 한번쯤 이런 질문을 해 보았을 것이다.

○ 나는 어디서 왔는가? 어디로 가는가?
○ 나는 어디에 소속되어 있는가?
○ 나에게 중요한 사람들은 누구인가?

---

[162] Hans Küng, 정한교 옮김, 『왜 그리스도인인가?』 (서울: 분도출판사, 2017), 43.

○ 나는 왜 혹은 무엇을 위하여 살아야 하는가?
○ 세상에서 나의 위치와 역할은 무엇인가?

위의 다섯 가지 물음은 '나는 누구인가?'라는 한 마디로 요약이 가능하다. 청소년들이 내면에서 이러한 물음을 갖는다는 것은 자기 인생의 의미를 찾고 있다는 뜻이다. 제임스 파울러(James Fowler)는 사춘기를 '종교적으로 굶주린 시기'라고 정의하였다. 파울러는 어떤 면에서 그렇게 정의하였을까?

> 사춘기 청소년의 종교적 굶주림은 자아를 깊이 알고 받아주고 확인해 주시며, 인격적 정체성과 신앙에 대하여 형성되는 신화와 더불어 자아에 대한 무한한 지원자로 기여하는 하나님을 향한 것이다.163)

파울러는 청소년기의 종교적 굶주림이 인격적 정체성과 신앙에 대한 것이며, 그것은 결국 자기 인생의 무한한 지원자인 하나님을 향한다고 서술하였다. 청소년기가 되면 무의미, 공허함 등의 느낌을 경험한다. 공허함과 무의미는 자기 인생이 어떤 의미가 있는지 발견할 때 극복될 수 있다. 따라서 이를 극복하기 위하여, 청소년은 궁극적 삶의 의미와 목적을 강렬히 추구할 뿐 아니라 자신을 전적으로 지원, 수용하는 궁극적 대상을 갈망한다. 궁극적 대상 곧 신과의 만남, 연합에 대한 추구는 대리만족을 필요로 한다. 그래서 또래 친구와의 친밀감, 아이돌과 유명 스타에 대한 맹목적 동경, 취미에 대한 덕질 등으로 나타난다. 하지만 결국 청소년은 자기 인생에 대한 의미를 찾지 않으면 안 된다. 자기 인생에서 뭔가 열정을 다해 좇아야 할 그 무언가, 그 어떤 대상을 찾기 위하여 방황한다. 에릭슨은 이것을 '이념(ideology) 형성'이라 불렀고 로더는 '대의명분'이라고 표현하였다. 청소년은 이념, 세계관, 우주의 의미 그리고 그 안에서 인간의 위치 등에 대한 개념을 형성하려고 지속적으로 노력한다.164) 자아의 대 격변 속에서 경험하는 우주적 외로움을 극복하려

---

163) James Fowler, 『신앙의 발달단계』, 247.

고 노력한다.165) 우주적 외로움을 극복하기 위해서는 자신의 열정을 불사를 수 있는 인생의 의미, 소명을 발견하지 않으면 안 된다.

유대인 수용소에서 살아남은 것으로 널리 알려진 빅터 프랭클(Victor Frankle)은 그의 책, 『죽음의 수용소』에서 무의미, 무방향, 무목적, 무규범이 초래하는 공허감을 '노예제닉 신경증'이라고 불렀다.166) 그는 유대인 수용소에서 어떤 사람이 끝까지 살아남는지 관찰하였고, 살아야 할 이유와 의미를 찾은 사람들만이 끝까지 생존하는 것을 목격하였다. 살아남아야 할 이유가 있는가 없는가에 따라서 수용소의 고통을 견디고 생존하는 여부가 결정된다는 것이다. 곧 인생의 의미를 찾지 못한 노예제닉 신경증을 해결하지 않으면 병적 상태에 놓일 수밖에 없다는 뜻이다. 충성할만한 인생의 이념, 대의명분을 발견함으로서 자기 인생이 살만한 가치 있다는 것을 확인할 수 있어야 한다. 어떻게 보면 청소년은 중요한 인생의 과제를 수행하고 있는 셈이다. 종교는 청소년들이 '인생의 의미'를 찾도록 도울 수 있는 축적된 전통과 풍부한 문화, 사상 체계, 제도적 지원 체계의 산물이 있다. 종교는 신앙을 형성하게는 할 수 없지만, 신앙을 촉진하고 지원할 수 있기에, 청소년들이 인생의 의미를 발견하도록 교육하고 지원할 수 있다. 청소년들이 유의미한 세계관과 삶의 방식을 창조하도록 가치 체계, 행동 원칙, 신념, 공동체를 제공할 수 있다.

청소년기는 자기중심성이 강한 성격적 특징을 띤다. 급진적 발달을 경험하면서, 그 변화에 적응하는 데 온통 에너지를 집중한다. 그러다 보니 다른데 신경을 쓸 겨를이 없다. 청소년의 에너지, 관심은 온통 자기 자신에게 집중되어 있다. 하지만 청소년들은 자기중심성을 극복하고 싶은 열망 속에서 살아가기도 한다. 발달적으로 자기중심성은 자연스러운 것이지만, 그것을 넘어서고 싶은 욕망 역시 당연한 것이다. 그러면 어떻게

---

164) James Loder, 『신학적 관점에서 본 인간발달』, 281.
165) 위와 같음.
166) 김청송, 『청소년 심리학의 이론과 쟁점』, 337~342.

청소년들이 건강하게 자기중심성을 극복할 수 있을까? 청소년은 초월적 실재와의 만남 속에서 자기를 극복, 초월하고 싶어한다. 따라서 종교는 우주의 배후에 현존하는 영적 실재와 친교에 이르고, 인간이 자신의 의지를 영적 실재와 조화시켜 자기중심성을 극복하게 할 수 있다.[167] 이렇듯, 청소년들은 자기를 형성해 가는 데 에너지를 총동원하면서도 자기를 초월하고 싶은 상반된 열망도 갖고 있다. 참 신비롭지 않은가? 또한 청소년은 진리를 발견하고 쫓기 원하지만, 시큰둥하고 회의적인 태도로 진리를 대한다. "내가 믿는 종교 혹은 진리는 과연 참된가? 진정성 있는가?" 의심한다. 너무나 모순적이지 않은가? 자기중심적인 청소년이 자기중심성을 극복하고 싶어 하고, 자기중심성을 극복할 수 있는 신앙, 종교에 대하여는 회의적이다. 하지만, 청소년이 진리에 대하여 의심하는 이유는 자기 인생을 헌신할 수 있는 권위 있는 진리를 발견하고 싶기 때문이다. 거짓되고 허황된 것에 헌신할 수 없는 청소년, 자기의 시간과 에너지를 낭비할 수 없는 청소년은 참된 것, 진짜 권위 있는 진리를 분별하는데 '의심'을 사용한다.

톡!톡(Talk, Talk)!

- 청소년의 발달적 종교성에는 어떤 것이 있는가?
- 청소년의 시간적, 공간적 종교성은 어떻게 표출되는가?
- 청소년의 종교적 굶주림은 어떻게 해결될 수 있을까?
- 삶의 의미를 발견하지 못하는 공허함의 결과는 무엇인가?
- 청소년의 자기중심성과 초월성, 초월성과 의심의 모순성을 어떻게 극복할 수 있을까?

3. 신앙의 사춘기

청소년의 신앙은 결코 단순하지 않다. 어려서부터 신앙생활을 했다면,

---

167) Hans Küng, 『왜 그리스도인인가?』, 45.

신앙의 사춘기는 한번쯤 찾아올 것이 다. 어른이 된 이후에 신앙생활을 시작하였다 해도 신앙의 사춘기를 겪는다. 그러면 신앙의 사춘기란 도대체 어떤 특징을 갖고 있는가?

1) 이해하고 싶은 신앙

청소년의 신앙은 이해를 구한다. 어린아이들은 무조건 믿는 순진한 신앙이다. 예수님이 물위를 걸었다고 해도, 물고기 두 마리와 떡 다섯 개로 5천명을 먹였다고 해도 의심할 것이 없다. 청소년들은 자기가 생각하는 체계에 부합하고 이치에 합당할 때 믿는다. 이해되지 않으면 무관심하거나 쉽게 신앙생활을 포기 할 수도 있다.[168] 궁금증에 대한 확실한 설명을 요구하고 설명에 이의를 제기한다. 곧 청소년기는 신앙과 하나님(신)에 대한 '이해'를 구한다. 유아기와 아동기는 '감각', '직관', '상상'으로 하나님을 인식한다. 청소년기는 '이성'으로 하나님을 이해하려고 한다. 청소년은 하나님이 어떤 분인지 알고 싶고, 자기가 살고 있는 세상이나 삶의 어떤 부분에 하나님이 간섭하고 있는지 알고 싶다. 또한 하나님에 대한 추상적 개념, 이해를 자기 자신, 가정, 학교, 세계에 대한 생각과 연계시키고 싶어 한다.[169]

물론 청소년은 자기 자신에 대한 이해가 먼저이다. 청소년이 하나님에 대하여 묻는 이유는 자기 자신에 대한 이해가 하나님과의 관계성 속에서 시도되기 때문이다. 청소년은 자기 인생의 의미를 자기보다 큰 가족, 학교, 사회, 국가, 세계와의 관계성 속에서 찾는다. 또한 자기보다 훨씬 큰 존재, 이 세상의 시공간을 넘어서 불변하는 이상적 존재인 '하나님'과의 관계성 속에서 얻고자한다. 그러므로 '신은 존재하는가?' '내가 믿는 하나님은 어떤 분인가?' 하는 물음은 '신은 나의 실제 생활과 어떻게 연계될 수 있는가?', '어떻게 이 세상에 신의 위치를 설정해야 하는가?'

---

[168] 윤주병, 『종교 심리학』 (서울: 서광사, 1986), 178.
[169] Friedrich Schweitzer, 『삶의 이야기와 종교』, 37.

라는 구체적 물음과 연결되어 있다. 자기 인생에 대한 하나님의 섭리, 자기가 살고 있는 세상에 대한 하나님의 섭리를 찾고 싶다. 그런데 신, 하나님을 이해하고 싶은 청소년의 마음은 '의심', '회의'의 형태로 나타난다.170) '의심'은 그저 하나의 도구일 뿐이다. 신앙적 사춘기의 징후인 의심은 더 깊은 신앙으로 안내하기도 하고, 반대로 '떠나가기'의 형태로 귀결될 수도 있다. 청소년기가 되면 신앙의 사춘기가 찾아온다. 신앙, 교회, 권위자들의 모순을 지적할 만큼 신앙, 종교에 대한 적극적인 자세를 취할 수 있지만 그것은 자기 자신과 연결되어 있다.

2) 개인적 신앙

그림19〉 작은 신상

청소년기는 개인의 신앙을 추구한다. 부모로부터 전수받은 신앙의 가치관, 전통이 개인적 생활과 무관하다는 것을 발견한다. 개인적 신앙은 의례화 된 종교의식 곧 예배 참석, 세례식, 성례식의 당연한 권위에 대한 무시로 표출될 수 있다.171) 개인의 사생활을 중요시하고 비밀을 간직하게 된 청소년은 대화할 수 있는 '개인적인 신'을 갖고 싶다. 개인적 신앙은 제도화된 종교를 거부한다. 창세기에 보면 야곱의 두 번째 아내인 라헬이 아버지의 집을 떠날 때 드라빔을 훔치는 사건이 나온다. 드라빔은 장신구처럼 작은 신의 형상이다. 충분히 숨길 수 있을 만큼 작은 드라빔을 감추는 라헬 처럼, 청소년기는 어쩌면 자기만의 신을 감추고 싶은 시기인지도 모르겠다. 자기만의 개인적 신이 비밀을 발설하지 않을 좋은 친구가 될 거라고 생각한다. 예배나 교회에 나가지 않아도 신앙생활을 할 수 있다고 믿는다. 단순히 전통, 제도에 권위를 두지 않아도 혼자서 예배하고 '내면에 신앙'을 유지할 수 있다고 믿는 약간 '이상적인 상태'에 머물러 있다.

---

170) 앞의 책, 41.
171) 윤주병, 『종교 심리학』, 196.

『안녕 하세요 하나님 저 마거릿이에요』라는 책에는 청소년의 개인적 신앙이 잘 나타나 있다. 마거릿이라는 11세 소녀가 '유태인 아버지와 기독교인 어머니' 사이에서 어느 종교를 선택해야하는가? 고민하면서 '나의 종교'를 찾아가는 이야기이다. 유대교 회당에도, 교회에도 출석하지 않는 마거릿은 매일 밤 하나님께 기도를 드린다.

> 하느님 거기 계세요? 저 마거릿이에요. 오늘 끔찍한 짓을 저질렀어요. 친구를 괴롭히는 아주 끔찍한 짓을 말이에요! 저는 세상에서 가장 나쁜 아이에요... 왜 제가 나쁜 일을 하도록 내버려 두시나요? 저는 지금까지 하나님을 찾고 있었어요. 유대교 사원도 기웃거리고 교회도 기웃거렸어요. 그리고 오늘은 고백 성사를 하고 싶어서 하느님을 찾았어요. 하지만 하느님은 거기 없었어요. 하나님이 하나도 느껴지질 않았어요. 제가 밤에 하느님께 얘기할 때 느끼듯이 말이에요. 왜죠, 하느님? 왜 저는 혼자 있을 때만 하느님이 느껴지나요?[172]

이 기도에서 마거릿은 유대교 사원이나 교회에서 하나님을 느낄 수 없다고 고백한다. 그리고 왜 매일 밤 혼자 있을 때 대화하는 그 하느님을 교회와 사원에서 느낄 수 없는지 의아해한다. 개인적 신앙은 전통이나 외형에 매이지 않는다. 그래서 아버지와 어머니의 종교 사이에서 고민하다가 결국 제도적 종교와 개인적 신앙을 구분하고, 그 둘 사이에서 혼란과 불확실성을 인정해간다. 부모 혹은 조부모가 이것은 "전통이니까 해라! 해야 한다!"라고 말할 때 마거릿은 "전통이 뭔데 나를 괴롭혀?"라고 반박한다. "그래서, 그 전통이라는 것이 도대체 나와 무슨 상관이 있다는 말인가?" 질문한다. 종교 전통, 제도, 문화가 개인적 삶과 연결되지 않는다면 아무 의미가 없다는 것이다. 개인적 신앙의 친밀함을 추구하는 사춘기 소녀 마거릿은 결국 유대교도 기독교도 선택하지 않겠다고 결심한다. 이 책은 십대 소녀가 '종교가 아닌 개인적 신을 선택'해

---

[172] Judy Blume, 김경미 옮김, 『안녕하세요, 하느님? 저 마거릿이에요』 (서울: 비룡소, 2012), 189.

가는 과정을 서술하고 있다.

3) 도마의 신앙

청소년기 신앙은 예수님의 제자 도마처럼 '회의적'이다. '회의'에는 '망설이다', '주저하다', '논쟁하다', '토론하다', '싸우다'는 뜻이 들어있다. 예수님의 제자 중 도마(Thomas)는 예수님의 부활 소식을 듣고도 믿지 못하는 사람 가운데 하나이었다. 그는 부활하신 예수님이 나타나셨을 때 그 자리에 없었고, 그래서 '부활'에 대하여 "내가 그 손의 못자국을 보며 내 손가락을 그 못 자국에 넣어 보지 않고는 믿지 아니하겠노라(요20:25)" 하였다. 회의란 도마처럼 아직 확신이 부족하기 때문에 주저하거나 망설이는 상태(마28:17)를 말한다. 일부 불확실한 것들을 묻고 숙고하는 것, 자기 자신과 논쟁, 토론, 갈등중인 상태이다.[173] 회의는 두 마음을 품어서 긴장이 발생하고 선택하지 못하는 우유부단한 태도이면서 또한 불확실한 것들을 숙고하면서 자기 자신과 논쟁하고 있는 상태이다. 아직 결정되지 않은 마음으로, 어떤 지식의 진정성을 논쟁하는 '회의주의(skepticism)' 혹은 진리가 거짓이라고 확신하는 '불신(unbelief)'과 다르다.[174] 불신이 믿지 않는 결정된 마음이라면, 회의주의는 매사에 회의하는 경향성을 말한다. 회의는 믿음으로 갈 수도 있고, 불신으로 갈 수도 있는 미결정 상태이다. 또한 회의주의와 달리 누구나 한번쯤 경험해 볼 수 있는 인지적 상태인 것이다.

그럼에도 아무나 신앙에 대한 회의나 의심을 과감하게 드러내지 못한다. 왜냐하면 주변의 곱지 않은 시선을 의식하기 때문이다. 의심하는 자는 의심받고, 회의하는 자는 회의와 논쟁의 대상으로 주목 받는다. 도마의 영어 이름은 토마스이다. 영국에서 토마스라는 이름을 가진 남자들을

---

173) Alister Macgrath, 김일우 옮김, 『회의에서 확신으로』 (서울: IVP, 2016), 20.
174) Keith A. Puffer and, "Religious doubt and Identity formation: Salient Predictors of Adolescent Religious Doubt", 270~272.

흔히 볼 수 있다. 몰도바에서 온 친구 빅토리아의 남편도 토마스라는 이름을 갖고 있었다. 영국에서는 확신이 부족하여 논쟁하고, 갈등하는 것을 지지하는 경향이 있었다. 그래서 토마스라는 이름을 가진 사람이 많고 토마스는 이성적이고 총명한 사람이라는 뜻이다. 예수님은 도마가 다른 제자들과 함께 집안에 있을 때 오셔서, 평강을 선포하시고 제자 도마에게 "네 손가락을 이리 내밀어 내 손을 보고 네 손을 내밀어 내 옆구리에 넣어보라 그리하여 믿음 없는 자가 되지 말고 믿는 자가 되라(요 20:27)"고 말씀하셨다. 내적인 투쟁을 하던 토마스는 평강을 얻었다. 그는 예수님 앞에서 "나의 주님이시오 나의 하나님이시니이다(요20:28)"라는 신앙 고백을 하였다. 물론 보지 않고 믿는 것이 복되다(요20:29). 하지만 예수님은 보고 믿기를 원하는 자에게 보는 믿음도 허락하셨다.

(1) 신념 회의와 인격회의

누군가 회의할 때, 특히 청소년이 회의한다면 그것이 어떤 회의인지 먼저 구별해 보는 것이 필요하다. 어떤 회의인지 구별해야 그 다음에 어떻게 접근할 것인지 알 수 있기 때문이다. 회의는 '신념에 대한 인식적 회의'와 '사람에 대한 인격적 회의'로 구분할 수 있다.[175]

먼저, 신념에 대한 회의는 하나님의 속성, 진리에 대한 진술-예수님의 죽음과 부활, 성육신, 기적 등-을 의심하는 것이다. 교리에 대한 부정확한 이해와 하나님에 대한 막연한 공상은 의심을 만들어낸다. 모래위에 지은 집이 비가 오고 홍수가 나자 무너지는 것처럼 고통이나 어려움을 만나면 쉽게 무너진다. 가장 확실한 앎은 실천을 통하여 만들어진다. 그래서 말씀을 듣고 실천하는 반석위에 지은 집은 쉽게 무너지지 않는다. 신념에 대한 회의가 발생하였다면 말씀을 믿고 실천하는 기본 교리교육이 필요하다. 기독교 교리에 대한 정확한 이해를 토대로, 하나씩 생활에서 실천해 보고, 그 결과에 대하여 성찰하는 프락시스(praxis) 교육이 필요하다. 알기, 실천하기, 실천한 것에 대하여 반성하기의 3단계가

---

175) Alister Macgrath, 『회의에서 확신으로』 70.

반복되는 교육이다.

다음으로, 인격적 회의는 자기 자신 또는 주변 사람들에 대한 회의를 말한다. 교사, 목회자, 부모, 직분 자들의 인격, 교회 혹은 사회의 정의롭지 못한 모습에 대한 회의 말한다. 인격적 회의는 신념 곧 하나님, 예수님의 존재와 구원 그 자체에 대한 회의와 혼동되어 있는 것처럼 보인다. 좀 더 구체적인 대화를 해 보면 그 회의가 지식의 부족에서 온 신념적 회의인지 아니면 주변 사람들에 대한 불만에서 나오는 것인지 구별할 수 있다. 신념적 회의라면 불충분한 지식을 교육하면 되지만, 인격적 회의라면 어떻게 자기의 신앙과 주변 사람들에 대한 실망을 분리시켜야 할지 고민할 필요가 있다. 사람 또는 세상에 대한 인격적 회의는 창조, 타락, 구속이라는 기독교세계관의 틀로 해석해 볼 수 있다. 하나님의 형상대로 창조된 사람은 타락한 존재이고, 이 세상은 그들이 살고 있는 실낙원(실패한 낙원)이다. 그러므로 고통이나 문제가 없기를 바란다면 지구라는 행성에 잘못 온 것이다. 고통과 문제가 많은 이들에게 예수님의 구원이 필요하다. 예수님은 자신을 반대하는 사람들과 세상을 구원하였지만 종말의 날까지, 완전히 회복된 모습을 보지는 못한다. 그러므로 소망을 품고 예수님의 뒤를 따라 자기 자신과 이웃, 세상의 빛과 소금으로 살아가는 것이 바로 기독교인의 소명이다.

(2) 신앙에 회의적인 이유

청소년이 신앙에 회의적이라면 그 이유는 무엇인가? 믿음이 연약하기 때문이다. 청소년은 아직 연약한 믿음의 지반을 갖고 있다. 앞으로 그 지반을 굳건하게 만들어가야 할 것이다. 그러므로 청소년이 회의적이라면 그 이유는 확실히 알 수 없는 어떤 대상이나 세계에 대하여 확실히 알고 싶은 갈망, 이성과 감정이 뒤얽혀서 생겨나는 것이다. 신앙이 연약한 기초 위에 서 있다는 것을 가리킨다. 그러므로 회의는 적당한 상황, 가령 죄와 벌이는 싸움에서 드러날 필요가 있다(히12:4). 청소년들이 회의한다면 이는 어떤 부분이 취약하다는 뜻이다. 어떤 점이 취약한지 파악하고, 빈약한 신앙의 지식, 앎을 보충하는 교육이 필요하다.

청소년이 회의한다면 이는 주변에 강력하게 비판하는 누군가가 있다는 뜻이다. 아직 연약한 믿음의 신념을 가졌기에 주변에 쉽게 동화될 수 있다. 만약 피상적, 취약한 신앙적 이해를 가졌다면 회의적인 가족, 또래 친구 혹은 그룹, 질문이나 비판을 받았을 때 쉽게 동화될 수 있다. 필자는 청소년 사역을 하면서 신앙에 대하여 회의하는 청소년들을 많이 만났다. 가족 가운데 누군가가 '하나님이 진짜 있다고 생각하느냐?', '하나님이 진짜 있다면 우리 집은 왜 가난하게 내버려 두느냐?'고 질문하는 경우가 많았다. 대부분 청소년들의 비판은 다른 사람, 친구, 동료가 보이는 교회나 전통에 대한 비판적 태도에 동조일 가능성이 높다.[176] 하지만 이런 질문은 모순, 역설에 대한 것이다. 하나님은 전능한데 왜 인간의 죽음, 질병, 연약함, 가난을 방치하는가? 하는 물음은 왜 이 세상은 천국이 아니냐고 묻는 것과 매한가지이다. 하나님은 독생자 예수 그리스도를 왜 십자가에서 구원하지 않고, 십자가의 구원자가 되도록 방치하였는가?, 인류에게 구원의 길을 열어놓기 위함이었다. 하나님은 큰 고통의 순간을 감내하셨다. 인간의 삶에는 고통의 순간이 있다. 그런데 그 고통은 하나님의 기적과 은혜를 경험하는 신비의 순간으로 탈바꿈되기도 한다. 모든 신비로움은 모순, 역설의 상황에서 발생한다. 그러므로 십자가와 부활의 역설이 기독교의 기본 성격임을 이해할 필요가 있다. 또한 하나님이 어떻게 인간의 고통에 동참하고, 그것이 부활의 순간으로 전환되도록 역사하시는지에 대한 이해도 필요하겠다.

마지막으로 청소년이 회의적이라면 그것은 부모로부터 전수받은 신앙을 자신의 것으로 내면화 시키려는 것이다.[177] 이것이 청소년이 신앙적으로 회의 하는 가장 기본 동기라고 볼 수 있다. 자기만의 고유한, 독특

---

176) 앞의 책, 172.
177) Friedrich Schweitzer, 『삶의 이야기와 종교』, 42.

한 신앙을 찾겠다는 동기가 '회의'로 나타나는 것이다. 그렇다면, 청소년의 회의적 신앙은 그 동안 옳다고 믿었던 가족의 신앙에서 벗어나겠다는 결단의 표시이기도 하다. 그러므로 청소년이 회의한다면 어떻게 고유한 자기 신앙의 닻을 내리도록 도와줄지 고민할 필요가 있다. 이 고민은 어른들의 몫이다. 청소년의 '나의 신앙 찾기'는 의심, 회의, 비평, 질문으로 나타난다. 얼마 전에 대학로에서 공연하는 〈김종욱 찾기!〉라는 연극을 관람하였다. 영화로도 만들어진 이 연극은 인도에서 만난 첫 사랑을 찾아가는 여정에서 운명적 사랑에 대한 믿음이 허상임을 깨닫게 한다. 주인공이 첫 사랑을 붙잡고 있는 것처럼 보였지만, 사실 사랑이 무엇인지 어떻게 하는 것인지 잘 모르는 무능력한 사람이었던 것이다. 뭔가 막연하지만, 그래도 진리를 발견하려는 노력은 자기 자신 혹은 신앙의 대상을 발견할 수 있는 신비로운 길이다.

톡!톡(Talk, Talk)!

- 신앙의 사춘기적 특성은 무엇인가?
- 개인적 신앙이 거부하는 것은 무엇인가?
- 예수님은 도마의 의심을 어떻게 다루셨는가?
- 청소년의 회의를 어떻게 다루면 좋을까? 순서를 정해보자.

4. 청소년의 영적 성년식

1) 의심에 대한 두 관점

회의는 '의심'에서 시작한다. '의심(doubt)'은 둘(double) 혹은 그 이상의 반대되는 생각, 감정이 충돌하는 상태를 말한다. 이전에 갖고 있던 신념과 또 다른 신념의 증거가 충돌하는 것이다. 의심은 마음을 갈라지게 하므로 뭔가 결정하고 확신하기 보다는 논쟁하고 싶은 회의적 태도를 갖게 한다. 그러므로 회의적 신앙은 의심으로부터 시작된다. 의심이 시작된다는 것은 청소년들이 인지적으로 발달했다는 것을 뜻한다. 그러면 청소년에게 신앙에 대한 의심은 유익한가? 이 질문에 대한 입장은 상반된다.

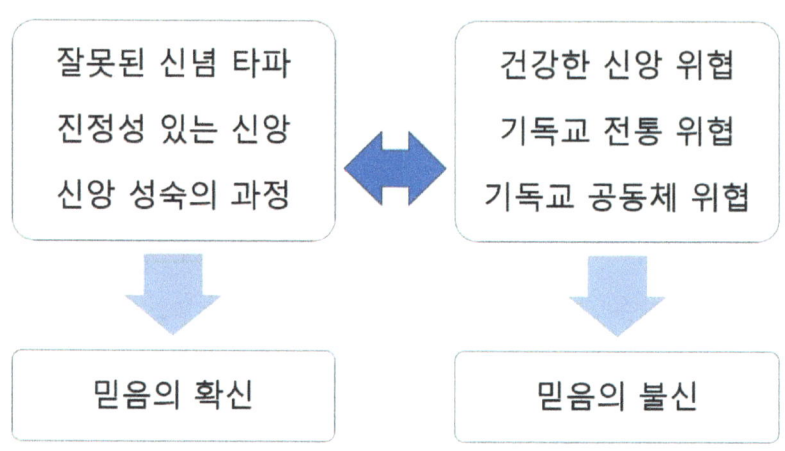

그림20> 의심에 대한 두 관점

의심에 대한 긍정적 관점은 의심하는 것이 신앙의 퇴보로 보일 수 있지만, 오히려 신앙을 확신으로 인도할 절호의 기회가 된다고 말한다. 의심은 회의를 만들고, 회의는 아무것도 당연한 것으로 간주하지 않는다. '주저한다', '머뭇거린다', 확신하지 못한다. 사실 더 많은 질문과 탐색이 필요하다고 생각한다. 그러므로 의심을 무작정 반대하고 위험하게 생각하기 보다는 신앙을 적극적으로 탐색할 수 있는 발판으로 삼는다면, 오히려 회의, 냉소로 인도하는 기독교적 인습들을 타파할 수 있다.[178]

의심에 대한 부정적 관점은 의심은 건강한 신앙을 위협한다고 믿는 것이다. 의심은 기독교적 전통을 타파함으로서, 기독교 공동체에 혼란을

---

[178] Keith A. Puffer and. "Religious doubt and Identity formation: Salient predictors of Adolescent Religious Doubt." *Journal of Psychology and Theology*, 2008. 36(4), 270-272.

조성할 수 있다고 본다. 의심은 결국 불신으로 인도할 확률이 높아서 위협이 된다는 주장이다. 이들은 의심을 불신앙과 동일한 위험천만한 것으로 간주한다. 신앙에 대한 의심이 불신앙으로 기울어질 확률이 높기 때문에 위험하다는 것이다.

의심에 대한 긍정적 관점은 의심을 통하여 불확실한 것을 다루고, 오히려 믿음을 굳건하게 할 수 있는 기회로 본다. 의심에 대한 부정적 관점은 의심이 결국은 신앙을 버리도록 유혹하는 불신으로 인도할 것이라고 해석한다. 단 한 번도 회의에 빠져보지 않은 신앙이 과연 있을까? 의심에 대한 두 관점은 모두 일리가 있다. 의심을 잘 다루면 아마도, 믿음은 더욱 굳건해 지는 기회가 될 것이다. 반대로 의심을 잘 다루지 못하면 더 큰 의심을 낳게 될 것이다.

2) 전능하신 하나님은 어디에?

청소년은 하나님을 오직 '전지전능하신 하나님'으로 생각한다. 전능하신 하나님의 이미지에 머물러서 인생에 고난이 닥치거나 위험이 있을 때 '왜 하나님은 보고만 있지?' 하는 의심을 갖는다. 이 세상에서 일어나는 부정적인 일들과 전능하신 하나님은 쉽게 연결되지 않는다. 청소년의 신념적 회의는 다음과 같은 물음으로 나타난다.

- ○ 정말로 하나님이 살아있다고 생각하세요?
- ○ 전능하신 하나님은 왜 사람들이 고통 받을 때 도와주지 않나요?
- ○ 성경은 하나님이 직접 쓰셨나요 아니면 사람을 시켜서 쓰셨나요?
- ○ 예수님이 처녀에게서 태어났다는 것이 사실일까요?
- ○ 예수님은 결혼하지 않으셨나요? 성적인 유혹에서 자유하셨나요?
- ○ 예수 그리스도의 부활은 역사적 사실인가요?
- ○ 기독교가 점점 쇠퇴하고 있는데 역사 속에서 사라지는 것은 아닌가요?
- ○ 주일에 예배를 드리는 이유는 뭔가요?

○ 교회에 안 나가면 신앙을 지킬 수 없나요?

　이런 물음은 청소년들이 진리에 대한 지식이 부족하다는 것을 말해준다. 청소년기는 심리적으로 불안정하지만, 이성이 발달한다. 그래서 하나님에 대한 개념적, 추상적 이해를 추구한다. 청소년들이 자주 묻는 물음은 "하나님이 살아있다면…왜 사람들이 고통 받을 때 도와주지 않는가?"이다. 이 물음은 하나님의 전능성에만 기초한 물음이다. 전능하여 모든 것을 해결할 줄 알았던 하나님이 그렇지 못해서 인간에게 불행이 왔다고 생각하는 것이다. 인생의 한계와 전능하신 하나님이 쉽게 연결되지 않는다. 불의한 세상 속에서 하나님에 대한 합리화를 요구하는 이 물음에 적절한 답을 얻지 못한다면, 하나님의 존재를 아예 거부할 수도 있다. 하지만 청소년의 의심은 핵심 교리를 교육할 수 있는 기회로 삼을 수 있다. 하나님은 전지전능하신 분이지만 또한 모든 것을 희생하고 십자가에 달리는 고난을 겸손히 받아들인 구속의 하나님이기도 하다. 예수님의 고난, 죽음의 경험을 받아들이는 것은 하나님에 대한 온전한 이해를 갖게 한다.

　"주일에 꼭 교회에 가서 예배를 드려야 하나요? 혼자서도 예배를 드릴
　수 있잖아요!", "왜 내가 가족과 동일한 하나님을 믿어야 하나요?"

　청소년들이 많이 갖는 또 다른 물음은 "주일에 꼭 예배를 드려야 하나요? 혼자서도 예배를 드릴 수 있잖아요!", "왜 내가 가족과 동일한 하나님을 믿어야 하나요?"이다. 사실, 청소년이 예배가 자신에게 의미가 있는가? 시간을 내어줄 만한 가치가 있는가? 묻는 것이다. 의미를 안다면, 예배는 청소년에게 더 이상 형식적인 행사가 아닌 개인의 의전이 된다. 13세가 되면 유대인들은 성년식을 갖는다. 성년식에서 아이들은 말씀의 아들, 딸이 된다. 이때 토라(율법)를 받아들면서 공동체의 책임 있는 구성원으로 인정된다. 보통, 토라는 회당의 앞쪽 벽장에 보관되어 있다. 토라를 전달 받을 때 청소년은 이스라엘의 역사, 전통과 연결된다.

토라의 무게를 느낀다.

그림21〉 두루마리 토라

꼭 그래야 하니까 당연히 그래야 한다는 말은 사실, 청소년에게 동기부여가 되지 못한다. 그래서 그것이 나와 무슨 상관인지 알아야 한다. 청소년기가 되면 의심하고 회의하고 질문하면서 전수받은 신앙을 확인하려고 든다. 그동안 당연한 것으로 받아들였던 진리를 실험하고 싶어 한다. 이러한 실험은 노골적인 '거부, 저항, 반박(just say no)'으로 표출되기 때문에 주변 사람들의 마음을 상하게 한다. 거부와 저항은 그리스도 안에서 자기만의 신앙을 갖기 위한 나름의 준비운동과 같다. 우격다짐으로 진리를 주입하거나, 냉정함으로 확고한 신앙·절대적 확신을 강요한다면 장애물만 더 쌓여갈 뿐이다. 청소년의 의심과 회의를 예수님의 제자가 되어가는 길로 만들어 주려면, 넉넉한 마음과 사려 깊은 대화가 요청된다. 상호 민감성 속에서 잘 듣고, 함께 대화할 수 있다면 신념적 회의는 '영적 성년식'으로 가는 길이 될 수 있다. 사실, 입교교육은 청소년이 영적 성년식이 될 수 있다. 이제는 아동도 세례를 받을 수 있지만, 유아세례를 받은 청소년은 14세에 입교식에 참여할 수 있다. 입교는 부모의 신앙으로 유아세례를 받은 아이들이 청소년기가 되어 그 신앙을 자기의 것으로 고백하는 의식이다. 물론 세례처럼 물로 씻는 예식은 없지만, 회중 앞에서 신앙을 자기의 것으로 고백한다. 입교식에 참여하기 전 청소년은 입교교육을 받는다. 간단한 입교교육 보다는 청소년의 신념적 회의를 적절히 다루는 양방향 소통의 입교교육을 한다면, 영적 성년식으로 가는 계기가 될 것이다.

3) 믿는 사람들이 왜 그럴까요?

'믿는 사람들이 왜 그럴까?' 하는 인격적 회의는 누구나 한번 가져봄 직하다. 자기 자신, 주변 사람들, 교회 혹은 사회에 대한 실망감을 인격적 회의라고 부른다. 청소년은 많은 발달과제 속에서 적지 않은 스트레스를 받고 있다. 외모 콤플렉스, 진로 고민, 또래 친구들과의 갈등, 교사나 부모에 대한 불만, 가정 문제 등. 신앙이 혹은 하나님이 자신의 이런 고민과 어떻게 연결되는지 잘 알지 못하고, 도움을 줄 수 없다고 생각할 때 회의적 태도를 보인다.

- ○ 나는 어디로 가고 있는 걸까요? 나의 고민을 얘기한다면 하나님은 더 고통스럽지 않을까요?
- ○ 우리 부모님은 예배를 강조하면서 왜 설교 시간에 주무시는 걸까요?
- ○ 교회가 불쌍한 사람을 돕지 않고 건물을 짓는 것이 옳은가요?
- ○ 기독교인들이 이렇게 많은 데 왜 세상은 점점 더 악해지는 것일까요?
- ○ 교회 주차장은 텅 비어있는데, 왜 주중에 다른 사람들에게 개방하지 않나요?

인격적 회의는 사람 혹은 사회에 대한 혼란, 실망스러움으로 생겨난다. 교회 다니는 사람들의 위선, 공동체에 대한 회의도 인격적 회의에 속한다. 회의적 태도를 취하는 청소년들과 대화하다 보면 그것이 '교회나 주변 어른들과 사회'에 대한 회의를 반영하는 경우가 많음을 보게 된다. 사람과 사회에 대한 낙관적 기대, 비현실적 전망은 회의적 태도를 만들고 그것이 하나님에 대한 실망으로 표현된다. 인지적 사고의 발달로 '평형과 균형'에 대한 인식이 가능해 지면서, 가장 이상적이고 완벽한 세상, 유토피아를 추구하는 이들은 교회가 이상적이지 못하다고 비판한다. 그리고 교회에 대한 비판은 하나님의 신실성을 의심하는 쪽으로 향한다.

무신론자들의 공통점을 연구한 폴 비츠(Paul Vitz)는 무신론에는 심리학적 원인이 있음을 주장한다. 무신론자의 대표적 인물로 칼 마르크스(Karl H. Marx), 루드비히 포이어바흐(Ludwig A. Feuerbach), 마들린 머레이 오헤어(Madalyn M. O'Hair) 등은 대부분, 성장기에 아버지가 없거나, 아버지와의 관계가 심하게 좋지 않았다. 비츠는 무신론의 심리학적 근거가 권위자, 아버지에 대한 불신이라고 주장한다. 마들린 머레이 오헤어는 1960년대 공립학교의 기도 금지 소송을 제기했던 공격적 무신론자이다. 오헤어의 아들 윌리엄의 자서전 『신이 없는 나의 삶』이라는 책에는 "우리는 가족으로서 무언가를 함께 하는 일이 거의 없었다. 외할아버지와 어머니 사이의 증오가 건강한 가족 관계를 막았다"[179]고 서술되어 있다. 가족에 대한 증오, 특히 권위자인 아버지에 대한 불신이 무신론으로 이어질 수 있다는 것이다.

이처럼 청소년의 회의는 신뢰하고 싶었던 대상에 대한 실망감을 반영한다. 중요한 관계에 있는 사람들과의 관계에서 발생한 문제가 인격적 회의를 유발한다. 그러므로 청소년이 신앙에 대한 회의를 갖고 있다면 이야기를 충분히 듣고 대화하되, 서두르지 말아야 한다. 신뢰가 그렇듯이, 불신도 하루아침에 형성된 것은 아니다. 대화와 기다림은 어른, 교사나 부모에게도 자신을 성찰하고 수정하도록 요청하는 시간이 될 것이다. 불신이 깊은 사람은 마음을 여는데 오랜 시간이 걸린다. 회의적 신앙을 가진 청소년의 이야기를 듣다보면 어느새 가족의 갈등, 개인의 투쟁이 무엇인지 알 수 있다. 곧 그들이 고민하는 삶의 문제와 교류할 수 있다. 청소년기는 가족과의 밀착된 관계로부터 벗어나고 싶어 한다. 특히 가족의 신념을 타파하고 새로운 신념, 인생에 대한 자기의 주장을 만들고 싶어 한다. 그러다 보니 지극히 평범한 가족인데도, 가족에 대하여 불평하는 경우가 많다. 예수님은 길에서 겨자씨, 들에 핀 꽃을 가지고

---

179) Tom wright, Os Guinness, 최효은 옮김, 『세상이 묻고 진리가 답하다』 (서울; IVP, 2014), 177.

삶의 문제를 가진 회중과 대화하였다. 회의하는 청소년과는 이러한 대화적 교육이 필요하다. 등산길에서, 맛 집 탐방 길에서, 사진전시회를 관람하면서, 커피를 마시면서 듣고 질문하는 상호적 대화, 짧은 이야기와 사례를 통한 교육은 그들 스스로 답을 찾도록 촉진한다.

톡!톡(Talk, Talk)!

- 의심에 대한 두 가지 관점은 무엇인가?
- 신념적 회의는 어떻게 영적 성년식이 될 수 있는가?
- 인격적 회의를 가진 청소년과 어떻게 대화하면 좋을까?
- 나는 청소년기에 어떤 종류의 회의를 가졌었는가?

5. 청소년을 위한 산파교육

청소년이 의심을 품는 이유 중 하나는 신앙에 대한 지식에 무지하기 때문이다. 사실, 교리교육처럼 따분하게 다가오는 것도 없겠지만, 교리교육은 꼭 필요하다. 청소년에게 교리교육을 한다는 상상을 할 수 있겠는가? '교리' 하면 어른들도, 지루하고 따분하다는 생각부터 한다. 입교, 세례를 준비하는 청소년에게 기본교리를 가르치는 것은 아주 좋은 기회이다. 대·소요리문답서를 보면 모든 내용은 질문과 답의 형식으로 되어 있다. 무조건 내용을 주입하는 것이 아니라, 먼저 질문하고 답을 제공하는 식이었다. 교사들이 교리를 주입한다고 하면서 열심히 가르치지만, 때로 그 모든 가르침이 무효할 때가 있다. 오히려 기본 교리, 신앙적 이슈를 질문으로 만들어서 함께 토론한다면 교리에 대한 기초적 이해를 도울 수 있다. 또한 청소년의 신앙은 교리교육의 큰 동기가 된다. 의심은 이해를 통하여 해소될 수 있기 때문이다. 이해하기 때문에 하나님을 믿는 것은 아니지만, 하나님을 믿으면 이해하고 싶어진다. 교리교육을 어떻게 접근하느냐의 문제가 아닐까? 학습의 효과는 동기에 의하여 좌우된다. 기독교교육 학자, 켄다 딘(Kenda C. Dean)은 청소년을 위한 교육 방법으로 산파술을 제안한다. 산파는 아이를 받는 사람이다. 그래서 산모가 아이를 낳는 것을 돕는 네 단계를 제안한다. 가방 꾸리기, 고통 드러내기, 물을 터뜨리기, 받을 준비180)이다. 산파가 아이의 출산을 돕는 것처럼 교사는 영적인 생명의 탄생을 준비하고 조력한다.

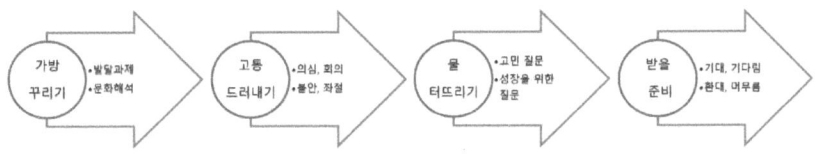

그림22> 산파교육의 단계

1) 가방 꾸리기

가방 꾸리기는 산파가 준비하는 단계이다. 여기서 교사는 청소년의 발달과제와 문화를 해석하는 일을 한다. 교사는 하늘의 의미를 땅의 비유로 만드는 일을 한다.181) 하늘의 의미를 잘 전달하려면, 그 이야기를 받아들이는 학습자, 청소년이 누구인지 알아야 한다. 여기서 교사는 '청소년은 누구인가?' '그들의 문화는 어떻게 다른가?' 질문 한다. 교사가 '청소년이 누구인가?' 묻고 알고 싶다는 것은 '인격적 교육'이 시작된다는 뜻이다. 전통적으로 교사는 '무엇을 가르칠 것인가?' 하는 질문을 더 자주 해 왔다. 하지만, '누가', '누구에게' 가르치는가는 학습의 효과를 결정한다. 청소년을 알지 못한다면 청소년의 효과적인 학습을 돕기 어렵다. 청소년의 모습은 부모, 교사에게 '왜 그러는데?', '뭘 어떻게 해야 하는데?' 등의 많은 의문을 품게 한다. 아이를 키운 부모라 할지라도, 청소년기가 되면 아이에 대한 호기심이 폭발한다. 말수가 줄고, 집에 돌아오면 방에 들어가서 문을 닫는다. 아이와의 단절된 느낌 속에서 부모는 아이의 일상에 어떤 일이 일어나는지 몰라 답답하다. 교사 역시 마찬

---

180) Kenda C. Dean, Ron Foster, 배정훈 옮김, 『하나님을 잉태하는 청소년 사역』 (서울: 복 있는 사람, 2006), 232.
181) 김영래, 『미래, 교육, 목회』 (서울: 땅에 쓰신 글씨, 2010), 75.

가지이다. 교사가 청소년의 내면에서 어떤 물음이 일어나고 있는지 알아야 한다. 하지만 청소년들은 좀처럼 어른, 특히 권위자라고 생각하는 교사에게 그들의 생각이나 고민을 선뜻 밝히지 않는다. 교사는 청소년의 내면에서 어떤 일이 일어나는지 알기 위하여 발달과제와 문화, 언어 및 놀이를 탐구할 필요가 있다. 청소년들의 이슈, 줄임말, 흥미, 취미를 파악할 때 교사는 청소년의 문화와 세계를 알고, 점차 유입해 들어갈 수 있다. 발달 상태를 알려주는 책, 신문기사, 방송, 유튜브 강의를 통하여 지금 청소년들의 문화, 삶의 목적, 관계 네트워크 등을 읽을 수 있다. 무엇보다 요즘 아이들은 종교에 무지하고 관심이 없지만 생활 속에서 나타나는 초월, 영성의 욕구를 파악하는 노력이 수반되어야 한다.

2) 고통 드러내기

고통 드러내기는 청소년을 불안, 의심, 좌절, 회의하게 만드는 요인들과 직면하는 것이다. 청소년기에는 발달적 스트레스가 있다. 신체적 스트레스, 인지적 스트레스, 사회적 스트레스 등. 청소년기의 형식적 사고는 이상주의적 전망을 갖게 한다. 그래서 청소년들은 평형, 균형 잡힌 세계를 갈망한다. 이상주의적 전망은 무비판적 신앙에서 벗어나서 비판적 태도를 취하게 한다. 그래서 이상적 기준에 미치지 못하는 자기 자신, 가족, 교회, 사회, 그리고 신의 존재를 의심하고 비판한다. 고통 드러내기는 청소년의 스트레스를 드러내는 질문이다. 이 모든 질문은 신앙과 연계되어 있다. "하나님은 어떻게 나를 도울 수 있는가?" 알고 싶다. 교사는 청소년에게 모든 삶의 문제들과의 투쟁이 바로 믿음의 투쟁이라는 것을 일깨울 필요가 있다. 게르트 타이쎈(Gerd Theissen)은 청소년기 문제와 성경의 주제를 연결하였다.[182]

---

182) Gerd Theissen, 고원석, 손성현 옮김, 『성서, 어떻게 가르칠 것인가?』 (서울: 동연, 2012), 175~213 참조.

문제, 궁금증	성경 본문	성경 주제
자살, 사후세계, 성교, 생명 탄생	창1:1, 롬4:17, 창14:9, 사51:1	창조 이야기
정의	마5:45;6:26;10:31-32	
새사람, 의미	요1:1-5, 갈6:15, 롬5:1, 고후4:16	
학업, 갈등	골2:3, 약3:13-18	지 혜
몸	요1:14, 롬8:1, 10;12:3, 고전6:19;12:12, 골2:9	성 전
친구관계, 책임	삼상2:6-7, 막10:31-35, 눅1:52, 요15:13-15, 빌2:6, 롬1:8, 고전15:29, 갈3:13-14	대 속
초자연, 신비, 기도	마8:23;27:52, 막8:11-12	희망, 기적
죄, 죽음, 소외감	창3:8;6:1;11:7-9, 암4:6-11, 호5:4, 사9:12, 마3:7;12:28, 롬9:19	소 외
참된 자유, 해방	아브라함, 출애굽, 바벨론	구 원
믿음	약2:19, 히11:3, 막2:5;11:22-23, 약1:6;5:15	신 앙

표7) 청소년의 문제와 연계된 성경주제

청소년들은 자기 삶의 문제와 신앙이 어떻게 연결되는지 알고 싶다. 이러한 궁금증은 신앙에 대한 의심, 회의, 질문, 비판 등으로 표출된다. 청소년의 이런 모습은 마치 조개처럼 겉은 딱딱하나 부드러운 속살을 숨기고 있는 것과 비슷하다. 영적인 욕구, 호기심, 궁금증은 비판이라는 딱딱하고 거북스러운 모습으로 감추어져 있다. 사실, 청소년기의 불안과 좌절은 하나님을 찾는 동기로 작용한다. 불안한 만큼 불변의 절대적 존재와 진리에 대한 열망도 강렬하기 때문이다. 실제로, 학업과 등급에 대한 불안 때문에 괴로워하다가 하나님을 만난 청소년들이 많이 있다. 그러므로 청소년기의 고민, 불안, 좌절의 요인이 무엇인지 탐구하고 발견할 때 신앙교육의 중요한 동기, 모티브(motive)를 갖게 된다. 고통의 문제들을 정직하게 직면할 때, 비로소 하나님이 내 안에서 어떻게 역사하실지? 어떤 의미와 질서를 만들어 가실지 기대할 수 있다.

3) 물 터뜨리기

물 터뜨리기는 산모의 양수를 터뜨리는 것을 말한다. 산모의 양수가 터지는 것은 아기가 태어날 준비가 되었다는 뜻이다. 따라서 '물을 터뜨리기'는 파괴를 위한 질문이 아니라 생명의 출생과 성장을 위한 질문을 하는 것이다. 청소년들은 신앙을 물려준 부모, 교회, 학교로 부터 분리되어 주관적 신앙을 갖고 싶어 한다.[183] 외적으로 보이는 교회의 건물, 예배, 전통, 의식 보다 자기의 고민, 호기심, 진로, 관계 등과 어떻게 연결될 수 있는지에 더 관심이 있다. 성장을 위한 질문을 만드는 것은 쉽지 않지만 청소년이 자기 신앙을 갖도록 인도할 수 있다. 상담사들이 내담자와 상담을 할 때 성장을 위한 질문은 매우 중요하다. 사소한 문제를 위협적인 문제로 인식하게 만드는 진짜 이유를 발견하고, 스스로 그 문제를 해결 할 수 있는 능력을 갖는 계기를 만들기 때문이다. 성장을 위한 질문은 부모, 교사의 한계를 무너뜨리는 도전적 물음이다. 그러므로, 위험할 수 있다. 교사는 어떻게 하면 근원적인 물음으로 함께 성숙해갈 수 있을지 분별하고, 방향을 찾아야할 것이다.

- ○ 외모, 돈, 학벌로 내가 진정 얻고 싶은 것은 무엇인가?
- ○ 천국에 가려고 예수님을 믿는 것인가? 아니면 여기서 천국을 경험하려고 예수님을 믿는 것인가?
- ○ 하나님이 믿을만하지 못하다고 생각하는 그 이유는 무엇인가?
- ○ 몸을 잘 보존한다는 것은 어떤 의미일까?
- ○ 학업과 신앙은 정말 관계가 있을까?
- ○ 교회 예배를 빠져도 된다고 생각한다면 그 이유는 무엇인가?

---

[183] Ronald Goldman, *Religious Thinking from Childhood to Adolescence*, 239-241.

○ 신과 친구, 가족에게 도움을 요청하면 나약하다는 뜻일까?
○ 하나님이 어떤 방식으로 내 문제에 개입하면 좋겠는가?

이러한 질문은 양방향 소통을 필요로 한다. 시간이 오래 걸리고, 같이 고민할 것을 요청한다. 하지만 물음을 통하여 청소년은 조금 더 근원적인 무언가에 다가갈 수 있다. 성장하는 질문은 생각, 관습의 한계에 도전할 것을 요청한다. 그리고 어쩌면 물음 그 자체로 충분할 수 있다. 그것이 진짜 물음을 불러일으킨다면 청소년은 스스로 그 답을 찾아가기 시작할 것이다. 성장의 물음은 교사와 청소년 모두에게 인격적으로나 신앙적으로 성숙할 수 있는 기회를 제공한다.

4) 받을 준비

받을 준비는 믿음의 소망을 품고 기다리는 단계이다. 교사는 생명의 탄생을 기대하면서 기다리고, 환대하면서 머무른다. 교사는 청소년의 언저리에 너무 가깝지도 멀지도 않은 거리에서, 충실하게 함께하면서, '나는 과연 소망을 품고 생명의 출생을 기다리는가?' 질문할 필요가 있다. 교사는 청소년이 고민하는 문제들을 함께 생각하고, 토의하고, 대화하고, 때로 논증할 수 있다. 하지만 아무리 유능한 교사라고 하더라도, 결국 신앙을 심어주거나 성장하게 만들 수 없다. 다만 촉진할 수 있을 뿐이다. 신앙의 문제는 결국 하나님의 섭리로 청소년에게 경험되기를 믿고 기다리는 수밖에 없다. 성령이 하실 일이기 때문이다. 그렇지만 교사는 믿음으로 소망을 품고 기다릴 수 있다. 기다림은 정적인 상태이고, 인내의 시간이다. 지루하고 아무것도 일어나지 않는 것 같으며, 진보와 퇴보가 나타난다. 신앙의 진보는 환영할만한 것이지만 퇴보는 교사를 지치게 하는 것이다. 하지만 믿음의 기다림 속에서 교사는 청소년을 끊임없이 환대할 수 있어야 한다. 환대는 청소년들이 신앙에 변화를 보이든 그렇지 않든지 계속되어야 하는 것이다. 소망을 버리지 않고 기도하는 기다림이다.

산파술에서 교사의 역할은 전형적인 교사의 역할과는 차이가 있다. 교사는 '질문을 만들고, 듣고, 대화하면서 기도하고 환대' 한다. 교사는 성경을 가르치기 전에 청소년의 상태를 묻고, 그들의 고통이 무엇인지 참을성을 갖고 들어야 한다. 곧 믿음의 인내가 요청된다.

톡!톡(Talk, Talk)!
- 교사는 어떻게 청소년의 세계로 들어갈 수 있는가?
- 산파 교육에서 가장 힘든 단계는 무엇이라고 보는가?
- 청소년을 환대하는 것은 어떤 의미가 있는가?

6. 나의 주, 나의 하나님

1) 비판적 판단

청소년의 신앙에 대한 회의를 '비판적 판단'이라고 부른다. '비판적 판단'은 반성하는 능력에서 나온다. 어려서부터 부모 혹은 교사로부터 전수 받은 신앙을 자기의 것으로 내면화시키려면 회의, 비판적 태도가 수반된다. 물론 그밖에도 어른들에 대한 불신의 경험, 신앙에 대한 불확실한 지식, 회의를 높이 사고 믿음을 불신하는 문화, 헌신은 비판하고 의문은 칭찬하는 문화 등도 '비판적 판단'을 하게 만드는 요인이다. 오늘날에는 신문이나 잡지, 강의와 대중 토크쇼에서 종교에 대하여 회의하도록 부추기는 사회적 분위기가 편만하다.[184] 주변 문화에 쉽게 동화되는 청소년들은 이런 분위기에 휩쓸려 신앙, 기독교, 목회자를 폄하할 수 있다. 그렇다고 적절한 도움을 받지 못한다면, 청소년기 신앙은 실제로 부정적 결과-회의주의 혹은 불신앙-를 갖게 될 수도 있다. 학업이나 입시 준비에 우선순위를 두다 보니, 신앙생활을 밀어낼 수도 있다. 아니면 교회에 말을 섞을 만한 친구가 없어서. 주말에 아침잠을 더 자려고 예배에

---
184) 앞의 책, 87.

안 가는 것인데, 핑계를 대다보니 비판적 판단을 행사할 수도 있다. 어떤 이유를 대든, 그 이유를 잘 분별하고 대처하는 것은 성인들의 몫이다. 교사 혹은 부모의 경험은 청소년들의 진짜 이유를 분별하는데 도움이 된다. 기다려야 하는지, 밀어 붙여야 하는지. 아니면 대화를 해야 하는지. 바람직한 것은 신앙이 결코 청소년의 인생에 해가 되지 않는다는 믿음이다. 주변의 어른들이 신앙생활이, 교회 예배가 청소년의 인생에 디딤돌이 될 것이라는 확신을 가져야 한다. 청소년의 비판적 판단에 적절히 반응할 때 신앙의 진정성에 도달하도록 격려할 수 있다.

2) 의심을 확신으로

청소년의 의심을 다루는 적절한 태도는 무엇인가? 열두 제자 가운데 의심의 대표적 인물로 꼽히는 사람은 도마이다. 의심하였던 도마는 오히려 부활하신 예수님의 손과 옆구리에 손가락을 넣어보는 '직접체험'의 기회를 얻을 수 있었다. 그는 확실하지 않은 것, 애매한 것, 미지의 것에 대항한 사람이며 의심과 겨루어 싸운 사람이었다. 사실, 도마 외에도 예수님의 부활을 의심한 제자들이 있었다.

> "열한 제자가 갈릴리에 가서 예수께서 지시하신 산에 이르러, 예수를 뵈옵고 경배하나 아직도 의심하는 사람들이 있더라(마28:16~17)"

이 말씀은 도마 외에도 예수님의 부활을 의심하는 이들이 더 있었다는 것을 나타낸다. 많은 이들 중에, 도마는 자신의 의심을 용감하게 직면했다. 예수님은 그의 의심을 수용하면서 손의 못자국과 옆구리의 창자국에 손가락을 넣어보도록 허락하였다. 예수님은 도마를 비난하기 보다는, 그가 참된 믿음의 제자가 되를 바라셨다. 예수님의 아량으로 도마는 마침내 '나의 주 나의 하나님'이라는 고백을 할 수 있게 된다. 그럼에도 불구하고 기독교 역사 속에서 도마는 의심 때문에 본받지 말아야할 제자 가운데 한 사람으로 인식되고 있다. 도마처럼 내가 만져보지 않고는 믿지 못하겠다고 말하는 청소년이 있다면 이는 신앙적 자율에 대한 동경으로 신앙을 전인격적으로 내면화하고 싶다는 의지를 표출하는 것이다. 다시 말하면, 용기 있는 청소년이다. 자기만의 신앙을 추구하는 것에 대하여 C. S 루이스는 "습관적으로 교회에 다니는 젊은이가 자기는 기독교를 믿고 있는 것이 아님을 깨닫고 출석을 정지할 때, 정직해서 그렇게 한 것이지 자기 부모를 괴롭히려고 그런 것이 아니라면, 그리스도의 영은 아마도 이전의 그 어느 때 보다 그와 더 가까이 계실 것이다."185)라고 격려하였다.

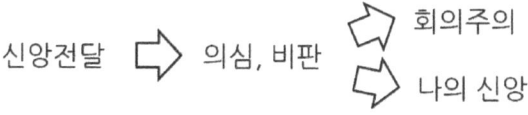

그림23> 신앙의 내면화과정

자기만의 신앙을 갖는 것, '내면화' 과정에서 청소년은 전달받은 신앙에 대하여 의심, 회의, 비판적 태도를 취한다. 이것은 '나의 하나님'으로 갈 수 있는 길이 되기도 하고 반대로 회의주의, 불신앙으로 흘러갈 수도 있다. 즉 의심과 비판은 갈림길이다. 갈림길은 항상 위기이면서 또한 기회이다. 기독교 교육의 아버지라 불리는 호레이스 부쉬넬(Horace Bushnell)은 자녀의 의심을 대하는 태도에 대하여 이렇게 조언했다.

> 자녀들이 의심의 순간을 맞이하더라도 존중하고 성급하게 말해서는 안 된다...시간을 거스르면서 의심을 단도리 하려고 해서는 안 된다. 오늘 의심을 해결할 수 없다면 내일로 미루라. 그렇게 세월이 흐르는 것을 두려워해서는 안 된다.186)

누구나 신앙의 사춘기가 순조롭고도 빨리 지나가는 것을 바란다. 하지

---

185) 윤주병, 『종교 심리학』, 158에서 재인용.
186) Mary Boys, 유재덕 옮김, 『현대 종교교육의 지형과 전망』 (서울: 하늘기획, 2006), 71.

만 바라는 바와 같이 신앙의 의심, 회의는 빨리 진행되지 않는다. 그래서 유진 피터슨(Eugene Peterson)은 이렇게 서술한다.

> 예수님의 첫 부활을 목격한 자들에게서 어떤 극적 개선도 보이지 않고, 엠마오로 가는 두 제자 역시 예수님과 동행하면서도 예수님을 알아보지 못했고, 마리아의 목격담을 듣고도 혼란스러웠던 것을 볼 때 신앙이 내면화 되는 과정은 얼마나 길고 복잡한지 모른다.[187]

청소년들이 사람들에 대한 '인격적 회의'를 나타낼 때 서두르지 않고, 충분히 대화하면서 신뢰, 충성의 문제를 다룰 필요가 있다. 의심, 회의, 질문하는 과정 자체가 성숙한 그리스도인으로 이끄는 것은 아니나, 잘 다룬다면 하나님과 더 친밀한 관계를 형성할 수 있다. 그러므로 청소년이 신앙에 대하여 회의적 태도를 보일 때 먼저 '들어주는 것'이 필요하다. 솔로몬이 왕이 되면서 하나님께 지혜, 듣는 마음을 구하였던 것처럼 (삼상3:9), 듣지 않으면 십대들을 대화로 초대할 수 없다. 듣되 긍정적 태도로 듣고, 함께 적극적으로 탐구한다면 더할 나위 없이 좋을 것이다. 청소년들이 갖는 의문은 대부분의 성인들이 한번쯤 고민해 보았지만 간과해 온 것들이다. 그들의 의심, 회의를 진지하게 다룰 때 성인들도 간과해 왔던 '의미 물음'과 다시 직면하고 신앙의 내면화를 시도할 수 있다.

톡!톡(Talk, Talk)!

- 비판적 판단이란 무엇인가?
- 비판적 판단을 행사하는 청소년, 나라면 어떻게 하겠는가?
- 예수님은 어떻게 도마의 의심을 다루셨는가?
- 청소년은 어떻게 자기의 고유한 신앙을 형성할 수 있을까?

---

[187] Eugene Peterson, Erick Peterson, 홍종락 옮김, 『젊은 목사에게 보내는 편지』 (서울: 복 있는 사람, 2020), 73.

아이덴티티

1. 청소년의 발달과제

1) 인생의 발달 단계

인생을 굳이 구분해야 한다면 몇 단계이면 좋을까? 정신분석의 창시자, 프로이드는 여섯 단계로 구분하였다. 그의 딸, 안나 프로이드(Anna Freud)의 제자이었던 에릭 에릭슨(Erick H. Erickson)은 정신분석의 구분을 토대로 인생을 8주기로 구분하였다.

프로이드	에릭슨		
단계	단계	발달과제	덕목
구강기(0~18개월)	구강 감각기	기본 신뢰감 vs 불신감	희망
항문기(18~3세)	근육 항문기	자율성 vs 수치심	의지력
남근기(3~6세)	운동 남근기	주도성 vs 죄의식	의도(목표)
잠복기(6~11세)	잠재기	근면성 vs 열등감	능력
	사춘기, 청소년기	자아정체감 vs 역할혼돈	충성
생식기(11세~)	성인초기	친밀감 vs 고립	친화, 사랑
	장년기	생산성 vs 정체	배려
	노년기	자아통합 vs 절망	지혜

표8〉 프로이드와 에릭슨의 인생주기

에릭슨은 프로이드의 영향을 받았지만, 후에 독립하여 자기만의 연구를 진행하였다. 에릭슨은 인생의 각 단계에는 그 때마다 해결해야 하는 과제가 있다고 보았는데, 이는 반대되는 항목 사이의 내적 투쟁으로 나타난다. 보통, 이를 '발달 과제'라고 부른다. 로버트 허비거스트(Robert. J. Havighurst)는 정상적 발달로부터 개인에게 주어지는 과제를 '발달 과제'라고 정의하였다.[188] 프로이드는 각 단계를 구분할 때 성적 에너지, 리비도(libido)의 움직임을 주시하였다. 리비도가 입에 있으면 구강기, 항문에 있으면 항문기, 성기에 있으면 성기기라고 명명(命名)하였다. 하지만 에릭슨은 인생의 각 단계별로 인격이 발달하는데 필요한 내적 투쟁이 있다고 보았다. 양육자는 아이가 이 내적 투쟁에서 이겨 발달과제를 잘 수행할 수 있도록 도와야 한다. 발달과제를 잘 수행할 때 덕목-희망, 의지력, 의도, 능력, 충성, 친화, 배려, 지혜-을 획득할 수 있다. 덕목은 건강한 인격을 형성시키는 힘을 말한다. 영아기는 기본 신뢰감과 불신의 투쟁에서 신뢰감을 더 얻어야 희망을 획득 수 있고, 청소년기는 자아정체감과 역할 혼돈 사이에서 정체감을 더 얻어야 충성을 획득할 수 있다.

2) 청소년의 발달과제

청소년의 발달 과제는 무엇인가? 청소년의 발달과제는 '나는 누구인가?' 라는 물음에 스스로 답을 찾는 '아이덴티티 형성' 이다. '나는 누구인가?' 라는 물음은 청소년기에 처음 등장하지만, 무의식중에 자기가 누구인지 알고 있다. 청소년기의 이 물음은 자기를 새롭게 정의하는 문제인 것이다. 이 문제에 답을 구하지 못할 때 청소년은 역할 혼돈에 빠지게 된다. 정체감, 영어로 'identity' 는 '동일시' 로 에릭슨이 'identification'에서 추론하여 만든 단어이다. 요즈음 아이덴티티는 온라인에 접속할 때 아이디(ID)라는 줄임말로 사용하는데, 유래를 이러하다. 그러면 청소년기에 자기를 굳이 새롭게 정의하는 이유는 무엇인가? 청소년기는 아동기와 성인기의 중간기이다. 아동에서 성인이 되면서 급진적인 신체적, 인지적 발달을 경험한다. 외모적으로도 많이 달라지는 청소년은 인지적으로도 '자기가 누구인지' '앞으로 어떻게 살아가면 좋은지?' 알고 싶다. 앞으로 어떻게 살아가는지 알려면, 자기가 과거에 어떤 사람인지 알아야 하기 때문에 과거에 대한 성찰, 미래에 대한 상상이 모두 발생한다. 과거에 자기가 어떤 사람이기를 바랐었는지? 돌아보면서,

---

188) 사미자, 『종교심리학』 (서울: 장로회신학대학교출판부, 2001), 68.

앞으로 '나'는 또 주변 사람들은 '내가 어떤 사람이기를 바라는지?' 생각해 보는 것이다. 이때 청소년은 이미 가정 이상의 사회를 보기 시작한다. 그래서 자기에 대한 기대가 과거에 부모, 가정에 묶여있었다면 미래에 자기 모습의 상상은 부모, 가정, 학교를 넘어서 사회로 까지 뻗어나가게 된다. 생각의 범주가 넓어진 것이다. 그래도 중요한 관계에 있는 사람들의 기대는 청소년의 아이덴티티에 중요한 영향을 미친다.

모방 행동

청소년은 자기 주변에 있는 중요한 사람들을 보면서 '나는 누구와 비슷한지', '누구와 다른지' 구별하고, 사람들이 '나를 어떻게 보는지?', 사람들이 '내게 기대하는 바가 무엇인지' 알아가면서 자기를 정의해 간다. 그래서 청소년기가 되면 모방행동이 많다. 어떤 사람의 특정 태도, 행동 패턴을 모방하고 자기 것으로 만들어가는 작업을 한다. 부모들은 자녀가 청소년이 되면, 전혀 예상하지 못했던 모습이 돌출되는 것을 보게 된다. "자식 겉을 낳지, 속을 낳느냐?"는 옛 속담은 청소년기 아이들의 이런 모습을 잘 보여준다. 아이덴티티를 연구한 에릭슨 역시 자신에 대한 정의가 어려운 사람이었다. 그는 아버지가 둘이었다. 양육해준 아버지와 생물학적 아버지가 달랐다. 어머니가 재혼을 했기 때문이다. 에릭슨은 두 아버지 사이에서 '나는 누구와 같고, 누구와 같지 않은가?'라는 동질성의 문제를 비교적 오랫동안 안고 살았다. 그래서일까? 그는 인생의 모든 발달 과제가 중요하지만 청소년기 발달과제가 핵심적 과제라고 보았다.

나는 당신의 영웅이 되고 싶지 않아요!

〈보이후드(Boyhood)〉라는 영화는 한 가족의 변천사, 아이들의 성장기를 보여주는 성장영화이다. 이 영화는 실제 배우들이 12년 동안 촬영을 하였기 때문에, 배우들의 외모 변천사를 관찰하는 재미도 있다. 엄마는 세 번 결혼했다. 첫 번째 결혼에서 딸과 아들을 낳았지만, 너무나 건달 같은 첫 남편과 헤어지고 성실해 보이는 대학교수와 재혼했다. 알고 보니, 그 대학교수는 알코올 중독이었다. 교수 남편과 헤어지고 대학에서 자기 강의를 듣던 학생과 세 번째 결혼을 했다. 아쉽게도, 세 번째 남편과도 오래 가지 못하였다. 어느덧 딸은 대학생이 되고, 아들은 사춘기 소년이 되었다. 엄마는 사실은 자기가 남편을 셋이나 버렸지만 버림받았다고 느꼈다. 그런 엄마의 인생과 달리 건달 같던 아빠는 점점 철이 들었고, 착한 아내를 만나 성실한 가장이 되었다. 엄마는 남편을 버렸지만, 오히려 자기가 버림받은 인생 같다는 느낌에 공허했다. 여자 친구와 주말여행을 떠나려는 사춘기 아들에게 엄마는 이런 푸념을 한다. "난 인생에 뭔가 더 있는 줄 알았다." 사춘기 아들은 엄마의 푸념에 시큰둥한 반응을 보인다. 그런데 정말 아들은 엄마의 푸념에 무관심했을까? 아들이 몰고 가는 차에서 '영웅'이라는 노래가 흘러나오는데, 이것은 사춘기 소년의 마음을 잘 대변하고 있다.

〈영웅(Hero)〉

날 보내주세요
난 당신의 영웅이 되고 싶지 않아요
난 어른이 되고 싶지 않은 걸
그저 남들과 부딪히며 살고 싶을 뿐이에요
당신의 가식들, 난 당신의 퍼레이드의 한 부분이 되고 싶지 않아요.
모든 사람들은 다른 모든 이들과 함께 걸어갈 기회가 있는 걸요
그러니깐 날 보내주세요... 난 당신의 영웅이 되고 싶지 않아요
난 어른이 되고 싶지 않은 걸요, 그저 남들처럼 싸우며 살고 싶을 뿐인데...

어떻게 하다 보니 엄마는 내심 아들이 자기 인생을 알아주기를 기대한다. 노력했지만 잘 안되었던 것뿐이라고. 많은 엄마들이 그러하듯이. 하지만 사춘기 아들은 그저 다른 아이들과 다름없는 평범한 인생을 꿈꾼다. 부모의 깨어진 결혼생활에 대한 보상이나, 남편에 대한 애착을 채워주는 영웅, 퍼레이드의 일부가 되는 것이 자기 삶의 목적이 아니라고,

나는 그저 남들처럼 내 삶의 문제들과 싸우면서 살고 싶다고 외치고 있다. 그러니까 말하자면, 그냥 자기 자신이 되고 싶다. 나의 정체감을 갖고 싶은 사춘기 청소년의 마음은 이러한 것이다.

3) 인간의 특권

청소년은 다른 누가 아닌 내가 되고 싶다는 열망이 있다. '나는 내가 누구인지 알고 싶다.' 이 물음은 쉬워 보이지만, 아주 어려운 물음이다. 대학생들에게 '나는 누구인가?'라는 물음을 주면 비슷한 대답을 한다.

나는 남자, 여자이다.
내 이름은 ○○○이다.
나는 누구의 아들, 딸이다.
나는 대한민국 사람이다.
나는 ○○학교 학생이다.

보다시피, 구체적이지 못하다. 구체적인 대답을 하기에 너무 입시에 시달린 탓일까? 청소년은 자기를 사랑하라는 말을 많이 듣는다. 그런데 자기 자신을 잘 알지는 못하는 것 같다. 오히려 "자기 자신을 사랑할 뿐 자기 자신에 대하여 너무 알려고 하지 말라, 깊이 생각하지 말라"는 조언을 듣는 것 같다. 청소년, 청년의 우울증이 두려워서일까? 하지만 인간이 자기 자신을 알아가는 것은 인간에게 주어진 특권이다. 위르겐 몰트만(Jürgen Moltman)은 모든 생물체 가운데서 인간은 자기 자신에 대하여 의문을 품는 유일한 존재이며, '인간은 인간에 대하여 가장 큰 비밀'[189]이라고 하였다. 청소년은 자기 자신에 대하여 의문을 품는다. '나는 누구인가?'라는 물음은 오직 인간만이 가질 수 있는 것이다. 동물은 자기가 누구인지 묻지 않는다. 알려고 하지도 않는다. 자기가 누구인

---

189) Jürgen Moltmann, 전경연, 김고광 옮김, 『인간』 (서울: 한신대학교 출판부, 1990), 12.

지 알아가는 것은 쉽지 않기에 금방 찾을 수 있는 답은 아니다. 그래도 인간만이 자기가 누구인지 알아가고 싶어 하는 존재라고 하면, 너무 특별해서 일까? 인간은 '내가 누구인지?', '너는 누구인지?', '신은 누구인지?' 알고 싶다. 그리고 이 세 개의 물음은 서로 연결되어 있다. 자기가 누구인지 알지 못하는 사람은 다른 사람을 이해하기 어렵다. 하지만 하나님을 알지 못한다면 자기 자신도, 다른 사람도 정확히 이해하지 못한다. 신학자, 칼 바르트(Karl Barth)는 아이덴티티의 답은 오직 하나님으로부터 찾을 수 있다고 하였다. 인간의 창조주이신 하나님만이 참으로 인간이 누구인지 알고 있으며, 하나님께 알려짐으로서 자신의 근원적인 물음에 대한 해답을 얻을 수 있다.190) 많은 내외적 변화들은 청소년에게 '내가 누구인지?' 정의하라고 요청한다. 이 요청은 청소년기에 시작하지만, 청소년기에 끝나지 않는다. 시작이 반이라고 했다. 시작을 하면 이미 절반은 성취한 것이다. 청소년들이 이 특권을 너무 쉽게 무시하지 않으면 좋겠다.

톡!톡(Talk, Talk)!

- 발달과제란 무슨 뜻인가?
- 청소년의 발달과제는 무엇인가?
- 청소년기는 왜 모방행동이 많을까?
- '나는 누구인가?' 정의해 보자.

2. 나는 누구인가?

1) 무의식적 아이덴티티

언제부터인가 우리 사회가 다민족 사회가 되어가면서 '다름'에 대한

---

190) K. Barth, 황정욱 옮김, 『교회 교의학: 화해에 관한 교의Ⅲ-2권』, (서울: 대한 기독교 서회, 2005), 145.

존중, 차별하지 않는 태도를 가르친다. 그런데 '다름'을 안다는 것은 누구와 '같은지'를 아는데서 출발한다. 사실, 다름을 차별한다는 것은 나의 같음, 동질성에 대한 확신이 부족하다는 뜻이기도 하다. 그래서 누구와 같음, '동질성'을 아는 것은 기본적이고 기초적인 배움이다. 초등학교 때 배운 동요 중 기억에 남는 동요는 '똑같아요!'라는 이다. 이상하게도 노래 가사가 참 재미있다고 생각했다. 똑같은 것을 짝 맞추는 것이 재미있었다.

〈똑같아요〉

무엇이 무엇이 똑같을까
젓가락 두 짝이 똑같아요
무엇이 무엇이 똑같을까
윷가락 네 짝이 똑같아요
무엇이 무엇이 똑같을까
젓가락 두 짝이 똑같아요

아이덴티티 형성은 '나와 같음'을 발견하는 것이다. 사실, 아이덴티티는 청소년기 보다 훨씬 이전부터 형성된다. 곧 영아기 부터 시작된다. 단지 선택적이지 않을 뿐이다. 태어나면서 부터 영아는 외부세계의 요청과 기대를 무의식적으로 흡수한다. 마치 엄마의 모유, 분유를 흡입하듯이 공기, 분위기, 느낌을 흡입하는 데 이를 '무의식적 동일시'라고 부른다. 영아기 그리고 아동기에 이러한 같음, 동질성을 흡수한다.

나는 인간과 같음
나는 대한민국 사람과 같음
나는 엄마 혹은 아빠와 같음
나는 서울 혹은 ○○ 지역의 사람과 같음
나는 우리 가족과 같음

신생아 때부터 유전적 기질, 사회적 환경과 자기를 동일시하기 시작한다. 자기가 속한 국가, 인종, 지역, 친족, 가족의 분위기를 '흡수' 하면서 나는 이들과 같고, 같아야 한다고 믿는다. 아기가 젖과 우유를 흡입하듯이, 주변의 정서를 흡입한다. 이처럼 무의식적 아이덴티티가 형성되는 이유는 '생존'을 위한 것이다. 아이는 생존을 위하여 누군가를 의지하지 않으면 안 된다. 인류는 지구의 모든 생물체 중에서 생존을 위하여 가장 오랜 의존 기간을 필요로 하는 생물체이다. 그러므로 어쩔 수 없이 영아는 가족의 기대, 친족, 지역, 사회, 민족, 국가의 기대, 이상형을 무의식적으로 흡수하므로 아이덴티티를 형성한다.

아동기가 되면 가족, 사회가 요청하는 근면하고 성실한 사람이 되어야 한다는 사회적 기대감을 흡수한다. 어렸을 때 부모님이 읽어주는 전래동화, 세계 문학 동화 속에는 인류사회가 요청하는 인간에 대한 보편적 기대, 문화적 코드, 민족에 대한 해석이 들어있다. 여아는 신데렐라처럼 왕자님을 만나야 행복해질 수 있고 남아는 기사처럼 용감하게 세상을 구해야 한다. 유아, 아동은 이러한 동일시를 거부하거나 분별, 선택하는 능력이 없다. 사회의 기대를 그저 흡입한다.

> 나는 혈통으로 유대인과 같다.
> 나는 남자로서 용감하게 세상을 구하는 영웅과 같다.
> 나는 여자로서 나를 구해줄 왕자님을 구하는 공주와 같다.
> 나는 의존 보다 자율성을 중요하게 생각하는 유럽인과 같다.
> 나는 개인 보다 집단을 중요시하는 아시아 사람과 같다.
> 나는 관계 보다 일을 중요하게 생각하는 우리 가족과 같다.

아시아권의 사람들은 일 중심적이다. 대화를 좋아하는 유럽인이나, 놀기 좋아하는 남미 사람들을 보면 '게으르다'고 생각하는 경향이 있다. 그런데 아동기 까지 흡수한 '무의식적 아이덴티티'는 청소년기가 되면 '수정'을 요구하기 시작한다. 지금까지 당연하게 생각해 왔던 모든 것을 다시 생각하고 선택해서 '자율적으로' 정리해 보겠다고 말한다. 그래서 자기 문화와 역사 보다는 다른 문화, 역사, 개성을 탐구하기 시작한다. 청소년기는 전체적인 급변화가 일어난다. 이러한 변화는 지금까지 자기와 '같다, 맞다'고 생각했던 모든 것의 유용성이 사라져버렸다고 믿게 만든다. 누군가 청소년기는 부모가 방에 들여놓은 가구를 전부 꺼내서 재배치하는 시기라고 하였는데, 참 적절한 표현인 것 같다. 청소년은 다른 세계, 넓은 세계로 나가고 싶고, 다른 세계에서 아직 꺼내지도 못한, 잠재된 새로운 나를 만나고 싶다. 새로운 환경은 새로운 나를 만나는 계기가 될 수 있기 때문이다. 지금까지, 가족, 문화, 국가에서 인정되지 못했던 새로운 '모습'을 만나기도 한다. 그래서 뜬금없이 '독립', '유학', '세계여행'을 꿈꾸고 외치며, 실천한다. 그곳에서 다른 나를 만나고 싶다. '나는 내가 되고 싶은' 청소년이다.

2) 선택적 아이덴티티

청소년기가 되면 '선택적 아이덴티티'를 형성하기 시작한다. 러시아의 걸 그룹 세레브로가 2013년에 발표한 미미미(mimimi)라는 노래가 있다. 이 노래는 'mimimi only mi'가 후렴처럼 반복된다. 노랫말은 온통 I, Me(Mi)로 가득하다. 오직 나(only mi)를 강조하는 이 노래가 왜 그렇게 가는 곳 마다 흘러나올까? 생각 했던 적 있다. 영어는 '나'를 'I' 대문자로 쓴다. 대문자는 '나'에 대한 강조를 보여준다. 우리는 '나' 보다는 '저'라는 존칭어를 쓰도록 가르친다. 서구 사회의 영향을 받으면서 우리도 '내가', '나야', '오직 나'를 강조하는 문화가 퍼지고 있다. 젊은이들은 '바로 나야!' 라는 표현을 많이 사용한다. 이 '나'는 사실 청소년에게 큰 이슈이다. 청소년의 나는 대문자 'I' 이다. 나를 찾는 것이 바로 청소년의 큰 과제이다. 아동기까지의 물음이 '나는 누구와 **같아야 하는가?**(must)'이었다면, 청소년기부터 물음은 '나는 누구이고 **싶은가**(wish, like to)?'로 전환된다. 다른 말로 하면 '나는 어떤 사람이 **되고 싶은**

가?' 이다.

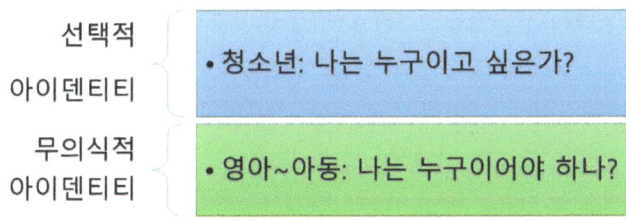

그림24〉 아이덴티티의 발달

영아~아동기의 '무의식적 아이덴티티'는 청소년기에 '선택적 아이덴티티'로 이동한다. '선택적 아이덴티티'로 이동한다는 것은 나에 대한 사회적 기대 중 어떤 부분을 가져갈지 **'내가 선택 하겠다'**는 뜻이다. 누구와 같고 싶은지는 '바로 내가' 선택하고 결정한다. 어린 시절 이루어진 동일시 중에서 더할 건 더하고 뺄 건 빼겠다는 말이다. 무의식적 동일시를 새롭게 평가-선택-수정하면서 정체감을 형성해 간다.[191] 청소년의 덧셈과 뺄셈이 시작된다. 그렇다고 '무의식적 아이덴티티'가 제로(zero)가 되는 것은 아니다. 영아~아동기까지 형성된 아이덴티티를 토대로 선택적 동일시가 일어나는 것이다. 따라서 아동기까지 형성된 아이덴티티가 취약하다면, 청소년기 일어나는 선택적 아이덴티티 역시 취약할 수밖에 없다.

3) 개별적 아이덴티티

급격한 신체적 발달은 이미 외형적으로 다른 사람처럼 보이게 한다. 갑자기 커진 키, 광대와 턱의 돌출로 달라진 얼굴형, 체형의 변화 등 청소년은 자기 모습이 낯설다고 느낀다. 곧 새롭게 자신을 알아가고 정의하지 않으면 안 된다고 믿는다. 인지적 발달은 청소년에게 아동기와 다른 '자아의 이상, 모델'을 제시한다. 청소년은 가장 이상적인 성인의 모

---

[191] Friedrich Schweitzer, 『삶의 이야기와 종교』, 95.

습을 상상한다. 그렇다고 아동기까지 '동일시' 해 온 정체감을 완전히 버릴 수는 없다. 과거의 '나'와 연속선 위에서 새로운 '독특함, 개성'을 추구한다. 청소년기에 추구하는 '같음', '동질성'은 아동기 보다 좀 더 개별적이다. 아동기까지의 동질성이 인류, 문화, 국가, 친족 등 일반적이라면 청소년기의 동질성은 개별적 동질성을 추구한다. 개별적 동질성은 아동기까지의 '나'의 연속성 위에서, 남과 다른 '나만의 독특함'을 추구하는 것이다. 청소년은 '나는 누구, 어떤 이미지, 역할, 이념과 동일시할 것인가?' 물으면서, 미래적인 자기 초상을 만들어 간다.192) 곧 청소년의 아이덴티티는 개별적 아이덴티티이다. 이때 사회가 제시하는 '이상적인 성인의 모습'이 영향을 미친다. 청소년은 더 이상 가족의 울타리에 갇히지 않고 외부세계와 교류가 많아진다. 그러면서 사회가 제시하는 새로운 역할, 이미지, 이상적 모습을 파악해간다. 하지만 아직 자신만의 개성 추구에 확신이 없는 청소년들은 '우리들만의 개성'을 추구하려 든다. 또래들과 같아지려고 하고 '자기들만의 독특성'에 몰입한다. '자기들만의 몰입'은 배타적, 비관용적, 독선적 모습으로 비춰질 수 있다. 우르르 몰려다니면서 패거리로 하는 행동들이 어른들이 볼 때 고깝게 느껴진다. 청소년들의 독특한 생활방식, 가치와 사상체계의 추구가 너무도 강렬한 나머지 '전체주의적' 성향을 드러낼 수 있다. 청소년들 사이에 '왕따(Bullying)', '희생양 만들기'는 동질성을 추구하는 청소년들의 무자비한 전체주의적 태도이다. 동년배 중에서 다른 특성이 강한 아이들에게 '배타적' 태도를 보이고 왕따 시킨다. 사실, 이런 태도는 자기 자신에 대한 확신이 부족하다는 것을 의미한다. 아직 자기가 누구인지 모르기 때문에, 우리가 이렇다고 말하는 것과 다름없다.

톡!톡(Talk, Talk)!

■ 나는 누구와 같은가? 나는 누구와 같지 않은가? 정리해 보자.

---

192) David R. Shafffer, 송길연, 이지연 옮김, 『사회성격 발달』 (서울: CENGAGE Learning, 2011), 227.

- 영유아, 아동기의 아이덴티티와 청소년의 아이덴티티는 어떻게 다른가?
- 청소년들이 또래 그룹과 같아지려는 이유는 무엇인가?
- '자기들만의 개성'을 추구하는 청소년의 배타성은 어떤 문제를 일으키는가?

3. 청소년의 아이덴티티 형성

청소년의 아이덴티티는 선택적이고 개별적이다. 개별적 아이덴티티를 형성하려는 청소년은 스스로 선택하고 싶어서 부모로부터 벗어난다. 이를 이탈이라고 한다. 에릭슨은 아이덴티티가 이탈, 이념, 관여의 과정을 통하여 형성된다고 보았다.

1) 이탈

청소년은 개별적 아이덴티티를 형성하려고 부모의 통제로 점차 벗어난다. 이를 '분리' 또는 '이탈'이라고 한다. 첫 번째 이탈은 걸음마를 배우는 유아기에 시작된다. 유아가 스스로 걷지 못할 때, 부모에게 의존할 수밖에 없었지만 걷기 시작하면 부모에 대한 신체적 의존으로부터 조금씩 벗어난다. 이탈할 때 유아의 '홀로서기', '홀로걷기'는 불안하다. 그렇지만, 넘어지고 다치는 것이 무서워서 걸음마를 배우지 못하게 하는 부모가 있을까? 그런 부모는 '나쁜 부모'라고 할 수 있다. 자녀가 스스로 독립할 때 까지 자신을 의존하도록 내어주지만, 의존성을 벗어나서 스스로 독립하려고 할 때 지원하고 응원하는 부모가 '좋은 부모'이다. 넘어지고 다칠 줄 알지만, 걸음마를 배우도록 부모는 지지하고 돕는다. 유아기는 걸음마 뿐만 아니라, 스스로 하려는 모든 것에서 부모와 갈등이 일어난다. 스스로 밥을 먹는 아이는 온통 밥알을 흘려놓기 때문에 부모는 숟가락을 빼앗아서 먹이고 싶을 때가 많다. 이것을 '자율성의 분쟁'이라고 한다. 유아와 부모 사이에는 '자율성을 획득하려는 분쟁'이 발생한다. 자율성을 획득하는 과정에서 밥풀로 어지럽히고 국을 쏟고, 넘어져도 유아는 부모의 안심하게 해주는 목소리를 듣고 싶다. 부모는 엉망진창인 아이의 자율성을 응원하고 수정해 줄 수 있어야 한다. 그러다 보면 아이는 혼자 걷고, 혼자 앉아서 먹는다. 부모의 자랑은 서툴러도 스스로 할 줄 아는 아이이다.

두 번째 이탈은 청소년기에 나타난다. 유아와 마찬가지로, 청소년은 부모와 '자율성의 분쟁'을 한다. 청소년은 스스로 생각하고, 감정을 표현하며, 행동하려고 한다. 물론 서툴지만, 청소년은 이제 독립적인 어른이 되어가려고 노력하는 중이다. 이때 청소년도 유아와 마찬가지로 안심하게 해 주는 목소리, 부모로부터 자율성에 대한 지도를 받기 원한다.[193] 만약 부모가 이탈을 허용하지 않고 자율성을 강탈한다면 청소년은 의존적이거나 반항아가 될 것이고, 패배감을 몇 배로 경험하게 될 것이다.[194] 모든 청소년은 일탈을 꿈꾸지만 일탈과 이탈은 다르다. 이탈은 부모로부터 독립하는 건전하고, 발달적인 자연성인 반면 일탈은 비행에 가까운 행동을 말한다. 청소년이 자율성을 획득하려고 할 때 부모는 필요 없는 존재가 되는 것처럼 느껴진다. 그래서 허탈하고 공허하다. 온통 자녀 생각과 스케줄에 바빴던 부모는 어느 날 문득 혼자 남겨진 것을 발견한다. 필요 없는 존재가 된 것만 같고 자식에게 존재감을 부인당하는 것 같아 서운하다. 그러다 보니 청소년과 부모 사이에 **'자율성의 분쟁'**이 발생한다. 벗어나려는 청소년과 놓지 않으려는 부모 사이에는 냉소적 기운이 감돈다. 사실, '자율성의 분쟁' 뒤에는 적절한 지도와 안내(guidance)에 대한 청소년의 가련한 요청이 들어있음을 기억해야 하겠다.[195] 적절한 거리와 반경 안에서 불안한 마음을 보듬어 주면서, 자율성을 응원하고 잘 안내해 주기를 바라는 가련한 요청이다.

---

193) Erik, H. Erikson, 최연석 옮김, 『청년루터』 (서울: 크리스챤 다이제스트, 2000), 155.
194) Erik, H. Erikson, *Identity: Youth and Crisis*, (New York: Norton, 1968), 109.
195) 박아청, 『에릭슨의 인간이해』, 114.

자율성은 가능성

 아마도 '자율성'의 정도, 경계선의 범위는 문화 적으로, 집집마다 다를 수도 있다. 집단 문화가 강한 아시아, 남미, 아프리카 등에서 경계선을 침투하는 경우는 흔하다. 경계선이란 눈에 보이지 않지만 스스로가 편하게 느끼는 자기의 테두리, 반경이다. 이 경계선 안으로 누군가 들어온다면 침투를 당했다고 느끼게 된다. 필자에게는 언니가 있다. 다른 형제들 보다 자율성이 강했던 언니는 늘 걸어 다니면서 몸을 부딪치는 사람과 손이 닿는 사람들을 불편하게 생각했다. 청소년기는 경계선이 형성되는 데 신체적, 정서적, 인지적 경계선이 형성된다. 자기의 것이 형성되고 있는 청소년은 누군가 그 경계를 침투할 때 민감하게 반응한다. 자녀의 청소년기는 부모에게 '노크(Knock)'와 '실례하겠습니다(Excuse me)'를 요청한다. 청소년은 다른 사람들이 적절한 경계선 밖에서 자신의 자율을 반항과 탈선으로 판단하지 않고, 기다려 주고 지켜봐주기를 기대한다. 하지만 부모는 그것이 쉽지 않다. 내 자녀와 갑자기 거리를 두는 것이 어디 쉬운 일인가? 필자는 영국 버밍햄(Bermingham)에서, 노숙자 사역에 참여한 적 있다. 추운 길바닥에 자리를 깔고 누워서 잠을 청하는 사람들에는 두 종류가 있었다. 하나는 다른 나라에서 이주해 온 난민(refugee)이고 다른 하나는 약, 대마, 술에 중독된 노숙자이다. 이들은 자기 삶을 꾸려 나갈 능력이 없거나 포기한 중독자들이다. 그들이 난민인지 노숙자인지 구분하는 것은 생각보다 어렵지 않다. 그들의 눈을 보면 쉽게 알 수 있다. 노숙자는 대부분 약이나 술에 취해서 눈동자가 초점이 없고 말도 더듬거린다. 이럴 때, 자신의 과거를 청산하고 새롭게 삶을 시작할 의지가 없다는 것을 알면서도 과연 이들에게 빵과 차를 대접하고 옷을 주어

그림25> 난민, 노숙자 사역

야 하는가? 의문이 생긴다. 물론 예수님이 그렇게 명령(마25:35~46)하셨지만 그럼에도 불구하고 도저히 가능성이 없는 것 같은 이들을 섬길

때 갈등이 일어난다. 이와 대조적으로 불가피하게 난민이 된 이들은 기회만 주어진다면 새롭게 삶을 시작할 의지, 자율성이 있어 보인다. 그들의 눈에는 생기가 있고, 더 나은 미래에 대한 꿈이 있다. 인생에서 가장 주요한 변화의 요인은 자율성이다. 스스로 자기를 조절하고, 통제할 수 있는 사람은 어려움을 극복해 나갈 수 있다. 자율성, 자기통제 능력은 가능성 있는 인생을 판가름하는 기준이 된다.

이탈의 다른 이름, 자율성

청소년의 '이탈'은 반항적 모습으로 나타나기 때문에 수용이 어렵다. 하지만 '이탈'의 다른 이름은 '자율성'이다. 부모, 가족에서 이탈하면서 청소년은 교사, 또래 친구, 또래 그룹과 유대감을 만든다. 가족에게 주었던 애정과 에너지가 다른 사람들에게 분산된다. 그래서 부모, 가족과 소원해지는 이탈 과정은 서운하다. 이처럼 이탈은 청소년의 불안과 부모의 서운함 사이에서 발생한다. 허버트 앤더슨(Herbert Anderson)은 부모의 행동이 자녀의 자율성에 어떻게 영향을 미치는가에 대하여 다음과 같이 서술한다.

> 부모로서 당신은 지속적으로 자녀의 자발성, 자연적 취향, 자기 발견의 기쁨, 아직 펼치지도 않은 세계를 불구로 만들고 있다. 지속적으로 당신의 기준을 내세우고 부과함으로서 자기 보호 영역을 침해하면서도 평안할 것을 강요한다. 내세우는 규율, 질서를 어길 때 가하는 징벌 등을 통하여 자녀는 자신의 존재감이 규율이나 질서, 청결함만큼도 못하다는 생각을 하게 될 것이다. 마치 하나의 식물이 말라 비틀어가듯이 부모의 억압과 강요를 통하여 자녀는 그렇게 서서히 죽어가는 것이다.[196]

자율성은 인간이 갖추어야 할 기본적인 자질이며, 성숙한 성인이 되기

---

196) Samuel M. Natale, "A family systems approach to religious education and development" *Graduate school of religion and religious education*, V.74. (1979. 4~6), 245.

위하여 필요한 덕목이다. 만약 부모가 계속해서 '자율성의 추구'를 방해한다면 자녀는 자신의 존재감이 그 어떤 규율보다 못하다는 생각을 갖게 된다. 청소년은 아동기까지 동일시했던 신념, 가치관, 종교, 문화를 부인하고 새로운 세계를 향해 나아간다. 믿어왔던 모든 것들이 비좁고, 불편하다고 느끼는 내면의 요청을 따라 더 넓은 세계를 만들어 가려고 한다. 그래서 로버트 케건(Robert Kegan)은 "자율성을 획득하는 조건은 가족의 종교로부터 떠나는 것"이라고 하였다.[197] 여기서 가족의 종교는 단지 종교만을 의미하지 않는다. 가족으로부터 무의식적으로 흡수하였던 모든 동일시의 대상들, 신념, 전통, 가치체계, 삶의 목적과 의미, 신앙 등에 대하여 '의심, 비판, 거부' 한다. 부모가 만들어준 모든 환경을 의심하면서 '정말 참인가?' 질문하는 이탈의 과정에서 청소년 또한 숨이 막힐 것 같은 불안감에 휩싸인다. 방향을 상실한 것 같은 느낌 속에서 새로운 권위, 사상과 가치체계를 찾아 나선다. 청소년의 이탈은 어린 시절 형성된 애착관계에 닻을 내리고 있다. 다만 그 애착의 끈이 보이지 않는 것뿐이다. 그러므로 부모는 자녀의 이탈을 걱정하기보다, 어떻게 수용하고 존중하는 것이 바람직한지 고민·연습할 필요가 있다.

2) 이념(ideology) 탐색

이념은 영어로 ideology 이데올로기이다. 청소년이 이념을 찾는다고 하면 생소할 것이다. 보통, 이념은 정치 혹은 사상을 의미하는 것으로 생각하기 때문이다. 청소년이 탐구하는 '이념'은 사회의 건강한 구성원이 되려고 추구하는 개인의 사회적 비전(vision), 미래적 전망이다.[198] '이념'은 부모, 교사, 주변의 성인, 또래 친구들에게 확증 받을 만큼 가치 있는 삶의 방식과 비전을 찾는 것이다. 청소년은 많은 이념 가운데 어떤 것을 선택적할 것인가 고민한다. 이념은 자기 삶을 이끌어갈 핵심적 신

---

197) Robert Kegan, *In over our heads*. (Cambridge, Massachusetts: Harvard University press, 1982), 266~270 참조.
198) Erik H. Erikson, *Identity:Youth and Crisis*, 130.

념 체계로, 고통과 절망의 무게를 이겨낼 만큼 초월적이어야 한다. 그러면 청소년들은 이러한 미래적 전망을 어디에서, 어떻게, 누구를 통하여 탐구할 수 있을까?

구글에서 찾을까?

　요즈음은 구글에서 무엇이든 찾는다. 영어로 구글(google)은 '구글에서 찾는다' 는 뜻이다. 영국에 있을 때 독일에서 온 19세 청년이 "감자가 야채인가 곡식인가?" 논쟁하는 것을 들은 적 있다. 이 청년은 '감자는 야채가 틀림없다'고 주장했다. 왜냐하면 구글에서 찾았기 때문이다. 청년들에게 구글은 어느새 백과사전이고 확고한 지식의 보고로 인식되고 있다. 그렇다고 청소년이 구글에서 이념까지 찾을 수는 없지 않은가? 오늘날은 이념이 참 다양하다. "이렇게 살아야 한다" 또는 "저렇게 살아야 한다"는 이념이 도처에 널려있다. 청소년들은 핸드폰만 꺼내도 수많은 이념에 노출된다. 그래서 오늘날 이념은 형성이 아닌 분별의 문제가 되고 있다. 어떤 이념이 참인가? 진실한가? 내 인생을 끝까지 인도할 것인가? 고민하면서 분별해야 하는 것이다. 그러면 무엇을 기준으로 이념을 분별할 수 있는가? 중요한 관계에 있는 사람들, 부모, 주변의 어른들, 종교 지도자를 통하여 중요한 이념을 가리고 구별해 낼 수 있다. 그런 면에서 부모는 청소년의 이념 형성에 주요한 역할을 한다고 하겠다.

　　"명심해라! 넌 남들과 똑같아. 하나도 다르지 않아"
　　"엄마 말이 바보는 지능이 좀 낮은 거뿐이래"
　　"위험할 땐 괜히 용감한 척 말고 뛰어!"
　　"과거는 뒤에 남겨둬야 앞으로 나갈 수 있어"
　　"인생은 초콜릿 상자와 같은 거야 어떤 걸 가질지는 아무도 알 수 없어"

　〈포레스트 검프〉라는 영화에 나온 대사이다. 이것은 포레스트의 엄마가 포레스트에게 심어준 이념이다. 이념은 신념과 같은 것이어서 인생을 이끌고 나아간다. 보통은 청소년기에 부모가 심어준 이념을 되짚어 본다. "생각해 보니 그건 아닌 것 같은데요."라고 말한다. 그런데 남들 보다 지능이 조금 낮은 포레스트는 엄마가 형성해준 이념을 의심하거나 판단하지 않는다. 급변하는 시대적 흐름 속에서도 어렸을 때 엄마가 심어준 이념을 따라 살아가는 것을 볼 수 있다. 포레스트가 살았던 시대는 그 어느 때 보다 특별한 격변이 많았다. 베트남 전쟁, 히피족의 등극, 마약과의 싸움, 달나라로의 여행, 인종차별에 대한 대대적 항거 등...모든 것을 의심하고 변화를 요구하는 격변의 시대를 살면서도 포레스트는 엄마의 가르침을 기억하고, 그대로 따라가는 모습을 보여준다. 그래서 포레스트가 자주 하는 말은 "우리 엄마가 그랬어요(My mom said...)"이다. 일반적으로 사람들은 한번 쯤 어린 시절에 형성된 이념에 대한 갈등을 겪는다. 사춘기에 경험하는 이념에 대한 판단, 비판, 선택의 갈등을 포레스트는 겪지 않았다. 청소년들은 부모에게서 받은 이념 중에서 뺄 것은 빼고 가져갈 것만 가져간다. 그리고 교사, 친구, 종교 지도자, 유명인, 미디어의 이념 중 마음에 드는 것을 골라서 추가한다. 그렇게 하면서 청소년은 자기만의 이념을 형성한다.

어떤 이념이 좋은가?

이념은 보통, 주변의 중요한 사람들에게서 영향을 받는다. 포스트모던 이전에는 '이념'은 형성의 문제이었다. 내가 어떻게 살아갈 것인가? 하는 궁극적 가치를 추구하면서, 자기 삶을 이끌어갈 이념을 제안하는 것이 성인의 역할이었다. 지식인층 특히 종교적 지도자, 교사들이 이러한 역할을 감당하였다. 포스트모던 이후에는 수많은 가치와 신념들이 백화점에 전시된 물건처럼 나란히 진열되어 '나를 선택하라'고 소리치고 있다. 우열도 없고 비중도 없이 모든 이념은 각자 중요하고, 다양성을 인정하라고 목소리를 높인다. 이제 이념은 '형성' 보다 '선별'이 필요한 문제가 되고 있다. 청소년을 연구한 켄다 딘(Kenda C. Dean)은 현대 사회의 청소년에게 이념은 형성이 아닌 '분별'의 문제라고 지적한다.[199] 다양한 이념이 미디어를 통하여 끊임없이 쏟아져 들어온다. 십대들은 자신의 위대함을 경험하려는 욕구가 강하다보니, 가치 없는 이념에 매몰되어 어떤

---

199) Kenda C. Dean, Practicing Passion, 225.

이념이 가치 있는 것인지 분별이 어렵다. 그렇다고 무분별한 이념에 도취된다면 청소년의 열정은 왜곡될 것이다. 청소년들이 어떤 원칙 없이 이념을 선택하는 것은 아니다. 나름의 원칙이 있는데 그것은 자신에게 중요한 사람들 부모, 교사, 친구, 또래그룹이 어떤 이념을 인정하고 존중하고 비중을 두는가? 를 기준으로 삼는다. 특히 자신을 충성되게 사랑해 주는 사람이 있다면, 그가 중요하게 여기는 이념을 선택할 것이다.

성인보증인

청소년기에 어떤 사람과 만나고, 어떤 공동체에 속하는지가 진짜 중요하다. 부모는 아니지만 부모 비슷한 역할을 해 주는 사람을 '성인 보증인'이라고 한다. 에릭슨은 만약 부모가 자녀에게 적절한 안내, 이념을 제시하지 못한다면 성인보증인을 만남으로서 보완될 수 있다고 보았다.[200] 부모의 전이물(transference)을 담지한 성인 보증인들 곧 할아버지, 삼촌, 이웃 사람, 교사, 친척 형제자매가 그 역할을 대신할 수 있다.[201] 종교도 그 역할을 대신할 수 있다. 왜냐하면 종교는 신념체계가 있고, 다양한 구성원으로 구성된 공동체가 있기 때문이다. 청소년은 '성실하게' 머물러 주는 충성된 사람과의 관계 속에서 이념을 분별한다. 성인 보증인은 청소년의 존재와 인생이 특별하고 소중하므로, 가치 있는 이념을 '분별, 선택'하도록 격려한다. 요즈음은 어른들이 이념을 주입하려고 하면 '꼰대', '라떼'라는 소리를 듣는다. 이념 탐색은 '자기 인생의 목표와 비전'을 발견하는 과정이다. 청소년들은 이것을 스스로 하고 싶다. 누군가의 요구, 강제가 아닌 스스로 분별하고 선택, 결정하고 싶다.

3) 관여(commitment)

청소년의 이념 탐색이 끝나면 그 이념이 자신에게 적합한지 시험하려고 관여한다. 관여(commitment)는 선택, 결정하기 전의 모의적, 실험

---

200) Erik, H. Erikson, 『청년루터』, 156.
201) 위의 책, 148.

적 참여를 말한다. 관여는 선택했지만, 결정되지 않은 것이다. 곧 하나의 시행착오 과정이다. 실수 할 수 있고 취소하거나 무를 수도 있다. 관여는 마치 옷을 구매하기 전에 입어보는 것과 비슷하다. 보는 것과 입는 것은 많이 다르다. 입어보면 나와 맞는지 알 수 있다. 관여는 바로 이러한 과정이다. 내가 탐구한 이념이 나에게 맞는지, 과연 적합한지 시험해 보는 것이다. 그래서 에릭슨은 청소년기를 '지불 유예기(moratorium)'라고 불렀다.202) 청소년은 청춘의 일시적 쾌활함과 자유를 누리면서 성인의 사회적 책임과 의무에 시험적으로 관여한다. 하지만 그 책임을 온전히 감당하지 않아도 된다. 성인의 사회적 책임을 지연시키도록 허용된 기간이기 때문이다.

청소년은 자기가 선택한 이념에 관여할 수 있다. 만약 실수를 해도, 전적으로 책임지지 않을 수 있다. 청소년들은 엄카(엄마 카드)를 사용하지만 카드 비용은 부모가 지불한다. 탐구한 이념에 아르바이트생, 견습생처럼 참여하면서, 그것이 자신에게 합당한지 실험적으로 참여해 볼 수 있다. 이념에 '관여' 하다가 주변의 반대를 만나거나 내면에 회의가 일어나면 철회할 수 있다. 이념이 자기와 맞지 않다고 여긴다면, 이념 탐색으로 후퇴할 수 있다. 이념을 검토하고 재 선택 할 수 있다. 후퇴는 아직 이념이 불확실하다는 증거이고 '관여'는 탐색한 이념을 확증, 실험해 보는 과정이다.

그림26> 아이덴티티의 형성과정

이념을 탐색하고 관여했는데, 그것이 아니라고 느끼면 다시 이념 탐색으로 퇴보한다. 이념 탐색에서 관여로, 관여에서 다시 이념 탐색의 퇴보

---

202) Erik H. Erikson, *Identity:Youth and Crisis*, 157.

는 여러 차례 반복될 수 있다. 그리고 관여를 통하여 확신과 확증을 얻으면서 아이덴티티가 형성이 된다. 청소년의 관여는 배타적이고 방어적이다. 높은 이상을 추구하면서, 자기를 방해하는 요소들 앞에서 '호전적'으로 돌변한다.203) 청소년의 호전적 태도는 그들의 불확실성을 대변하는 것이다. 아직 자신감이 부족하다. 자기가 선택한 이념이 적절한지 확신이 없기 때문에, 반대와 방해를 만나면 전체주의적 태도를 취한다. 따라서 관여의 과정에서 나타나는 실수는 실패가 아니며, 그 실수를 통하여 자기 자신을 더 알아가도록 격려되어야 한다. 관여에서 나타나는 좌충우돌을 꾸짖고 나무라기만 한다면, 청소년의 관여는 경직될 수 있다. 실수나 실패가 무서워서 관여하려들지 않거나, 관여를 멈추게 될 것이다. 관여가 멈추면 이념탐색으로 퇴보할 것이고, 보다 안전한 부모 또는 리더의 이념을 자기 것인양 획득할 것이다. 시행착오는 거듭된 실수를 통하여 배우는 것을 말한다. 청소년의 아이덴티티 만들기는 실패하고 역할 혼돈에 빠질 수 있다. 자기만의 아이덴티티를 찾기 보다는 이미 '확고한', 다른 사람의 이념에 관여함으로서 확고한 자신을 보여주려고 할 것이다. 가면 뒤에 숨어버리는 것이다. 사실, 이념을 탐구하고 관여하는 것은 용기를 필요로 한다. 청소년이 아이덴티티를 만드는 과정은 울퉁불퉁하다. 그러나 끝까지 울퉁불퉁하지는 않을 것이다.

톡!톡(Talk, Talk)!

- 아이덴티티는 어떤 과정을 통하여 형성되는가?
- 청소년이 이념을 선택하는 기준은 무엇인가?
- 오늘날 이념의 선택은 왜 어려운가?
- 관여할 때 퇴보가 일어난다면 그 이유는 무엇인가?
- 어떻게 하면 청소년의 불확실한 관여를 지원할 수 있을까?

---

203) Erik H. Erikson, 최연석 옮김, 『청년 루터』 (서울: 크리스챤다이제스트, 2000), , 50.

4. 아이덴티티의 지위

아이덴티티에 대한 고민은 청소년기부터 시작된다. 하지만, 청소년기에 완결되는 과제는 아니다. 아이덴티티는 전체 생애주기를 통하여 형성되는 발달과제이며, 이를 앤서니 기든스(Anthony Giddens)는 '성찰적'이라고 표현하였다.[204] 청소년기에 아이덴티티 형성이라는 발달 과제를 얼 만큼 성취 하였는가?를 나타내는 지표를 만든 사람이 있다. 캐나다의 발달 심리학자 마르샤(James E. Marcia)이다. 그는 에릭슨의 아이덴티티 이론에 대한 경험적 연구를 토대로 아이덴티티 상태 면접(identity status interview)을 개발하였다.[205] 18~22세의 청소년을 대상으로 직업 선택, 종교와 정치적 신념, 아이덴티티의 모든 중심적 측면인 가치들에 대한 면접을 실시하였다. 면접 결과에 따라서 마르샤는 아이덴티티를 혼미, 유실, 유예, 성취의 네 가지 수준으로 구분하였다. 그는 아이덴티티 성취 지위에서 중요한 두 가지 변인을 위기(이념 탐색)와 관여(commitment)로 보았다.[206] 관여는 알겠는데 왜 이념 탐색 대신 위기라는 용어를 사용하였을까?

그는 이념 탐색을 '위기의 시간'이라고 보았다. 이념은 자기가 앞으로 어떤 사람이 될 것인지, 어떻게 살아갈 것인지를 정리하는 사상 체계라고 할 수 있다. 아동기까지는 부모, 가족 혹은 학교에서 주입한 이념을 따라 살았는데, 청소년기가 되면 이것을 선택을 통하여 재구성하고 싶다는 생각을 하게 된다. 그리고 청소년은 아동과는 다른 사회적 기대를 경험할 수 있다. 아동기의 사회는 가족, 학교를 크게 벗어나지 못하지만, 청소년기가 되면 더 넓은 사회를 경험할 수 있다. 그리고 청소년이 경험하는 '사회적 기대'는 이전에 갖고 있었던 아동기의 '나'라는 사람에 대한 정의와 방향성이 달라져야 한다는 것을 깨닫게 한다. 이념 탐

---

[204] Anthony Giddens, 권기돈 옮김, 『현대성과 자아정체성』(서울: 새물결, 2001) 참조.
[205] 김청송, 『청소년 심리학의 이론과 쟁점』, 259.
[206] 앞의 책, 260.

색은 '나'에 대한 사회적 기대를 통합하고, 내가 어떻게 살 것인지를 스스로 탐색하고 결정해 가는 것을 말한다. 그렇기 때문에 청소년의 이념 탐색은 위기를 초래 할 수밖에 없다. 이 위기는 외부적 사건을 통한 위기는 아니다. 내면의 심한 갈등과 투쟁이다. 따라서 아무도 모르지만, 혼자서 느끼는 위기라고 할 수 있다. 청소년의 이념 탐색은 위기의 시간이다.

		위기(이념 탐색)	
		없음	있음
관여	있음	아이덴티티 유실(확산) "나는 확고해 보이지만 불안하다"	아이덴티티 성취 "나는 내가 누구인지 어떻게 살아야 하는지 알고 있다"
	없음	아이덴티티 혼미 "내 인생에서 무엇을 하든지 나는 전혀 개의치 않아"	아이덴티티 유예 "내가 어떻게 살아야 하는지 고민 중이야"

표9〉 아이덴티티 지위 유형[207]

아이덴티티 지위는 '위기와 관여'를 기준으로 네 유형으로 분류할 수 있다. 네 유형 가운데 가장 바람직한 상태는 위기와 관여가 모두 있는 '아이덴티티 성취'이다. 그 다음은 위기가 있고 관여가 없는 '아이덴티티 유예'이다. 그 다음은 위기는 없고 관여만 있는 '아이덴티티 유실'이다. 가장 나쁜 것은 위기와 관여가 모두 없는 '아이덴티티 혼미'이다.

1) 아이덴티티 혼미

아이덴티티 혼미(identity diffusion)는 인생의 선택들이 불확실한 상태를 말한다. 위기, 비행 청소년들에게 많이 나타난다. 혼미는 인생의 방향에 대한 진지한 탐색 없다는 것을 의미한다. 그래서 혼미에 속한 이

---

[207] 앞의 책, 260.

들은 직업 선택, 종교와 정치적 신념, 자기 삶의 방향성, 진로에 대하여 의문을 갖거나 갈등을 느끼지 않을 뿐 더러 여기저기 참여했다가 쉽게 중단해 버릴 수 있다.[208] 혼미의 한 극단이 분열 형이라면 다른 극단은 플레이보이형이다.[209] 분열 형이 산만하고 저항적인 문제아로 보인다면 플레이보이형은 사랑스러운 방탕아처럼 보일 수 있다. 인생에서 무슨 일이 일어나든지 전혀 개의치 않기 때문에 자유로운 영혼처럼 보일 수 있다. 자유로운 영혼의 소유자 보헤미안처럼 쿨해 보일수도 있지만 사실 인생에 대한 진정성 있는 고민이나 관여를 하지 않는 것이다. 삶에 대한 분명한 의미와 목적을 탐색하려는 시도가 없기 때문에 순간순간 '쾌락'에 충실하거나 '고통스러운 상황'에 대한 건설적 해결 방안을 모색할 필요조차 느끼지 못한다. 만약 아이덴티티 혼미가 지속된다면 만성적 비행, 병리적 성격을 갖게 되고 심각하면 자살기도를 초래할 수도 있다.[210] 아이덴티티 혼미는 자존감이 낮고, 책임감이 부족하기 때문에 타인과 고립되어 있다. 사실 이들은 외부적 도움이 필요한 사람들이다. 이들 내면의 목소리는 "내 인생에서 무엇을 하든지 나는 전혀 개의치 않는다"이다. 쿨한 것이 아니라 인생과 분리되어 있는 것이다.

2) 아이덴티티 유실

아이덴티티 유실(identity foreclosure)은 이념 탐색은 없고 관여만 있는 유형이다. 이념 탐색은 위기를 초래하기 때문에 이들은 위기를 경험하지 않는다. 하지만 뭔가에 성실하게 관여하고 있는 상태이다. 그러므로 충성스럽게 보일 수 있고, 성공한 사람으로 나타날 수 있다. 이념을 탐색하지 않아도 직업에서 성취와 성공을 이룰 수 있다는 뜻이다. 그렇다면 이념을 탐색하지 않은 이들은 대체 '어떤 이념'에 관여하고 있는 것일까? 다른 사람 소위 권위자, 부모, 교사 혹은 강력한 리더의 '확고

---

208) 앞의 책, 261.
209) 앞의 책, 262.
210) 앞의 책, 254.

한' 이념에 관여하고 있을 확률이 높다. 곧 아이덴티티 유실은 확고해 보이지만 다른 사람의 이념에 관여하고 있기 때문에 불안하다. 외견상으로는 아이덴티티 성취와 유사해 보이지만, 어떤 외부적 사건으로 충격이 오면 외견상 유지되던 아이덴티티가 붕괴될 수 있다.[211] 당장의 사회적 인정을 포기할 때 자신이 해체되는 것 같은 두려움을 크게 느끼기 때문에 이념 탐색을 포기한 이들이다. 이념 탐색이 가져다줄 위기를 회피한 것이다. 안타깝게도 사회적 명예와 성취를 이룬 사람들 가운데 유실(확산)에 속한 자들이 많다. 이는 그리 놀랄만한 일도 아니다. 이들은 확고하게 붙잡은 삶에 대한 이념이 자기 것인 양 착각하면서 충성스럽게 살지만, 사실 강력한 권위자의 이념을 따라가고 있다. 아이덴티티 유실은 다른 사람의 아이덴티티에 함몰되어 있는 유형이다. 그래서 '유실'이라는 표현을 쓴다. 아이덴티티 유실이 붙잡고 있는 이념은 모래 위에 지은 웅장한 성과 같다. 자기 것이 아니기 때문에 아무리 크고 웅장해도 언제 무너질까 불안한 것이다. 불안은 권위주의적 가치, '보여주기'를 중요시하게 만들고 부정적 평가에 심한 스트레스를 받게 한다. 스트레스 상황에서, 지적 과제를 수행하는데 저조하고 실패에 대해서는 비현실적 태도를 취할 수 있다.[212] 자존감은 낮고 방향성이 부족하며 외부 압력에 민감하게 반응한다. 다른 사람의 아이덴티티를 흉내 내고 있어서, 비판에 민감할 수밖에 없다. 내면의 목소리는 "나는 확고해 보이지만 불안하다"이다.

3) 아이덴티티 유예

아이덴티티 유예(identity moratorium)는 이념을 탐색하였지만 관여는 없는 상태이다. 하지만 혼미나 유실에 비하면 좀더 바람직한 상태이다. 이들은 현재 상태에 의문을 품고 능동적으로 이념을 탐색하기 때문에 위기를 겪고 있을 확률이 높다. 내면의 위기와 투쟁은 부대낌을 준

---

[211] 앞의 책, 261.
[212] 앞의 책, 262.

다. 현재 상태에 만족하지 않고 분투하고 방황하면서 '자기만의 이념을 분별하고 선택하는' 불안한 시간들을 통과하고 있다. 이 과정에서 존경받는 사람들의 이념이 무엇인지 질문할 수 있고, 책 속에서 간접 경험할 수도 있지만, 젊은 날의 에릭슨처럼 그저 세계를 탐색하고 자기 자신을 만나는 여행의 시간을 보낼 수도 있다. 아이덴티티 유예는 탐색하고 있을 뿐 아직 결정을 못했기 때문에 안정적으로 개입, 관여하지 못하는 상태로서 상당히 수동적으로 보이지만 내면에서는 적극적으로 탐색하고 있다.213) 대부분의 대학생들이 아이덴티티 유예에 속한다. 유예에서 '관여'로의 이동은 단지 일시적인 형태로 발생할 수 있다. 유예는 미루고 있는 것이므로 '유실'이나 '혼미'보다는 자율성도 가지고 있다. 자존감은 비교적 높은 편이다. 내면의 목소리는 "내가 어떻게 살아야 하는지 고민 중이다"이다.

4) 아이덴티티 성취

아이덴티티 성취(identity achievement)는 가장 바람직한 상태이다. 이념 탐색과 관여가 모두 있는 유형이다. 이들은 적극적으로 탐색한 이념에 관여하면서 자기만의 확고한 정체감을 성취한다. 직업, 이념, 인생의 방향에 대한 선택과 결정을 내린 후, 그에 필요한 활동에 관여하려고 한다.214) 그러나 이념 탐색과 관여는 일직선으로 단번에 진행되는 것이기 보다는 몇 번의 이동을 거친다고 보는 것이 맞다. 대부분의 청소년들은 아이덴티티 성취의 상태 쪽으로 발전하게 되는데 특히 유예의 상태에 오래 있다가 성취로 이동하기가 쉽다. 성취는 초기 청소년기에는 비교적 드물게 나타나고 고등학교 상급생이나 대학생, 후기 청소년들 사이에 보다 많을 확률이 높다. 아이덴티티 성취에 이르면 높은 자존감과 책임감을 보이고, 새로운 대안들을 신중히 탐색한 후에 신념과 목표에 대한 결정을 스스로 내릴 수 있다. 내면의 목소리는 "나는 내가 누구인지 어떻

---

213) 위와 같음.
214) 위와 같음.

게 살아야 하는지 알고 있다"이다.

톡!톡(Talk, Talk)!

- 아이덴티티 지위에서 나는 어디에 해당한다고 생각하는가?
- 우리나라에서 가장 많은 유형은 무엇일까? 그 이유는 무엇일까?
- 아이덴티티 혼미에 속한 청소년들을 어떻게 도와줄 수 있을까?
- 아이덴티티 성취 청소년기에 완결할 수 없는 과제라면, 그 이유는 무엇인가?

5. 아이덴티티 형성에 유익한 종교

1) 인격 형성의 도우미

영국은 박물관의 나라라고 불린다. 역사를 자랑하는 교회와 박물관, 집, 건축물들이 즐비하기 때문이다. 영국에서 잠깐 살았지만, 기독교적 신념이 어떻게 높은 가치를 추구하는 사회, 문화를 만들었는지 볼 수 있었다. 교회의 오랜 역사 속에서 기독교 문화는 일상에 깊이 침투해 있었다. 많은 사람들이 중고제품을 파는 채러티(charity)샵에서 무보수 봉사를 한다. 그리고 이윤은 가난하고 병든 이웃의 몫이다. 검소하게 살면서, 시간이 나면 봉사를 하는 것을 그저 바람직하게 생각하는 이들이 많다. 그런 사회에서 인간에게 종교가 필요 없다고 말하는 무신론자들이 늘어나고 있다. 마치 지그문트 프로이드가 종교가 인간에게 무익하다고 본 것처럼, 상당수의 청년들이 종교는 인간에게 쓸모가 없다고 주장한다. 반대로 프로이드의 딸, 안나 프로이드(Anna Freud)의 제자이었던 에릭

그림27〉 옥스포드

슨은 인간에게 종교는 유익하다고 어필하였다. 역기능 보다 순기능이 더 많다는 것이다. 에릭슨이 종교의 유익 성을 주장한 이유는 인류 역사에서 가장 오래된 제도인 종교에는 많은 전통, 유산들-신조(신학), 의례와 의전, 예술, 공동체, 도덕(규범, 율례), 종교사적 자료-이 있고, 또한 그것이 인간의 인격을 형성 하는데 기여하기 때문이다.

종교는 인간의 인격형성에 어떻게 도움이 될까? 에릭슨은 종교는 인간이 발달단계에서 잘 해결하지 못한 발달과제의 회복을 돕는다고 하였다. 그는 인생을 8단계로 나누었는데, 각 단계마다 발달과제가 있다. 하지만 좋은 양육자가 없다면 발달과제를 제대로 성취하기가 어렵다. 첫 단계 영아기는 '신뢰감'을 '불신' 보다 더 많이 획득해야 한다. 그래야 '희망'이라는 덕목을 획득한 건강한 인격체가 된다. 이 신뢰감을 형성하려면 부모가 충성스럽게 양육해야 한다. 그러나 인생은 늘 그렇듯이 준비가 된 상태에서 부모가 되는 사람은 많지 않다. 변덕스러운 돌봄, 충실하지 못한 양육으로 아이는 신뢰 대신 불신을 갖게 될 수 있다. '불신'이 '신뢰' 보다 많으면 '희망'이라는 덕목을 획득하지 못한다. 매사에 의심하고 믿지 못한다. 세상에 대하여 '희망'을 품기 어렵다. 에릭슨은 종교의 반복되는 '예배'가 영아기에 획득하지 못한 신뢰의 회복을 돕는다고 하였다. 예배드릴 때는 어른이라 할지라도 마치 자궁의 아기처럼 웅크리는 자세를 취한다. 그리고 어린아이처럼 '나를 도와주세요!' 간구한다. 예배는 영아기 결핍된 부모에 대한 신뢰를 회복해 가는 과정이 될 수 있다. 이처럼, 어떤 인생은 발달과제를 미루거나 성취하지 못한다. 에릭슨은 인간이 발달 과정에서 미성취한 발달과제가 종교를 통하여 회복, 성취될 수 있고, 인간의 인격체를 회복하게 된다고 하였다. 그래서 종교는 인간의 성장에 순기능을 한다고 역설하였다.

아이덴티티 형성에 어떻게 도움을 주는가? 종교는 청소년의 아이덴티티 만들기를 도울 수 있다고 에릭슨은 주장하였다. 청소년의 아이덴티티는 이념탐색과 관여라는 두 가지 원칙을 기본으로 한다. 여기서 종교는 어떤 역할을 하는가? 가령 부모가 적절한 안내, 이념을 제시하지 못하는 가족이 있다면, 청소년은 어디서 이념을 탐색할 수 있는가? 어머니가 일관된 돌봄으로 자녀에게 신뢰감을 심어주고, 아버지가 방향성과 규범을 제시하는 가족은 매우 이상적인 가족이다. 하지만 그렇지 못한 가족도 있다. 만약 아버지가 적절한 규범을, 어머니가 최선의 돌봄을 줄 수 없다면? 청소년의 아이덴티티는 역할 혼란에 빠질 것이다. 다행히도 이들을 돕는 공동체가 있다. 지식인이 많지 않던 시절 성직자는 자녀에게 이념을 제공하였다. 종교에는 청소년에게 미래의 방향성, 삶을 설계하도록 도와줄 수 있는 충분한 이념-인류의 문화적 유산과 전통, 신념, 교리와 사상 체계-이 있다. 그리고 청소년의 불안한 관여를 지켜봐주고 지지할 수 있는 다양한 성인 보증인들이 신앙 공동체 안에 있다. 그래서 종교는 청소년의 아이덴티티 형성을 돕는다. 종교는 이념을 제공하는 성직자와 성인보증인, 전통과 유산 뿐 아니라 관여를 지지하는 신앙공동체가 있다. 청소년이 아이덴티티 형성의 불안한 과정을 잘 감당할 수 있는 힘을 제공한다. 그래서 종교는 청소년의 아이덴티티 형성에 유익하다. 인격 형성에 도움을 준다.

내면의 열정

'빌리 엘리어트'는 성장영화로 알려져 있다. 빌리는 아버지의 사회적 기대에 따라 어쩔 수 없이 권투를 배우지만, 그것이 자신의 흥미 밖에 있음을 깨닫는다. 빌리는 사회가 기대하는 전형적인 남성의 모습이 아닌 돌아가신 엄마의 '예술가적 기질'이 자기 안에 있다는 것을 어렴풋이 느끼고 있다. 그러던 중 권투장 옆에서 발레를 배우는 여자 아이들의 대열해 합류하게 된다. 정말 우연히 일어난 발레 강습에서 빌리는 자기 안에 있는 '춤'의 열정과 재능을 발견한다. 발레는 빌리에게 '열정'과 '위기'를 동시에 가져다준다. 그가 권투 교습을 잘 받고 있을 것이라고 믿는 아버지가 이 사실을 안다면 정말 큰일이다. 차라리 아버지 말대로 '사내가 권투를 배웠다면' 내적 갈등도 없고 인정받기가 수월했을 것이다. 빌리는 처음에는 몰래, 나중에는 발레에 대한 열정 때문에 그 길을 갈 수밖에 없다는 것을 깨닫는다. 그리고 결국 아버지가 빌리의 꿈을 지원하기로 결정하면서, 발레리노의 길을 걷는다. 자신이 살고 싶은 삶을 찾아가는 과정에서, 빌리는 심한 불안과 갈등을 겪는다. 아이덴티티는 '위기'의 시간을 지나간다. 내적 혼돈과 갈등 속에서 청소년은 자기를 만난다.

2) 내가 누구인지 정말 알아야 할까?

청년들 중에 이렇게 질문을 하는 이들이 있다. '내가 누구인지 꼭 알아야 하는가?' 이런 청년들에게 '지금까지 내가 누구인지 모르고 그럼 누구로 살았는가?' 반문하고 싶다. 청소년들이 '나는 어떤 사람으로 살 것인가?', '내 인생은 어떤 의미가 있는가?', '나에게 중요한 사람은 누구인가?' 질문하고 정의하는 아이덴티티 만들기는 '위기의 시간'이 될 수 있다. 자기 자신과 싸우면서 자기를 정의해 가는 것은 쉽지 않다. 그러나 이 싸움이 없다면, 마침내 '유레카(I found who am I)'215)를 외칠 수 없다. 고통의 시간 없이 발견, 깨달음의 '아하 모먼트(moment)'는 없다. 모든 사람이 정체감 혼란을 경험하지만 누구나 아이덴티티 성취에 도달하는 것은 아니다. 불안과 싸우는 고통의 시간을 겪지 않고는 '성취'에 이를 수 없다. 그저 회피할 수도 있고 다른 사람의 인생을 대신 살아줄 수도 있다. 그래서 '내가 누구인지 알아야 하는가?' 질문하는 청년이 있다면 정체감이 4유형중 어디에 속했는지 먼저 점검하도록 권면하고 싶다. '나는 현재 어떤 아이덴티티의 지위-성취, 유예, 유실, 혼미-에 속해있는가?' 스스로 답해 보도록 권유할 때, 의외로 자기 삶을 돌아보고, 그 이유를 발견하는 이들이 많았다. 자신이 '아이덴티티 유실'

---

215) 그리스의 철학자요 수학자요, 물리학자인 아르키메데스(BC 287~ 212)가 시라큐스 왕 히에로 2세(Hiero II)로부터 "이 금관이 순금으로 제작된 것인지 아니면 은을 섞어 만든 것인지를 알아내라"는 명령을 받고 고민에 빠져 있던 중 어느 날 목욕탕에서 물이 넘치는 현상을 보고 부력의 원리를 찾아내어 유레카(eureka)를 외쳤다고 한다. 유레카는 "내가 찾아냈다(I found it)"는 뜻이다. https://www.sciencetimes.co.kr/news. 2021. 2. 13 최종 검색.

에 속한다고 대답했던 이들 중 상당수가 '부모님이 엄격하셔서, 자율적으로 자신을 탐색하는 것이 허용되지 않았다'고 대답하였다. 우리 사회에는 유실이 가장 많다. 집단 사회이고, 부모의 요청이 강력하기 때문에 유실에서 유예로 이동하는데 상당한 노력이 필요하다. 고민이 없는 유실이나 혼미 보다 위기의 시간을 감내하고 있는 유예가 불안하고 수동적으로 보여도, 보다 바람직하다. 간혹 유예에서 오랜 시간을 보내는 이들도 있다. 자기를 탐색하는 과정이 고통스럽다고 위기를 회피한다면, 사회적 압력과 스트레스에 취약한 사람이 될 수 있다. 모든 상황에서 누군가의 해석을 기다리는 의존적 인격의 소유자가 되고 싶지 않다면, 위기의 시간을 한번 겪어보는 것도 나쁘지 않다고 권면 하고 싶다.

톡!톡(Talk, Talk)!

- 종교는 청소년의 아이덴티티 형성에서 어떤 역할을 하는가?
- 무신론이 청소년에게 미치는 영향을 논의해 보자.
- 아이덴티티 만들기를 회피하고 싶다면, 그 이유는 무엇일까?
- 가족, 직업, 종교, 게임, 정치에서 나의 아이덴티티를 정의해보자.

8장
'위기'의 청소년 가족

1. 청소년의 발달적 '위기'

청소년기는 발달적으로 위기의 시간이라고 하겠다. 청소년기에 경험하는 내적 위기는 어느 정도 '정상적' 범주에 속한다는 말이다. 청소년의 아버지라 불리는 홀(Hall, G. S)은 청소년의 특징이 '열광과 무감동, 도취적 행복감과 우울, 이기주의와 이타주의, 감성우위와 지성우위, 사교성과 고독성, 지혜로움과 어리석음 같이 모순되는 것들의 병행과 불안정한 변동'이라고 하였다.216) 이처럼 쾌와 불쾌, 열정과 염세주의, 사랑과 증오의 양극단적 감정을 경험하기 때문에 청소년기를 '위기'의 시간이라고 하였다. 외부적으로 특정한 사건이 발생하지 않아도 이미 발달적 '위기'의 시간을 보내고 있는 셈이다.

그런데, 그 위기는 청소년에게만 국한되지 않는다. 청소년의 위기는 가족의 위기가 될 수밖에 없다. 가족 생애주기를 연구한 학자들은 청소년기가 되면 가족에게 특별한 변화가 요청된다고 보았다. 청소년은 독립적, 자율적인 생활을 원한다. 그러다 보니 부모들의 간섭, 통제, 잔소리를 달가워하지 않는다. 청소년은 자율성을 주장하면서도 부모에게 여전히 의존하려 든다. 이런 청소년의 모순적 태도는 부모와 가족 모두를 혼란스럽게 만든다.217) 청소년의 변덕스런 자율성의 주장은 가족에게 수정을 요청한다. 평안하던 가족은 사춘기 아이의 출현으로 변화의 국면을 맞이한다. 가족 구성원 각자의 역할, 규범, 관계를 수정하지 않으면 안 된다고 느끼는 것이다. 부모의 통제를 벗어나려고, 권위에 과감히 도전하는 아이 때문에 부모들은 무력감, 좌절감, 소외감을 느낄 것이다. 어떻게 해서라도 긴장감, 충격을 최소화하기 원한다면 생활의 모든 영역에서 융통성을 갖지 않으면 안 된다. 청소년의 발달적 위기는 가족에게 융통성을 요청한다. 갑작스런 변화의 요청은 가족에게 위기가 된다. 이제야 적응되었다고 느끼는 순간, 변하지 않으면 안 된다는 것을 실감한다.

---

216) 박아청, 『사춘기의 이해』, 51.
217) 앞의 책, 18.

2. 가족에게 필요한 변화

1) 규범의 융통성

자녀의 사춘기가 오면 부모는 그 발달에 맞게, 양육태도를 변화시켜야 한다. 이를 '발달적 상호작용(developmental interaction)'이라고 한다.218) 자녀가 '자율', '독립'을 원하는데 부모가 지배적 양육을 지속시키려 한다면, 원활한 상호작용이 어렵다. 부모의 눈에 미숙한 자녀가 스스로 선택, 결정, 책임진다는 것은 골치 아픈 일이 생길 수도 있다는 뜻이다. 청소년은 급격한 발달에서 오는 스트레스를 가족에게 방출할 뿐 아니라 정해 놓은 규율에도 도전한다. 자율성의 추구하기 때문이다. 용돈의 한도, 귀가시간, 생활 규칙의 변용, 패션과 헤어스타일의 자유분방함. 이런 사춘기 자녀를 보면 부모들은 멀미를 느낀다. 이 긴장감을 해소하려면 규범, 역할, 관계서열에 융통성을 가져야 한다. 모든 가족은 저마다의 규칙, 우선순위, 가치관을 가지고 있다. 청소년은 그 규칙을 우습게보고 깨뜨린다. 새로운 자기만의 규칙을 만든다. 용돈을 늘려달라고 한다. 귀가 시간을 늦추라고 한다. 이상한 옷을 입어도 '멋지다'고 내버려 두라 한다. 다른 애들도 다 그러니 부모가 받아들이라고 한다. 그래서 청소년기 자녀가 생기면, 가족의 규범은 완화될 수밖에 없다. 깨뜨리는 것이 아니라 융통성을 갖고 부드러워지는 것이다. 융통성이란 일상생활에서 청소년의 '자율적 선택과 결정'을 허용하는 것을 말한다.

2) 자유의 허용

청소년기 자녀를 대할 때 부모는 아동과 같은 수준으로 통제할 수 없다. 적당한 자유의 허용이 필요하다. 청소년기 자녀가 자유를 갖는다는 것은 부모의 권한이 축소된다는 뜻이다. 그러면 어느 정도의 자유를 허용하는 것이 좋은가? 자유에는 '규범 있는 자유(freedom with the

---

218) 이영석 외, 『현대 부모교육론』, (서울: 형설출판사, 2002), 268.

rule)'와 '규범 없는 자유(freedom without the rule)'가 있다.

'규범 있는 자유'는 부모와 자녀가 합의하여 정한 약속 또는 규칙의 범주 안에서의 자발적 행동을 허용하는 것이다. 만약 청소년기 자녀가 규범이나 약속을 위반하고 자기 멋대로 행동한다면, 자유가 제한되는 결과를 경험하는 것도 나쁘지 않다. 반대로 '규범 없는 자유(freedom without the rule)'는 아무런 원칙 없이 무한정 자유를 허용하는 것이다. '규범 없는 자유(freedom without the rule)'가 주어질 때, 부모의 관심과 개입은 자녀 입장에서 볼 때 간섭 또는 억압으로 비춰질 가능성이 크다.219) 무제한 선택의 사회에서, 청소년에게 자유는 어떤 가치를 가질까? 자유는 한계를 필요로 하고, 책임을 부른다.

> 우리는 누구나 보여 지는 세상이 진실이라고 믿고 살기 마련입니다.
> We accept the reality of the world with which we're presented.

영화 트루먼 쇼에 나오는 명대사이다. 트루먼 쇼에는 가짜 세상이 나온다. 드라마 세트장에서 태어난 트루먼 버뱅크는 자기가 속한 세상이 진짜라고 믿는다. 사실 이 모든 것은 드라마 속 설정이다. 주변 사람들은 친절(nice)하고, 트루먼은 자기가 자기 삶을 통제하고 있다고 느낀다. 하지만 사실 이 모든 것은 각본이었다. 오늘날의 청소년들이 누리는 자유는 트루먼과 같은 것이 아닐까? 자기가 선택한 것 같지만 사실 온라인, 미디어, 상업 광고주들이 만든 세상을 살면서 그들이 원하는 선택을 하고 있지 않은가? '자유가 아니면 죽음을 달라'고 외치던 시대와 달리 도처에 널린 것이 자유이다. 하지만 청소년들에게 자유와 책임의 연계성은 빈약하기 그지없다. 규범이 점점 사라져 가고 있는 세상에서, 부모는 청소년이 자율적인 선택을 하도록 훈련시킬 필요가 있다. 청소년기야 말로 참된 자유가 무엇인지 배우고 익혀야 할 시간이다.

---

219) 앞의 책, 267.

3) 개방된 우정

청소년기 자녀가 있는 가족에게 요청되는 또 다른 변화는 '개방된 우정'이다. '개방된 우정'이란 무엇인가? '우정'은 친구 사이의 유대감, 정서를 의미한다. 부모와 청소년기 자녀는 친구 같이 우정을 만들어갈 수 있다. 이제 아이는 어느 정도 말이 통하기 시작하고 자기 의견을 피력한다 그런데 이 우정은 폐쇄적인 '둘만 좋은' 관계가 아니라 다른 이들이 들어올 수 있는 '개방적인 우정'이어야 한다. 곧 '개방성'과 '우정'이 부모와 청소년기 자녀 관계의 핵심이다.

부모와 자녀의 우정

부모는 이제 자녀와 어깨를 나란히 하고 걸으면서, 이야기하고 대화하는 상호교류적 친구가 될 수 있다. 우리나라처럼 위계질서가 분명한 사회에서 과연 부모는 자녀와 친구가 될 수 있을까? 부모가 친구가 된다는 것은 자녀가 맞먹어도 좋다는 의미가 아니다. 부모는 자녀를 존중할 필요가 있다. 이제 성인이 되어가는 아이의 생각과 감정을 교류하면서 가정의 대소사를 의논하고, 진로에 대한 견해도 나눌 수 있다. 이제 아이는 먹이를 받아먹기만 하는 아기 참새가 아니다. 우리사회는 사교육에 경제적 투자가 크다. 평균적으로 가계수입에서 세금 15%, 사교육비 35%, 생활비 35%, 기타 15%를 부담한다. 경제적 부담을 부모가 간신히 끌어안고 살면서 '너는 공부만 하라!'고 하는 것은 자녀를 존중하는 것이 아니라 무시하는 것이다. 부모는 자녀를 성인이 되어가는 인격으로 존중할 필요가 있다. 이제 자녀와 어깨를 나란히 하고 걸으며 삶의 이야기들을 나눌 수 있다. 부모는 삶의 가치와 의미, 경험들을 자녀와 나누기 시작하고, 자녀는 차츰 부모의 고된 삶을 이해하는 나이가 되어간다.

개방된 우정

'개방성'은 부모가 자녀와의 관계를 독점하지 말고 그 사이에 들어오는 다른 이들을 환대하라는 뜻이다. 청소년의 사회성 발달은 외부사회와의 접촉을 가져오고, 부모는 자녀와 더 이상 독점적 관계가 될 수 없다. 외동이 많은 요즈음 엄마와 아이의 관계는 밀착되어 있다. 아동기까지 밀착되었던 관계는 자녀가 청소년기가 되면서 아버지에게 개방된다. 아동기까지 통제 가능했던 아이가 사춘기가 오면서 자유분방해지면, 엄마는 아버지를 끼워주고 싶어진다. 아버지와 연합하지 않으면 안 된다고 느끼는 것이다. 아이는 엄마 보다 키가 크고, 힘이 세고, 목소리도 더 크다. 아이는 이제 엄마의 손아귀를 벗어나는 것 같다. 엄마는 아빠의 도움이 간절히 필요하다. 엄마와 아이의 관계는 아버지에게 개방된다. 또 다른 '개방'은 청소년 주변의 사람들이다. 청소년은 교사, 목회자, 선배, 아이돌 스타, 친구들과 더 많은 시간을 보낸다. 그래서 부모는 자녀가 친하게 지내는 주변의 사람들을 수용해야 한다.

동반성장

사람은 강제로 되지 않는다. 누군가 그랬다. 토끼를 잡으려면 귀를 잡고, 사람을 잡으려면 마음을 잡으라고. 이것은 불변의 진리이다. 이탈리아에는 게토가 많다고 한다. 유대인들을 법적으로 통제하여 한 곳에 머물러 살게 했다. 그래서 게토지역은 건물이 높다고 한다. 그런데 이곳에서의 삶을 견디지 못한 이들은 거주 지역을 이동하였다. 사람을 강제로 묶어둘 수 있는 곳은 세상에 없다. 생각하는 존재, 호모사피엔스가 되어 가는 청소년은 부모에게 매여 있지 않는다. 곧 부모는 관계의 울타리를 넓히면서, 청소년의 주변 사람들과 개방적 관계를 형성할 때, 자녀와 함께 성장해 갈 수 있다. 이를 '동반성장'이라 한다. 자녀와의 관계를 독점하려 들지 말고 사회의 일원으로서 성장할 수 있도록 지원한다. 청소년의 부모에게는 자녀의 친구들을 포용하는 개방된 우정이 요청된다. 그러려면 부모는 자녀와 함께 성숙해져 가야 한다. 성숙을 결단해야 한다.

4) 확대 가족

청소년기는 본래 있던 자리에서 이탈하려는 성향을 강하게 띠고 있다.

긍정적으로 볼 때 성장을 향한 지향성으로 보이지만, 다르게는 '도발'처럼 보이기도 한다. 마치 강물이 강둑을 타고 넘치듯 위험스럽게 보인다. 지금껏 착하기만 했던 자녀가 가족이라는 울타리를 박차고 나가려는 모습을 보인다면 부모 입장에서 걱정이 아닐 수 없다. 강물이 둑을 타고 넘치는 것은 풍요의 상징인 동시에 홍수를 암시 한다. 물이 강둑을 터뜨리듯, 안전한 가족의 품을 벗어나는 '이탈의 시기'가 바로 청소년기이다. 일상의 경로를 벗어나려는 일탈적 행동이 어린이 혹은 성인이 아닌 청소년기에 발생한다면 이는 정상적인 성장, 발달이라고 하겠다. 가수 자우림의 일탈이라는 노래가 있다.

〈일탈〉

매일 똑같이 굴러가는 하루, 지루해 난 하품이나 해
뭐 화끈한 일 뭐 신나는 일 없을까, 할 일이 쌓였을 때 훌쩍 여행을
아파트 옥상에서 번지점프를, 신도림역 안에서 스트립쇼를

하는 일 없이 피곤한 일상, 나른해 난 기지개나 펴
뭐 화끈한 일 뭐 신나는 일 없을까
머리에 꽃을 달고 미친 척 춤을
선보기 하루 전에 홀딱 삭발을
비 오는 겨울밤에 벗고 조깅을…

중략…모두 원해 어딘가 도망칠 곳을, 모두 원해 무언가 색다른 것을
모두 원해 모두 원해 나도 원해, 매일 똑같이 굴러가는 하루…

청소년이라면 누구라도 한번쯤 일탈을 꿈꿀 수 있다. 하지만 누구나 일탈을 감행하는 것은 아니다. 그러면 이탈하려는 청소년을 위하여 어떤 도움을 줄 수 있을까? 만약 강물이 넘치는 것을 준비하지 않는다면 홍수가 날 것이다. 시드니 사이먼(Sdiney Simon)은 "현대의 청소년들은

다른 많은 영향에 노출되어 있기 때문에 부모의 모범만으로 충분하지 않으며, 다른 그리스도인들과의 접촉이 필요하다"220)고 주장하였다. 청소년을 인도하고 돕는 다양한 어른들, 그리스도인의 모범이 필요하기 때문이다.

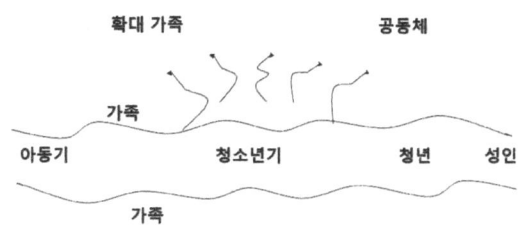

그림28〉 가족의 울타리를 넘는 청소년

강둑이 가족이라면 강둑이 터졌을 때를 대비해서 쌓아올린 방파제가 확대가족, 지역 공동체, 또래그룹이 될 수 있다. 청소년기 자녀가 강둑을 터치고 나왔을 때 그 뒤에서 기다리고 있던 확대가족과 지역 공동체, 친구들이 가족을 보완하는 역할을 한다. 곧 청소년기 자녀와 그 가족을 지지한다. 잦은 충돌로 부모와 청소년 모두 지쳐있을 때 '성인보증인'의 역할을 하는 이들이 청소년을 수용할 수 있다. 근대 이전에는 대부분 확대가족이 그 역할을 하였다. 부모는 아니지만 부모와 비슷한 연령대의 삼촌, 이모, 작은 아버지 혹은 어머니, 그리고 할머니가 제3자의 입장에서 청소년과 대화하는 것이 가능했다. 요즘 같은 현대 사회에서 과연 확대가족이 필요한가? 의문이 들겠지만 청소년의 사춘기적 징후로 가족이 고통 받을 때 비로소 확대가족은 그 빛을 발하기 시작한다.

청소년기 자녀뿐 아니라 부모 역시 적절히 돌보고, 지지해줄 공동체를 필요로 한다. 둑을 터치고 나오듯 청소년들이 가족과의 관계, 규범, 역

---

220) Mark Derives, 오화선 옮김, 『청소년 사역, 이젠 가정이다』 (서울: 성서유니온 선교회, 2001), 52.

할로부터 이탈할 때 그들을 수용하고 돌보아줄 조부모, 부모의 형제들, 교사, 목사 등 성인의 순수한 관심과 지원이 요청된다. 청소년의 일탈이 가족 안에서 위기를 만들 때 부모들은 꾸짖음, 규범의 강요, 다툼과 언쟁으로 그것을 다스리려고 한다. 세상에 최고의 부모는 없다. 충분히 좋은 부모가 있을 뿐이다. 청소년기 자녀와 잦은 충돌로 죄책감을 갖는 부모에게 공동체의 지지는 큰 힘이 된다. 그들은 부모가 아니기 때문에, 부모 보다 융통성 있는 태도로 청소년과 대화할 수 있다.

〈생각해 봅시다〉

- 청소년은 가족에게 어떤 변화를 요청하는가?
- 청소년에게 허용될 수 있는 자유는 어떤 자유인가?
- 개방된 우정을 위해 부모에게는 어떤 결단이 필요한가?
- 이탈하는 청소년의 대안 가족은 누구인가?

3. 청소년의 스트레스

청소년기는 스트레스가 많다. 입시준비를 위한 스트레스도 있고 학교생활 자체가 주는 스트레스도 있다. 이처럼 스트레스의 원인이 되는 것을 스트레스원이라고 한다. 청소년의 스트레스원(stressor)은 발달적 스트레스, 사회문화적 스트레스, 우발적 스트레스가 있다. 그중에서 발달적 스트레스는 비교적 예측가능하고 자연스러운 것이지만, 사회문화적 스트레스와 우발적 스트레스는 예측, 통제가 불가능한 것이다. 발달적 스트레스는 무엇인가? 급격하고 전체적인-신체적, 인지적, 사회적-성장은 그에 대한 적응을 필요로 한다. 이처럼 발달에의 적응을 발달적 스트레스라고 부른다. 발달적 스트레스는 내적인 스트레스라고 할 수 있다. 그런데 사회적 영역이 확장되면서 겪는 스트레스가 있다. 사회문화적 압력, 경쟁우위, 또래 관계의 배신, 관계적 갈등의 스트레스에도 노출된다. 그리고 우발적 스트레스가 있다. 우발적 스트레스는 교통사고, 부상 혹은 질병, 가족 해체 등이다. 청소년기는 이미 발달적, 사회 문화적 스트레스가 있기 때문에 여기에 우발적 스트레스가 더해지면 회복탄력성은 급격히 저하되고 위기에 노출될 수 있다.

1) 회복 탄력성이란?

회복 탄력성이란 무엇인가? "IQ(Intelligence Quotient) 보다 EQ(Emotional Quotient)가 중요하고, EQ보다는 AQ(Adversity Quotient)가 중요하다는 말이 있다. 지능지수보다 감성지수가 중요하고, 감성지수 보다는 문제를 해결하는 역경지수가 중요하다는 뜻이다. 여러 가지 변화, 문제를 만났을 때 그것을 해결하고 정상적인 상태로 돌아갈 수 있는 능력을 회복탄력성, 레질리언스(resilence)라고 한다. 우리가 흔히 부르는 '비행' 청소년의 경우 보통 회복탄력성이 일반 청소년 보다 약한 것으로 나타난다. 이것은 내면의 힘이 부족하다는 말도 되지만 그들을 지지하는 외부적 힘-가족, 공동체의지지-이 부족하다는 뜻이다. 청소년기는 스트레스원이 많기 때문에, 상황적 위를 잘 극복하려면 회복탄력성이 높은 것이 좋다. 회복탄력성은 어떻게 높일 수 있는가? 회복탄력성을 ABC 모델을 토대로 재해석하면 다음과 같다.

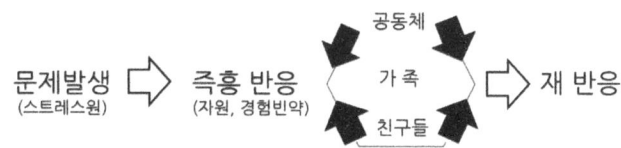

그림29〉 회복탄력성 ABC 모델

회복 탄력성은 스트레스원에 대한 개인의 자원과 외부 자원의 상호작용 속에서 발현된다. 스트레스를 주는 문제가 발생했을 때 청소년은 자기의 생각, 감정으로 문제에 반응한다. 하지만 살아온 경험이 협소하고 지혜가 부족하기 때문에 충동적으로 반응하기 쉽다. 즉흥적인 반응은 문제를 해결하기보다 또 다른 문제를 만든다. 이때 필요한 것이 가족,

공동체, 또래 친구들의 조언과 정서적 지지이다. 어른들은 "이렇게 해라!", "저렇게 하면 도움이 된다" 등의 조언이나 충고를 많이 하지만 사실 정서적 지지가 더 큰 힘을 준다. 정서적 지지는 귀 기울여 듣기, 공감하기, 그리고 본인의 의견이나 생각을 물어봐주기이다. 누군가 자기의 문제를 진지하게 듣는 것만으로도 감정은 힘을 얻고, 회복 탄력성이 높아진다. 상대방의 문제를 지적하고 고쳐주는 것 보다는 잠재된 힘과 능력을 일깨워주는 것이 도움이 된다. 감추어진 보화를 발견하듯이, 내면의 힘을 일깨워주고 용기를 북돋아 준다면 회복탄력성은 좋아진다. 심리학에서 말하는 '피그말리온 효과'처럼 문제를 잘 해결할 거라고 믿어주고, 지지를 표현할 때 청소년은 힘을 얻는다. 그렇기 때문에, 1차적 지지집단, 가족이 있는 청소년과 그렇지 못한 청소년은 문제를 대하는 자세가 다를 수밖에 없다. 청소년기는 이미 발달적 스트레스가 많아서, 문제가 생겼을 때 충동적이고 공격적인 반응을 나타낼 수 있다. 가족은 정서적 지지자로서 문제를 해결하고 회복하는 능력, 회복 탄력성에 중요한 역할을 한다.

2) 가족의 해체

청소년이 스트레스를 잘 해결하도록 돕는 결정적인 자원은 아무래도 1차적 지지 집단, '가족'이다. 가족이 위기를 겪는다면 1차적 지지 체계가 무너지므로 청소년의 회복 탄력성은 취약해진다. 부부의 갈등, 해체, 재결합, 재혼 등의 문제는 스트레스를 해석하는 생각, 감정, 행동 등의 반응을 경직되게 만든다. 보통 때 같았으면 문제를 만났을 때 좋게 해석하고, 또 해결할만한 능력이 충분히 있음에도, 가족 문제는 왜곡된 반응을 유도, 강화시킬 확률이 높다. 청소년에게 문제가 생길 때 흔히 나타내는 경계선적 징후들이 있다. "지각, 결석, 따돌림, 주의력 산만, 성적하락, 외모의 극심한 변화" 등이다. 이런 문지방적, 경계선적 징후를 나타내기 시작할 때, 주변에서 아이의 상태를 인식하고 대화하면서 돌보아 준다면 비행으로 치닫지 않을 수 있다. 문제는 청소년이 갈등이 생기고 아파할 때, 친근하게 다가오는 것이 또래의 비행청소년이라는 점이다. 사람은 힘들 때 더 친근한 돌봄을 필요로 한다. 경계선적 징후를 보일 때 소통해 보면 가족의 갈등, 경직된 규범을 가진 가족, 역기능적 소통, 가족 해체 등 가족 문제를 겪고 있는 것을 알 수 있다. 물론 가족 문제를 부인하고 끝까지 숨기는 아이들도 있다. 말이 아닌 행동을 관찰해야 한다. 행동은 늘 정직하기 때문이다. 가족의 심한 갈등에서 오는 불안, 우울, 죄책감은 학교생활의 부적응, 문제 해결 능력을 약화시킨다. 그러므로 청소년의 '위기'가 '비행'으로 전환되는 것을 예방하려면, 경계선적 징후를 보일 때 관심을 주고, 대화로 문제의 근원을 파악하면서 힘을 북돋아주어야 한다. 청소년을 격려하고 지지할 수 있는 대안가족들을 붙여 주어야 한다. 상담교사, 종교적 지도자, 교사, 친척, 신앙 공동체는 청소년을 지지할 수 있는 사람들이다.

4. 가족 해체가 미치는 영향

부모의 이혼, 가족의 해체는 청소년에게 어떤 영향을 미치는가? 가족 해체가 청소년에게 부정적인 영향을 미친다고 보는 관점도 있고, 고통의 시간을 통하여 성숙할 수 있다고 해석하는 관점도 있다. 개개인이 어떤 성품과 능력을 가지고 있는지 누구도 알 수 없다. 문제를 어떻게 해결하고, 그것을 통하여 배울 것인지 삐뚤어질 것인지에 대하여 결국 본인이 결정할 수 있다.

1) 가족 해체의 상처

가족의 해체는 청소년에게 당연히 스트레스가 될 수밖에 없다. 어떤 식으로든 청소년에게 상처가 된다. 어떻게 그러한가? 먼저 청소년기는 급격한 발달이 이루어지고 그 발달이 부여하는 적응의 과제가 있다. 가족의 해체는 자기에게 몰입해야 하는 청소년의 에너지를 빼앗는다. 그래서 가족 문제에 몰입하면서 자신의 발달과제에 무관심해 지므로 미성숙한 어른이 될 수 있다. 아동 보다 민감한 청소년기에 가족의 해체가 주는 스트레스는 더 잘 전달이 되기 때문이다. 이혼한 부모가 지나치게 방임적 생활을 한다거나, 이혼의 죄책감을 얹는다면 청소년은 죄책감을 갖게 된다. 부모가 이혼할 때 아이들은 '내 탓인가?' 하는 생각을 한다. 이때 부모가 상처가 주는 말들을 하면 '역시 내 탓이야!'라고 굳게 믿을 수 있다. 따라서 청소년기 자녀가 있다면, 부모는 그것이 "네 탓이 아니다!" 라고 알릴 필요가 있다. 아이의 죄책감을 덜어주는 것이다.

또한 가족의 해체는 외부적으로는 온전한 가족에 속한다는 특권을 상실하게 만든다. 청소년은 부모의 이혼이 창피하다. 내적으로는 가족 안에서의 위치, 역할을 변화시킨다. 아이들은 느낀다. 가족이 축소되었다는 것과 누군가가 아빠 혹은 엄마의 빈자를 메워야 한다고. 물론 예전에 비하면 다양한 가족의 구조, 형태가 인정되고 있지만 여전히 청소년들은 가족 구성원이 모두 있는 가족이 훨씬 모범적이라고 느낀다. 그리고 부모가 헤어지면 그들은 친구들과는 나쁜 면에서 다르고, 자신의 사회적 레벨이 하락하는 것을 느낀다.[221] 가족의 상태는 자기 자신에 대한 정의를 내리는데 중요한 역할을 하기 때문이다. '이제 나는 이혼 가정의 아이'라는 새로운 조건을 수용하고, 자신을 새롭게 정의해야 한다. 뿐만 아니라, 부모의 이혼을 친구 혹은 교사에게 숨겨야 하는가 아니면 감추어야 하는가? 하는 걱정과도 직면한다.[222] 청소년기는 상상적 청중을 의식한다. 그래서 '가족의 해체를 폭로함으로 인한 자신에 대한 재평가'는 더 고통스럽게 느껴질 수 있다. "다른 애들의 부모는 이혼 하지만 우리 부모는 아니다"로 요약되는 개인적 우화의 괴로운 변화도 수반될 것이다. 그래서 거짓말을 하고 가면을 쓰기 시작한다. 아빠, 엄마가 다 있는척하고 괴롭지만 즐거운 척 한다.

2) 가족 해체의 극복

---

[221] David Elkind, 『다 컸지만 갈 곳 없는 청소년』, 145.
[222] 앞의 책, 143.

부모가 이혼하면서 청소년은 당연히 스트레스를 겪을 수밖에 없다. 그러나 가족 해체도 잘 극복한다면 성숙의 길로 갈 수도 있다. 보통, 이혼하는 이유를 살펴보면 배우자의 부정, 정신적 혹은 육체적 학대, 불화, 경제 문제, 건강, 성격차이 등이 원인이다. 그래서 불행한 가족 보다는 행복한 편부모 가족이 낫다고 본다. 민감한 청소년기에 스트레스에 지속적으로 노출되는 것 보다 이혼이 유익할 수 있다는 것이다. 특히 정신적, 육체적 학대의 경우 이혼이 유익하다는 견해가 지배적이다. 어떻게 하면 가족의 해체로 인한 스트레스를 잘 극복하도록 도울 수 있을 것인가? 그것이 사실 관건이다. 사춘기 아이에게 부모의 이혼사실을 알리고, 사유를 알려야 하는가?

　아동과 달리 청소년은 이해할만한 능력이 있다. 그래서 부모는 이혼 사유에 대하여 청소년기 자녀에게 공개하는 것이 숨기는 것 보다 바람직하다. 부부가 문제를 숨기다가, 갑자기 이혼을 선언한다면 청소년은 단순히 부모로부터 무시를 당했다고 느낄 것이다. 부모의 결점, 성인들에 대한 부정적 평가를 확산시킬 수 있다. 만약 의도치 않게 부모의 언쟁, 폭력을 지속적으로 목격한다면, 갑작스럽게 부모의 이혼이나 별거를 통보 받는 것 보다는 덜 고통스럽게 느낄 수 있다. 그러므로 청소년기 자녀에게는 부부 문제를 건강한 방식으로 소통하는 것이 나을 수 있다. 물론 가족의 해체, 이별, 재구성 등의 과정은 청소년에게 상처가 된다. 그러나 성장기에 이러한 일들을 겪었을 때 위기 대처 능력이 높고, 자율성, 경제적 자립이 증가하며 다른 사람의 아픔에 대한 공감능력이 향상될 수도 있다.

3) 희망을 주는 대안 가족

　오늘날 가족의 형태는 점점 다양해지고 있다. 정상과 비정상으로 분류되던 가족은 1인 가족, 이혼가족, 다문화 가족, 이혼 후 자녀를 데리고 결혼한 혼합 가족 등으로 분류된다. 대 문호 셰익스피어의 표현대로 "요즘 아이들은 등장인물과 퇴장인물이 너무 많은 가족에서 자라고 있다."223) 가족이 해체되었을 때, 대안 가족의 역할을 해줄 공동체가 있다면 청소년들은 어려움을 잘 극복할 수 있다. 보호자가 없는 비행 청소년들이 서로 가족이 되어주는 경우가 많은데, 이를 부정적 대리가족이라고 한다. 비행 청소년들은 대부분 가족에게 받지 못한 안정되고 충성된 관계를 추구하는 마음이 강렬하고 그것을 또래 집단에서 얻으려는 경향이 있다. 비행 청소년의 친구들로 구성된 집단은 친밀감, 정서적 결속을 제공해 줌으로서 대리가족처럼 보이기도 한다. 실제로, 비행 청소년 집단에는 그들을 지배하고 통제하는 리더와 구성원들이 있다. 사실, 비행 청소년 집단의 리더 역시 자신의 불안을 감추기 위해 타인을 지배하려고 애쓰는 사춘기 불량배의 특징을 그대로 반영하기 때문에 건강한 결속력, 친밀감을 제공하기 어렵다.224) 그들의 안정감, 친밀감은 거짓인 셈이다. 곧 부정적 대리 가족의 대표적 사례에 해당한다.

주일학교는 대안가족의 역할

청소년기에 가족이 해체되면, 일단 관계의 충성도를 의심하면서도 관계성 속에서 수용되는 경험을 간절히 원한다. 충동적이고 변덕스러운 청소년의 성향을 관용하고 기다려 주는 누군가가 있다면, 가족해체로 인한 위기는 비행이나 병리적 증세로 치닫지 않고 잘 지나갈 수 있다.225) 청소년은 여전히 성인보다는 회복탄력성이 높기 때문이다. 몸이 다쳤을 때 성인 보다 아이, 청소년의 회복 속도가 더 높다. 정서적으로도 그렇다. 레티 러셀(Letty M. Russel)은 가출한 십대 청소년을 교회라는 신앙 공동체가 수용한다면 긍정적인 결과를 갖게 된다고 기술하였다.

---

223) John H. Harvey, Mark A. Fine, 문희경 옮김 『상처 입은 가족을 위한 심리학』 (서울: 북 하우스, 2013), 272.
224) J. Richard Middleton, Brian J. Walsh, 『우리는 진리를 말할 수 있는가?』, 211.
225) M. Davis, D. 이재훈 옮김, 『울타리와 공간』 (서울: 한국 심리 치료 연구소, 1997), 191-192.

나를 아낌없이 조력해 준 교회는 결코 나를 이용하지 않을 유일한 장소 이기에 나는 어떻든 교회라는 사람들의 동료가 되고 싶습니다.226)

처음 주일학교의 시작은 공장에서 일하는 소년, 소녀들에 대한 아낌없는 후원이었다. 영국과 미국에서 주일학교는 교육에서 배제된 하류 계층의 어린이, 청소년, 청년에게 교육의 혜택을 제공했다. 한국의 주일학교 역시 개인, 가족, 사회적으로 위기를 겪고, 외부적 도움을 필요로 하는 이들이 그 대상이었다. 청소년기는 누구나 한번쯤 '위기'를 경험할 수 있다. 이들의 어려움을 함께 공유해 주는 누군가가 주변에 있다는 것 자체가 의미가 있다. 마치 어머니가 유아를 신체적으로 안아주고 불안감을 적절히 덜어주듯이 이들을 보듬어 줄 수 있는 유의미한 관계, 친밀한 관계, 공동체가 필요하다.227)

교회는 대안가족의 모범

교회는 다양한 회중을 가진 공동체로서 위기를 경험하는 청소년들을 지원하고, 사회적 문제를 예방할 수 있다. 위기, 비행 청소년들은 가정, 교회의 아픔을 대변하고 지역사회의 불균형을 지적하며, 기성세대의 무책임을 고발하는 자로서 모든 시대 속에 등장하기 마련이다. 그리스도의 인류에 대한 구원과 사랑은 현 상태에 집중하기보다 미래적 희망과 기다림 속에서 출현 되었다. 안팎으로 위기를 경험하고 있는 십대들에게 희망의 공동체가 필요하다. 가족의 해체는 청소년의 위기를 가중시킨다. 반대로, 가족의 사랑과 후원만 있다면 청소년들은 위기를 잘 승화시킬 능력이 있다. 청소년들이 사이버스페이스를 브라우징 하며 돌아다니는 것은 공허함, 외로움 때문이다. 만약 가족이 해체되었다면 누가 '고통을 포용하는 교육'을 대신 감내할 수 있을까? 청소년들이 위기를 잘 해결하

---

226) L. M. Russel, 정웅섭 옮김, 『기독교 교육의 새 전망』, (서울: 대한 기독교서회, 1967), 63
227) J. S. Scharff, D. E. Scharff, 오규훈, 이재훈 옮김, 『대상관계 심리 치료』 (서울: 한국 심리치료 연구소, 2008), 59.

고 건강한 성인, 사회 구성원이 되도록 지원하는 대안 공동체가 더욱 절실한 요즈음이라고 생각한다.

〈생각해 봅시다〉

■ 가족의 해체는 청소년에게 어떤 위기를 만드는가?
■ 청소년이 가족해체를 잘 극복할 수 있는 방안이 있는가?
■ 대안 가족의 역할은 무엇인가?
■ 교회는 어떻게 대안가족의 역할을 감당할 수 있을까?

끝 글

사춘기로 속 썩이던 아이들은 벌써 청년이 되었다. 세상에서 제일 어려운 일을 하나 꼽으라면 아이를 낳고 키우는 일이라고 하겠다. 청소년기 아이와 학생을 교육하는 것은 말해 무엇 할까? 그래도 누군가 나에게 세상에 태어나서 한 가장 보람 있고, 가치 있는 일을 꼽으라면 그것도 자녀를 낳고 양육한 일이라고 할 것이다. 요즈음 청년들은 결혼을 기피하고, 부모 되기를 원하지 않는다. 그래도 여행은 부지런히 다니는 것 같다. 최근 읽은 여행 책에서 이런 글귀를 보았다.

> 인간은 '여행하는 자'와 '여행하지 않는 자'로 구분할 수 있다. 가방을 메고 어딘가로 떠나는 것만이 아닌, 내면으로의 여행과 같은 명상이나 다른 인간을 여행하는 사랑도 포함된다. 228)

맞다! 여행은 단지 가방을 메고 어딘가로 떠나는 것만이 아니다. 여행은 다른 인간을 여행하는 사랑도 포함된다. 사랑의 참된 가치를 알아가는 데는 참 오랜 시간이 걸린다. 물론 언제라도 다 알았다고 말하기 어려울 것이다. 사람을 낳고 양육하는 것은 '사랑'의 참된 가치를 깨달아가는 여행과도 같다. 몸으로 낳든 가슴으로 낳든, 사람 키우는 것은 그만큼 중요한 여행이다. 얼마든지 우리는 세상에 대하여 부정적일 수 있고, 사람을 믿고 낳고 키우지 못할 이유를 백가지도 더 될 수 있다. 하지만, 아이의 웃음은 언제나 희망의 꽃을 피운다. 청소년기는 인생의 꽃이 피기 시작하고, 자기만의 인생 여정에 발걸음을 떼는 순간이다. 그들이 시작하는 여행이 아름다우려면, 먼저 인생을 걸어간 사람들의 이해와 격려, 지지가 당연히 필요할 것이다. 아이들의 인생을 이해하고 격려하며, 축복하는 어른들이 더 많아지기를 소망한다.

2023년 8월.
고 수 진

---

228) 권호영, 『Georgia, 대체 조지아에 뭐가있는데요?』 (서울: 푸른 향기, 2020), 겉표지.

참고 문헌

강희천. 『기독교교육의 비판적 성찰』. 대한 기독교서회, 2003.
권수영. 『프로이트와 종교』. 살림, 2005.
권이종. 김용구, 『청소년 이해론』. 교육과학사, 2016.
김정휘. 『위기에 처한 청소년 지도의 이론과 실제』. 민지사, 2011.
김청송. 『청소년 심리학의 이론과 쟁점』. 학지사, 2013.
문은희. 『한국 여성의 심리구조』. 도서출판 니, 2011.
박아청. 『사춘기의 이해』. 교육 과학사, 2000.
_____. 『청소년과 아이덴티티』. 교육과학사, 2008.
_____. 『에릭슨의 인간이해』. 교육과학사, 2010.
배철현. 『인간의 위대한 질문』. 21세기 북스, 2015.
사미자. 『종교심리학』. 장로회 신학대학교 출판부, 2001.
서강식. 『피아제와 콜버그의 도덕교육 이론』. 인간사랑, 2010.
신국원. 『니고데모의 안경』. IVP, 2005.
신민섭, 한수정. 『영화 속의 청소년』. 서울대학교출판부, 2006.
신명희 외. 『교육 심리학의 이해』. 학지사, 1998.
안인희. 『서양 교육 고전의 이해』. 이화여자 대학교 출판부, 1996.
양윤정. 『황금빛 오후의 만남』. 열음사, 2006.
오인탁 외. 『기독교 교육사』. 한국 기독교교육 학회, 2008.
이영석 외. 『현대 부모교육론』. 형설출판사, 2002.
임홍빈. 『수치심과 죄책감』. 바다 출판사, 2014.
오인탁 외. 『기독교교육론』. 대한 기독교교육협회, 2002.
윤대선. 『레비나스의 타자철학』. 문예 출판사, 2013.
윤영돈. 『성경과 함께 하는 윤리학 산책』. 한국 학술정보, 2013.
윤주병. 『종교 심리학』. 서광사, 1986.
전성수, 이익열. 『교회 하브루타』. 두란노, 2016.
정영근. 『영상문화와 세계화 시대의 교육』. 문음사, 2004.

주혜주.『마음극장』. 인물과 사상사, 2014.
제자원 기획.『옥스포드 원어성경 대전』. 제자원, 2013.
진교훈 외.『인격』 서울대학교 출판부, 2007.
한병철, 김태환 옮김,『시간의 향기』. 서울: 문학과 지성사, 2013.
허혜경, 김혜수.『청년 발달 심리학』. 학지사, 2002.
KBS 명견만리 제작팀.『명견만리』. 인플루엔셜, 2017.
모기 겐이치로. 박재현 옮김.『좋은 질문이 좋은 인생을 만든다』. 샘터, 2017.
Anderson, Herbert & Mitchell, R. Kenneth. 강정욱, 김형준 옮김.『떠나는 자녀 보내는 부모』. 죠이 선교회, 2011.
Augustini, Aurelii. 최민순 옮김.『고백록』. 성바오로 출판사, 1993.
Balswick, O. Jack & K. Judith. 홍병룡 옮김.『진정한 성』. IVP, 2002.
Bieri, Peter. 문항심 옮김,『자기 결정』. 은행나무, 2015.
Bonhoeffer, Dietrich. 손규태 외 옮김.『윤리학』. 대한기독교서회, 2010.
Boys, C. Mary. 김도일 옮김.『제자직과 시민직을 위한 교육』. 한국 장로교 출판사, 1999.
_____. 유재덕 옮김.『현대 종교교육의 지형과 전망』. 하늘기획, 2006.
Brewster, Dan. 김진선 옮김.『어린이, 교회 그리고 선교』. 파이디온, 2014.
Blume, Judy. 김경미 옮김.『안녕하세요, 하느님? 저 마거릿이에요』. 비룡소, 2012.
Clinebell, H. 박근원 옮김.『목회상담신론』. 장로회 신학대학교 출판부, 1991.
Craddock, B. Fred. 박선규 옮김『누가복음: 현대 성서주석』. 한국 장로교 출판사, 2010.
Davis, M. D. 이재훈 옮김.『울타리와 공간』. 한국 심리 치료 연구소, 1997.
Dean, C. Kenda & Foster, Ron. 배정훈 옮김『하나님을 잉태하는 청소

년 사역』. 복 있는 사람, 2006.
Derives, Mark. 오화선 옮김. 『청소년 사역, 이젠 가정이다』. 성서유니온선교회, 2001.
Elkind, David. 김성일 옮김. 『다 컸지만 갈 곳 없는 청소년』. 교육과학사, 1996.
Engstorm, Ted & Cedar, Paul 이득선 옮김. 『긍휼의 리더십』. 쉐키나, 2011.
Erikson, H. Erik. 최연석 옮김. 『청년루터』. 크리스챤 다이제스트, 2000.
Fowler, James. 사미자 옮김, 『신앙의 발달단계』. 한국 장로교 출판사, 2002.
Franckle, Victor. 이시형 옮김, 『삶의 의미를 찾아서』. 청아, 2016.
Frost, Michael. 홍병룡 옮김. 『일상, 하나님의 신비』. IVP, 2002.
Gardner, Howard. 김한영 옮김 『지능교육 넘어 마음교육』. 사회평론, 2017.
Guiness, Os. 홍병룡 옮김. 『소명』. IVP, 2006.
Harris, Alan. 정현숙 옮김. 『도덕교육과 종교교육』. 집문당, 1993.
Howe, Ruel. 김관석 옮김. 『대화의 기적』. 대한 기독교교육협회, 2004.
Harari, N. Youval. 조현욱 옮김. 『사피엔스』. 김영사, 2016.
Harvey, John H & Fine, A. Mark. 문희경 옮김. 『상처 입은 가족을 위한 심리학』. 북하우스, 2013.
Loder, James. 유명복 옮김 『신학적 관점에서 본 인간발달』. CLC, 2006.
Macgrath, Alister. 김일우 옮김, 『회의에서 확신으로』. IVP, 2016.
Middleton, J. Richard & Walsh, J. Brian. 이철민 옮김. 『우리는 진리를 말할 수 있는가?』. IVP, 2020.
Miller, C. R. 고용수, 박봉수 옮김. 『기독교 종교교육과 신학』. 한국 장로교 출판사, 2003.
Mead, Magaret. 박자영 옮김. 『사모아의 청소년』. 한길사, 2008.
Moltmann, Jürgen. 김균진 옮김. 『창조 안에 계신 하나님』. 대한 기독교서회, 2017.

Moran, Gabriel. 사미자 옮김. 『종교교육 발달』 대한예수교장로회 총회출판국, 1989.

Nelson, C. Ellis. 문창수 옮김. 『십대를 위한 도덕교육론』 정경사, 1995.

Nussbaum, Martha C. 조계원 옮김. 『혐오와 수치심』 민음사, 2015.

Palmer, Parker. 김찬호 옮김. 『비통한 자들을 위한 정치학』 글 항아리, 2012.

_____, 홍윤주 옮김, 『삶이 내게 말을 걸어올 때』 서울: 청아, 2016.

Pelt, V. Rich. 오성춘, 오규훈 옮김. 『사춘기 청소년들의 위기상담』 한국 장로교 출판사, 1995.

Peterson, Eugene. 김순현 외 옮김. 『메시지 영한 대역 성경』 복 있는 사람, 2011.

Peterson, Eugene, Peterson, Erik. 홍종락 옮김. 『젊은 목사에게 보내는 편지』 복있는 사람, 2020.

Pyle, James O & Karinch, Maryann. 권오열 옮김. 『질문의 힘』 비즈니스 북스, 2017.

Russel, M. L. 정웅섭 옮김. 『기독교 교육의 새 전망』 대한 기독교서회, 1967.

Russo, J. Jean. 권응호 옮김. 『에밀』 홍신 문화사, 1996.

Sandel, J. Michael. 김명철 옮김. 『정의란 무엇인가』 와이즈베리, 2014.

Schaffer, R. David. 송길연, 이지연 옮김. 『사회성격 발달』 CENGAGE Learning, 2011.

Scharff, J. S & Scharff, D. E. 오규훈, 이재훈 옮김, 『대상관계 심리 치료』 한국 심리치료 연구소, 2008.

Schweitzer, Friedrich. 송순재 옮김. 『삶의 이야기와 종교』 한국 신학 연구소, 2002.

Sherill, J. Lewis. 김재은 옮김. 『만남의 기독교교육』 대한 기독교 출판사, 1997.

Snowber, Celeste. 허성식 옮김. 『몸으로 드리는 기도』 IVP, 2002.

Villadesau, Richard. 손호현 옮김. 『신학적 미학』. 한국 신학 연구소, 2001.
Wallis, Jim. 정모세 옮김. 『회심』. IVP, 2008.
Walsh J. Brian. 강봉재 옮김. 『세상을 뒤집는 기독교』. 새 물결 플러스, 2015.
Walterstoff, N. 신국원 옮김. 『행동하는 예술』. IVP, 2010.
Wolters, M. Albert, Goheen W. Michael. 양성만, 홍병룡 옮김. 『창조, 타락, 구속』. IVP, 2007.
Wright, Tom & Guinness, Os. 최효은 옮김. 『세상이 묻고 진리가 답하다』. IVP, 2014.
Dean. C. Kenda. *Almost Christian*. New York: Oxford University Press, 2010.
_____. *Practicing Passion:Youth and the quest for a passionate church*. Rapids, Mich:Erdmans, 2004.
Erikson, H. Erik. *Identity:Youth and Crisis*. New York: Norton, 1968.
Evans F. BartonIII. Harry Stack Sullivan: Interpersonal theory and psychotherapy -Makers of Modern Psychotherapy. Loutredge: london and New York 2006.
Goldman, Ronald. *Relgious Thinking from Childhood to Adolescence*. London and Henley: Routedge and Degan Paul, 1965.
Kegan, Robert. *In over our heads*. Cambridge, Massachusetts: Harvard University press, 1982.
Capps, Donald. "Erikson's Life-Cycle Theory: Religious Dimensions." *Religious Studies Review*. V.10. 1984. 4.
Natale, M. Samuel "A family systems approach to religious education and development." *Graduate school of religion and religious education*. V.74. 1979.

Kristine M. Kelly, Warren H. Johes, Jeffery M. Adams. "Using the imaginary audience scale as a measure of social anxiety in young adults." *Educational and Psychological measurement*. V. 62. 2002. 10.

고수진. "이타적 공동체의 회복을 위한 교육목회."『기독교교육 논총』. V. 42. 2015. 8.

_____. "AI시대, 청소년을 기독교 창의 인재로 키우는 질문형 교육."『신학논단』. V. 93. 2018. 9.

_____. "2차 진로교육 정책을 보완하는 '진로소명' 교육 제안: 기독교 학교에서 종교 교과를 통한 진로교육."『기독교교육 논총』. V. 60. 2019. 12.

김재은. "역사로 본 교회학교 운동."『기독교 사상』. 1980. 10.

문용식. "워십 댄스와 영성."『기독교 언어문화 논집』. 국제 기독교 언어문화 연구원, 11집. 2008.

유은희. "신무신론의 현상과 종교성에 관한 기독교 교육적 고찰."『기독교교육 논총』. 50권. 2017. 6.

윤철호. "빅 히스토리 시대의 기독교 자연신학." 온 신학 아카데미 발표논문. 2018.

안적원. "산업혁명 영국의 일요학교 연구."『논문집』. 건국대학교 부설교육연구소. 1976.

정명숙. "친사회적 도덕 추론의 발달."『한국 심리학회지: 발달』. 15권 4호. 2002.

홍창호. "청소년의 성장과 발달."『소아과』. 제46권 11호 부록 3호. 2003.

황보라. "포스트코로나시대를 위한 교육목회 디자인 웨비나."『교육교회 7, 8』. 장로회신학대학교 기독교교육 연구원. 2020. 7~8.

김은식.『스포츠 선교를 통한 효과적인 교회성장 전략연구』. 총신대학교 선교대학원 미간행 석사학위 논문. 2017.

이훈범. "이명박 박근혜 그리고 문재인." 2018. 10. 15. 중앙일보. 28면.

경기일보. http://www.kyeonggi.com), 2020. 11. 4. 최종검색.

http://www.hani.co.kr/arti/international. 2020. 11. 8. 최종 검색.

http://www.koya-culture.com/news/article.html?no=125604. 11. 24.

https://topclass.chosun.com. 2020. 12. 9. 최종검색.